Agite

Ausgabe A

Grammatik und Vokabeln

Herausgegeben von: Jörgen Vogel
Benedikt van Vugt

Erarbeitet von: Barbara Beier
Thomas Dold
Sven Lorenz
Constanze Marcinowski
Christoph Sauer
Werner Scheibmayr
Karina Scholz
Jörgen Vogel
Benedikt van Vugt

Schöningh

Westermann Schroedel Diesterweg Schöningh Winklers GmbH
Braunschweig, Paderborn, Darmstadt

Schöningh Verlag, Jühenplatz 1–3, 33098 Paderborn

Druck 5 4 3 2 1 / Jahr 2018 17 16 15 14
Die letzte Zahl bezeichnet das Jahr dieses Druckes.

Umschlaggestaltung: Nora Krull, Bielefeld
Umschlagabbildung: © Paul Hardy/Corbis
Illustrationen: Maja Wagner, Münster
Druck und Bindung: westermann druck GmbH, Braunschweig

ISBN 978-3-14-010425-8

Inhaltsverzeichnis

Die Lernvokabeln in AGITE

In den folgenden Lektionen sind die Vokabeln aufgelistet, die du im Verlauf dieses Schuljahres lernen musst.
Die Wörter, die mit einem Sternchen (*) gekennzeichnet sind, kommen innerhalb der Lektion schon im Wortschatzteil (W) vor und werden dort in kleinen Sätzen und Texteinheiten ohne neue Grammatik präsentiert.
Alle Vokabeln sind in der Reihenfolge ihres Vorkommens im Lesestück aufgelistet. Ab Lektion 6 werden zu Beginn einige Vokabeln aus vorangegangenen Lektionen aufgelistet, die du für die Lektüre des Lesestücks wiederholen solltest. Ab Lektion 13 werden bei den Verben zusätzlich die Stammformen aufgeführt. In Lektion 37 wird schließlich das Perfekt Passiv eingeführt. Mit der Einführung des Partizips Perfekt Passiv kannst du von allen lateinischen Verben die gesamte Stammformenreihe bilden. Diejenigen Verben, die schon früher vorgekommen sind, in der betreffenden Lektion aber mit ihrer Stammformenreihe wiederholt werden, sind zur besseren Übersicht mit einem Punkt (•) gekennzeichnet. Eine Zusammenfassung der bisher gelernten Verben mit ihren Stammformen findet sich in den Plateaulektionen 15 und 20. Außerdem werden von Lektion 37 an bis einschließlich Lektion 43 jeweils am Ende etwa 10 bekannte Verben aus den Lektionen 1–36 mit ihrer gesamten Stammformenreihe aufgelistet. Wenn du diese Verben zusätzlich regelmäßig wiederholst, beherrschst du am Ende der Lektion 43 alle Verben, die bis dahin in AGITE vorgekommen sind, mit ihren Stammformen. Nicht aufgeführt sind die regelmäßig gebildeten Stammformen der Verben der a-Konjugation.
Die dritte Spalte im Lernvokabular enthält bekannte Wörter derselben lateinischen Wortfamilie, deutsche Fremdwörter oder Wörter moderner europäischer Fremdsprachen, in denen dieses lateinische Wort weiterlebt (E. Englisch, F. Französisch, I. Italienisch, S. Spanisch). Selbst wenn du nur eine dieser Sprachen lernst oder nicht alle der aufgelisteten Wörter kennst, können diese Hinweise dennoch eine Hilfe bieten für das Einprägen und Lernen der Vokabeln.
Am Ende des jeweiligen Lernvokabulars findest du einige Wortverbindungen (J: Junkturen). Hier sind wichtige lateinische Wendungen zusammengefasst, deren Kenntnis die Übersetzung erleichtert.

Tipps zum Vokabellernen

1. Den besten Erfolg beim Lernen erzielt man, wenn man mit möglichst vielen Sinnen gleichzeitig lernt (durch Lesen, durch Sprechen und Hören, durch Schreiben). Stelle fest, auf welche Weise du am besten lernst, und beachte die verschiedenen Angebote zum Behalten der Vokabeln.

2. Schreibe deine Vokabeln zum Lernen auf, am besten auf Karteikarten.

3. Sprich die Vokabeln, die du neu lernst, immer laut, wenn du sie liest. Am besten ist dabei die Reihenfolge: Latein – Deutsch – Latein. Zum Beispiel: „iam – schon, bereits – iam".

4. Beim Lernen gilt der Grundsatz: „Mäßig, aber regelmäßig!" Lerne nicht alle Wörter einer Lektion auf einmal, sondern teile sie in Portionen von etwa acht neuen Vokabeln pro Tag auf.

5. Erledige nach dem Vokabellernen andere Hausaufgaben (z. B. Mathematik, Geografie, Biologie oder Geschichte) und wiederhole dann noch einmal deine Wörter. Am besten lässt du dich dabei von Eltern oder Geschwistern abfragen. Dies sollte ruhig „durcheinander" geschehen und nicht in der Reihenfolge, wie die Vokabeln im Buch stehen.

6. Nutze alle Möglichkeiten, die Vokabeln sicher im Gedächtnis zu verankern, z. B.:
   - ➢ Schreibe die lateinischen Wortfamilien und die deutschen Fremdwörter, die in der dritten Spalte genannt sind, mit auf die jeweilige Karteikarte.
   - ➢ Schreibe zu der neuen Vokabel auch deren gegenteilige Bedeutung (wenn du sie schon kennst) auf die Karteikarte.
   - ➢ In der dritten Spalte sind ebenfalls Wörter aus dem Englischen, dem Französischen, dem Italienischen oder dem Spanischen aufgelistet, die sich aus der entsprechenden lateinischen Vokabel ableiten. Auch wenn du noch nicht alle Wörter kennst, können Sie dir in manchen Fällen helfen, dir die lateinische Vokabel besser zu merken. Umgekehrt kannst du nach einiger Zeit manche Wörter der modernen Fremdsprache aus dem Lateinischen ableiten.
   - ➢ Wenn die dritte Spalte dir nicht weiterhilft, überlege dir bei Wörtern, die sich schwer einprägen lassen, eine eigene „Eselsbrücke"; sie kann durchaus auch lustig sein. Hauptsache, sie hilft dir, dir das Wort zu merken.
   - ➢ Stell dir eine Person, ein Tier oder eine Situation vor, die dir zu dem lateinischen Wort einfällt.
   - ➢ Zeichne das Wort oder die Situation, die du dir dazu vorstellst, auf die Karteikarte, du musst dafür kein Künstler sein.
   - ➢ Verbinde das Lernen – gerade von lateinischen Verben – mit einer entsprechenden Handbewegung oder einer kleinen Pantomime.

7. Wiederhole deine Vokabeln regelmäßig mithilfe einer Vokabelkartei, die du in fünf Fächer eingeteilt hast. Es hat sich als sinnvoll erwiesen, dass man Vokabeln innerhalb eines überschaubaren Zeitraumes etwa fünf Mal wiederholt. Die Wörter, die man dann sicher beherrscht, behält man über lange Zeit.

Lektion 1

Grammatik

F

1. Die Konjugation des Verbs

1.1 Die Tätigkeitswörter werden in der lateinischen Grammatik als **Verben** bezeichnet. Die Beugung der Verben heißt **Konjugation**.

1.2 Man kann ein Verbum im Lateinischen – genau so wie im Deutschen – entsprechend den verschiedenen Personen in sechs verschiedene Formen **konjugieren**. Man unterscheidet dabei den **Singular** (die Einzahl) und den **Plural** (die Mehrzahl):

die 1. Person Singular: ich grüße	die 1. Person Plural: wir grüßen
die 2. Person Singular: du grüßt	die 2. Person Plural: ihr grüßt
die 3. Person Singular: er, sie, es grüßt	die 3. Person Plural: sie grüßen

1.3 Im Lateinischen wird ein Verbum dadurch konjugiert, dass an den **Verbstamm** eine **Endung** gefügt wird. Diese Endung ist unveränderlich und gibt dir immer die sichere Auskunft, welche Person vorliegt und ob es sich dabei um Singular oder Plural handelt.
Die Endung für die 3. Person Singular lautet im Lateinischen: **-t**.
Ein eigenes Personalpronomen, das die Person benennt, entfällt im Lateinischen in der Regel:
salūtat: **er, sie, es** grüßt – gaudet: **er, sie, es** freut sich –
venit: **er, sie, es** kommt.

1.4 Den **Verbstamm** der Verben in dieser Lektion (und in den nächsten Lektionen) erkennt man, wenn man von der 3. Person Singular die Endung abtrennt: salūta-t, gaude-t, veni-t.
Da der Verbstamm der Verben, die du in dieser Lektion (und in den nächsten Lektionen) lernst, immer auf einen Vokal endet, teilt man die lateinischen Verben in verschiedene Gruppen ein. Es gibt die **a-Konjugation**, die **e-Konjugation** und die **i-Konjugation**.
Merke dir daher bei jedem neuen Verbum, das du lernst, zu welcher Konjugation es gehört.

1.5 Die Grundform eines Verbums heißt **Infinitiv** (unbestimmte Form).
Die Endung für den Infinitiv, die an den Verbstamm angefügt wird, lautet im Lateinischen: **-re**, also: salūtā-re, gaudē-re, venī-re.

1.6 Die Übersicht

Konjugation	Verbstamm	3. Person Singular		Infinitiv	
a-Konjugation	salūtā-	salūtat	er, sie, es grüßt	salūtāre	grüßen
e-Konjugation	gaudē-	gaudet	er, sie, es freut sich	gaudēre	sich freuen
i-Konjugation	venī-	venit	er, sie, es kommt	venīre	kommen

2. Die Deklination des Substantivs

2.1 Die Hauptwörter werden in der lateinischen Grammatik als **Substantive** bezeichnet. Die Beugung der Substantive heißt **Deklination**.

2.2 Man kann ein Substantiv im Lateinischen in sechs verschiedene Fälle **deklinieren**. Der Fall wird in der lateinischen Grammatik als **Kasus** bezeichnet. Diese sechs Kasus kommen ebenfalls im **Singular** (Einzahl) und im **Plural** (Mehrzahl) vor.

2.3 Im Lateinischen wird ein Substantiv dadurch dekliniert, dass an den **Wortstock** ein **Ausgang** gefügt wird. Dieser Ausgang ist unveränderlich und gibt dir einen deutlichen Hinweis, welcher Kasus vorliegt und ob es sich dabei um Singular oder Plural handelt.
Einen eigenen Artikel, der den jeweiligen Kasus bezeichnet, gibt es im Lateinischen nicht. So kann man übersetzen:
dominus: **der** Herr oder: **ein** Herr – domina: **die** Herrin oder: **eine** Herrin.

2.4 Man unterscheidet bei den Substantiven, die du in dieser Lektion (und in den nächsten Lektionen) lernst, zwei Klassen von Deklinationen. Merke dir für diese Substantive zunächst:
Substantive, die im Nominativ Singular auf **-a** enden, gehören zur **a-Deklination**, Substantive, die im Nominativ Singular auf **-us** enden, gehören zur **o-Deklination**.

2.5 Die Übersicht

	a-Deklination		o-Deklination	
Nominativ Singular	domina	die (eine) Herrin	domin**us**	der (ein) Herr

3. Adverbien

3.1 Im Gegensatz zu den Verben und Substantiven wird ein **Adverb** nicht gebeugt, sondern bleibt **als Form unveränderlich**. Das Adverb charakterisiert die durch das Verb ausgedrückte Handlung, indem es die näheren Umstände angibt.

3.2 In dieser Lektion kommen **Adverbien der Zeit** vor, z. B.: iam – schon, bereits; diū – lange Zeit; tandem – endlich, schließlich

S

4. Subjekt und Prädikat (Kongruenz I)

Dominus ⟷ salūtat

Subjekt ⟷ Prädikat

salūtat

Prädikat ⟷ Subjekt

4.1 Das **Prädikat** (die Satzaussage) ist das wichtigste Satzglied, da von ihm der weitere Verlauf eines Satzes abhängt. Nach dem Prädikat fragt man: **Was wird ausgesagt?**

4.2 Das **Subjekt** (der Satzgegenstand) eines Satzes steht im **Nominativ**. Nach dem Subjekt fragt man: **Wer oder Was?**

4.3 Das Subjekt stimmt im **Numerus** (in der Zahl, d. h.: Singular oder Plural) mit dem Prädikat überein (Numerus-Kongruenz). Da beim lateinischen Verb die handelnde Person in der Endung enthalten ist, kann ein Satz gelegentlich nur aus dem Prädikat bestehen.

5. Wortstellung

Lateinische Eigennamen werden meist der Berufs- oder der Standesbezeichnung der Person vorangestellt:
Cynthia serva: die Sklavin Cynthia – Eutychus servus: der Sklave Eutychus.

6. Unterscheide:

Wortarten	Satzglieder
Verbum (Tätigkeitswort)	Prädikat (Satzaussage)
Substantiv (Hauptwort)	Subjekt (Satzgegenstand)
Adverb (Umstandsangabe)	

Vokabeln

iam (Adv.)	schon, bereits	
diū (Adv.)	lange, lange Zeit	
exspectāre	warten, (jemanden oder etwas) erwarten	E. to expect
ubi?	wo?	
est	er, sie, es ist	
*servus	der Diener, der Sklave	Servus!
cūr?	warum?	
cessāre	zögern, sich nicht beeilen	
nōn	nicht	
venīre	kommen	F. venir; I. venire
tandem (Adv.)	endlich, schließlich	
appropinquāre	sich nähern, herankommen	E. to approach
et	und	
intrāre	eintreten, betreten	E. to enter; F. entrer; I. entrare
*dominus	der Herr, der Hausherr	
*domina	die Herrin, die Hausherrin	F. la dame; I. la donna
salūtāre	grüßen, begrüßen	salutieren; E. to salute
gaudēre	sich freuen	
etiam	auch, sogar	
*serva	die Dienerin, die Sklavin	
salvē	Sei gegrüßt! (Guten Tag! Hallo!)	
familia	die Familie; die Hausgemeinschaft	E. family; F. la famille; I. la famiglia; S. la familia
*filia	die Tochter	Filiale; F. la fille; I. la figlia
*filius	der Sohn	F. le fils; I. il figlio

Lektion 2

Grammatik

F

1. Die Verben der a-, e- und i-Konjugation: 3. Person Plural

1.1 Die Endung für die 3. Person Plural lautet im Lateinischen: **-nt**.
salūta-**nt**: **sie** grüßen – gaude-**nt**: **sie** freuen sich – veni-u-**nt**: **sie** kommen

Bei den Verben der a- und e-Konjugation wird die Personalendung unmittelbar an den Verbstamm gesetzt. **Bei den Verben der i-Konjugation** tritt zwischen den Verbstamm und die Personenendung der 3. Person Plural noch der **Bindevokal -u-**, der die Aussprache erleichtert.

1.2 Die Übersicht

Konjugation	Verbstamm	3. Person Singular		3. Person Plural	
a-Konjugation	salūtā-	salūta**t**	er, sie, es grüßt	salūta**nt**	sie grüßen
e-Konjugation	gaudē-	gaude**t**	er, sie, es freut sich	gaude**nt**	sie freuen sich
i-Konjugation	venī-	veni**t**	er, sie, es kommt	veni**unt**	sie kommen

2. Die Substantive der a- und o-Deklination: Nominativ Plural

2.1 Der Ausgang für den Nominativ Plural lautet in der a-Deklination: **-ae**, in der o-Deklination: **-ī**

2.2 Die Übersicht

a-Deklination

	Singular		Plural	
Nominativ	domin**a**	die (eine) Herrin	domin**ae**	die Herrinnen, Herrinnen

o-Deklination

	Singular		Plural	
Nominativ	domin**us**	der (ein) Herr	domin**ī**	die Herren, Herren

Die lateinischen Substantive können mit dem **bestimmten Artikel** (der, die, das) oder mit dem **unbestimmten Artikel** (ein, eine, ein) übersetzt werden. Will man im Deutschen eine unbestimmte Pluralform ausdrücken, entfällt der Artikel.

3. Subjekt und Prädikat (Kongruenz II)

S

3.1 Auch im Plural herrscht zwischen Subjekt und Prädikat Numerus-Kongruenz (vgl. Lektion 1, S 4.3): serv**us** exspecta**t** – serv**ī** exspecta**nt**.

3.2 Wenn zwei oder mehr Personen in einem Satz Subjekte im Singular sind, steht das Prädikat im Plural: domin**us** et domin**a** gaude**nt**.

Vokabeln

nam (Adv.)	denn, nämlich	
hodiē (Adv.)	heute	
sunt	sie sind	
amīcus	der Freund	F. l'ami; I. l'amico
*vocāre	rufen, nennen	Vokal, E. voice
explicāre	erklären, darlegen	
hīc (Adv.)	hier	
*labōrāre	arbeiten, sich anstrengen	Labor
semper	immer	I. sempre
cenāre	speisen, essen	
ibi (Adv.)	dort	
hortus	der Garten	
ambulāre	gehen, spazieren gehen	Ambulanz
*dormīre	schlafen	F. dormir
subitō (Adv.)	plötzlich	
porta	das Tor, die Tür	Pforte; F. la porte
stupēre	verblüfft sein, staunen	
quid?	was?	
tacēre	schweigen, still sein	
*rīdēre	lachen; über etw. lachen	F. rire
tum (Adv.)	da, dann, damals	

Lektion 3

Grammatik

F

1. Substantive: Das Neutrum der o-Deklination

1.1 Wie im Deutschen gibt es auch im Lateinischen drei verschiedene grammatische Geschlechter (Genera).
Substantive auf **-a** sind weiblich (genus **femininum**): fīlia
Substantive auf **-us** sind männlich (genus **masculinum**): fīlius
Substantive auf **-um** sind sächlich (genus **neutrum**): templum

1.2 Die Substantive dieser und der folgenden Lektionen werden in verschiedene Deklinationsklassen eingeteilt (vgl. Lektion 1, F 2.4):
Die Substantive, die im Nominativ Singular auf **-a** (domina) enden, gehören zur **a-Deklination**.
Die Substantive, die im Nominativ Singular auf **-us** (dominus) oder **-um** (templum) enden, gehören zur **o-Deklination**.

2. Der Akkusativ der a- und o-Deklination

2.1 Die Ausgänge für den Akkusativ lauten:
in der a-Deklination: **-am** (Singular) und **-ās** (Plural)
in der o-Deklination masculinum: **-um** (Singular) und **-ōs** (Plural)
in der o-Deklination neutrum: **-um** (Singular) und **-a**(Plural)

2.2 Im Neutrum sind jeweils im Singular und im Plural die Ausgänge für den Nominativ und den Akkusativ gleich.

2.3 Die Übersicht

a-Deklination

	Singular		**Plural**	
Nominativ	domina	die (eine) Herrin	dominae	die Herrinnen, Herrinnen
Akkusativ	dominam	die (eine) Herrin	dominās	die Herrinnen, Herrinnen

o-Deklination (masculinum)

	Singular		Plural	
Nominativ	domin**us**	der (ein) Herr	domin**ī**	die Herren, Herren
Akkusativ	domin**um**	den (einen) Herrn	domin**ōs**	die Herren, Herren

o-Deklination (neutrum)

	Singular		Plural	
Nominativ	templ**um**	der (ein) Tempel	templ**a**	die Tempel
Akkusativ	templ**um**	den (einen) Tempel	templ**a**	die Tempel, Tempel

3. Der Akkusativ als Objekt

S

3.1 Der Akkusativ gibt ein **Objekt** des Satzes an, also das, worauf sich die Handlung des Prädikats richtet.

3.2 Nach dem **Akkusativ** als Objekt fragt man: **Wen oder Was?**
Domina **servōs** exspectat. Frage: **Wen** erwartet die Herrin? – **Die Sklaven**.
Servī **forum** vident. Frage: **Was sehen die Sklaven?** – **Den Marktplatz**.

Domina ⟷ exspectat ↙ servōs

Subjekt ⟷ Prädikat ↙ Akkusativ-Objekt

Vokabeln

apportāre	herbeitragen, herbeischaffen	apportieren; F. apporter
dēbēre	müssen; verdanken	F. devoir
statim (Adv.)	auf der Stelle, sofort	
pārēre	gehorchen	parieren
properāre	eilen, sich beeilen	
theātrum	das Theater	theatralisch
*templum	der Tempel	F. le temple
*statua	das Standbild, die Statue	statisch
vidēre	sehen	Video; Vision

monumentum	das Denkmal	monumental
spectāre	anschauen, betrachten	spektakulär
rogāre	fragen, bitten	
autem (Adv.; nachgestellt)	aber	
monēre	ermahnen, erinnern	
enim (Adv.)	denn, nämlich	
forum	der Marktplatz, (das Forum)	Gesprächsforum
taberna	der Laden, das Wirtshaus	Taverne
audīre	hören	Audiokassette; Auditorium
* frūmentum	das Getreide	
* vīnum	der Wein	E. wine; F. le vin

Lektion 4

Grammatik

F

1. Die Verben der a-, e- und i-Konjugation: Die Konjugation im Präsens

1.1 Die Personalendungen lauten:

-ō	ich
-s	du
-t	er, sie, es
-mus	wir
-tis	ihr
-nt	sie

1.2 Die Übersicht

		a-Konjugation		e-Konjugation		i-Konjugation	
Singular	**1. Person**	laudō	ich lobe	videō	ich sehe	audiō	ich höre
	2. Person	laudās	du lobst	vidēs		audīs	
	3. Person	laudat	er, sie, es lobt	videt		audit	

		a-Konjugation		e-Konjugation	i-Konjugation
Plural	1. Person	laudā**mus**	wir loben	vidē**mus**	audī**mus**
	2. Person	laudā**tis**	ihr lobt	vidē**tis**	audī**tis**
	3. Person	lauda**nt**	sie loben	vide**nt**	audiu**nt**

Zum **Bindevokal -u-** in der 3. Person Plural bei den Verben der i-Konjugation vgl. Lektion 2, F 1.1

2. Der Dativ der a- und o-Deklination

2.1 Die Ausgänge für den Dativ lauten:
in der a-Deklination: **-ae** (Singular) und **-īs** (Plural)
in der o-Deklination masculinum und neutrum: **-ō** (Singular) und **-īs** (Plural)

2.2 Die Übersicht

a-Deklination

	Singular		Plural	
Nominativ	domina	die Herrin	dominae	die Herrinnen
Dativ	dominae	der Herrin	dominīs	den Herrinnen
Akkusativ	dominam	die Herrin	dominās	die Herrinnen

o-Deklination masculinum

	Singular		Plural	
Nominativ	dominus	der Herr	dominī	die Herren
Dativ	dominō	dem Herrn	dominīs	den Herren
Akkusativ	dominum	den Herrn	dominōs	die Herren

o-Deklination neutrum

	Singular		Plural	
Nominativ	templum	der Tempel	templa	die Tempel
Dativ	templō	dem Tempel	templīs	den Tempeln
Akkusativ	templum	den Tempel	templa	die Tempel

S

3. Der Dativ als Objekt

3.1 Der Dativ kann wie der Akkusativ im Satz die Funktion eines Objekts einnehmen. Das Dativ-Objekt bezeichnet als Satzglied meistens Personen.
Nach dem Dativ als Objekt fragt man: **Wem?**
Servus **dominō** pāret. – **Wem** gehorcht der Sklave? – **Dem Herrn.**

servus ⟷ pāret → dominō

Subjekt ⟷ Prädikat → Dativ-Objekt

3.2 In einem Satz kann es gleichzeitig ein Dativ- und ein Akkusativ-Objekt geben. Das Dativ-Objekt tritt dann als weiteres Satzglied neben das Akkusativ-Objekt. Beide Objekte hängen vom Prädikat ab:
Serva dominae aquam apportat. Die Sklavin bringt der Herrin das Wasser.

serva ⟷ apportat → dominae, aquam

Subjekt ⟷ Prädikat → Dativ-Objekt, Akkusativ-Objekt

4. Das natürliche Geschlecht

Bei einigen Wörtern der a-Deklination, wie convīva: der Gast, ist das grammatische Geschlecht (Genus) nicht femininum (vgl. Lektion 3, F 1.1), sondern masculinum. Hier hat sich das natürliche Geschlecht der Wortbedeutung (vgl. im Deutschen: *der* Gast) durchgesetzt.

Vokabeln

imperāre	einen Befehl erteilen, befehlen, (be)herrschen	Imperativ; I. imperare; S. imperar
*lectus	die Liege, das Bett, das Speisesofa	F. le lit; I. il letto
parāre	vorbereiten, bereiten; (mit etw.) beginnen	parat, reparieren; E. to prepare
laudāre	loben	Laudatio; E. to laud; F. louer
*cibus	die Speise, die Nahrung; Pl.: die Lebensmittel	
*aqua	das Wasser	Aquarium; F. l'eau; I. l'acqua
*cēna	das Essen, die Mahlzeit	I. la cena; S. la cena
*-que (angehängt)	und	

*convīva m.	der Gast	F. le convive
*respondēre	antworten, erwidern	Korrespondenz; E. to respond; F. répondre; I. rispondere
*ātrium	die Eingangshalle (das Atrium)	
*salvēte!	Seid gegrüßt! (Guten Tag!)	salvē; F. salut!
*valdē (Adv.)	sehr	
*libenter (Adv.)	gern	
mox (Adv.)	bald	
convīvium	das Gastmahl, das Festessen	conviva
amāre	lieben, gern haben	Amateur; F. aimer; I. amare
fābula	die Geschichte, die Erzählung, das Theaterstück	Fabel; E. fable; F. la fable; I. la favola
recitāre	vorlesen, vortragen	(re)zitieren; E. to recite; F. réciter
nōn sōlum	nicht nur	
placēre	(jemandem) gefallen	E. to please; I. piacere; S. placer

Lektion 5

Grammatik

1. Die Verben der a-, e- und i-Konjugation: Der Imperativ

F

	a-Konjugation		e-Konjugation		i-Konjugation	
Singular	laudā!	lobe!	vidē!	sieh!	audī!	höre!
Plural	laudāte!	lobt!	vidēte!	seht!	audīte!	hört!

2. Der Vokativ der a-Deklination

	Singular		Plural	
Nominativ	domina	die Herrin	dominae	die Herrinnen
Dativ	dominae	der Herrin	dominīs	den Herrinnen
Akkusativ	dominam	die Herrin	dominās	die Herrinnen
Vokativ	domina	Herrin	dominae	Herrinnen

Bei allen Substantiven der a-Deklination lautet der Ausgang des Vokativs wie der des Nominativs.

3. Der Vokativ der o-Deklination (masculinum)

	Singular		Plural	
Nominativ	dominus	der Herr	dominī	die Herren
Dativ	dominō	dem Herrn	dominīs	den Herren
Akkusativ	dominum	den Herrn	dominōs	die Herren
Vokativ	domine	Herr	dominī	Herren

3.1 Die Substantive der o-Deklination (masculinum) auf -us haben im Vokativ Singular den Ausgang -e, im Vokativ Plural den Ausgang -ī.

3.2 Die Substantive der o-Deklination (masculinum) auf -ius und Eigennamen auf -ius haben im Vokativ Singular den Ausgang -ī:
fīlius – fīlī, Lūcius – Lūcī, Cornēlius – Cornēlī.

3.3 Die Substantive der o-Deklination (neutrum) bilden den Vokativ Singular und Plural genau so wie den Nominativ Singular und Plural.

S

4. Der Modus

Es gibt im Lateinischen (wie im Deutschen) verschiedene Möglichkeiten, eine Aussage zu treffen. So kann man einen Satz zum Beispiel als Tatsache formulieren, aber auch als Wunsch, als Vermutung oder als Befehl. Diese jeweils unterschiedliche Aussageform nennt man **Modus** (= die Aussageweise). In den bisherigen Lektionen hast du schon zwei Modi kennengelernt: den Indikativ und den Imperativ.

4.1 Der **Indikativ** ist der Modus der Tatsachenfeststellung, die **Wirklichkeitsform**:
Dāvus nōn tacet. Dāvus epistulam recitat. – Davus schweigt nicht. Davus liest einen Brief vor.

4.2. Der **Imperativ** ist der Modus des Befehls, die **Befehlsform**. Mit dem Imperativ richtet man sich in der Regel an die 2. Person Singular oder Plural:
Tacē, Dāve! – Schweig, Davus! Tacēte, servī! – Schweigt, Sklaven!

4.3 Der **Imperativ** steht in der Regel am Satzanfang.

5. Der Vokativ

Der Vokativ ist der Kasus der **Anrede**.

6. Satzarten

6.1 Im Lateinischen gibt es wie im Deutschen unterschiedliche **Satzarten**. Man unterscheidet folgende Arten von **Hauptsätzen**:

Der **Aussagesatz**:	Nōnia tacet. – Nonia schweigt.
Der **Aufforderungssatz**:	Tacē, Nōnia! – Schweig, Nonia!
Der **Fragesatz**:	Cūr tacēs, Nōnia? – Warum schweigst du, Nonia?

6.2 Man kann die unterschiedlichen Satzarten auch an den unterschiedlichen **Satzzeichen** erkennen.

Vokabeln

māne (Adv.)	in der Frühe, morgens	
appārēre	erscheinen, auftauchen, sich zeigen	E. to appear; F. apparaître; I. apparire
tam (Adv.)	so	
*nārrāre	erzählen	narrativ; E. to narrate
littera	der Buchstabe	Literatur; E. letter; F. la lettre
litterae (Plur.)	das Schriftstück; der Brief	F. la littérature; I. la lettera
reperīre	finden, entdecken	
*iterum atque iterum (Adv.)	immer wieder	
clāmāre	laut rufen, schreien	Reklame; E. to claim
*epistula	der Brief	Epistel
adiuvāre (m. Akk.)	jmd. unterstützen, jmd. helfen	E. to aid; F. aider; I. aiutare
ecce!	siehe da!	
*cūra	die Sorge, die Fürsorge, die Sorgfalt	Kur; E. cure; F. la cure

*mē	mich (Akkusativ Singular)	
*sollicitāre	beunruhigen, aufwiegeln	E. to solicit; F. solliciter
*vexāre	quälen, heimsuchen	E. to vex; F. vexer
*sed	aber; sondern	
verbum, ī n.	das Wort	Verb, verbal; E. verb
saepe (Adv.)	oft	
libellus	das Schriftstück, kleine Buch; das Heft	
vel	oder	
tabula	die Tafel, die Schreibtafel; das Gemälde	Tafel, Tabelle; E. table; F. la table; I. la tavola; S. la tabla

Lektion 6

Grammatik

F

1. Der Genitiv der a- und o-Deklination

1.1 Die Ausgänge für den Genitiv lauten:
in der a-Deklination: **-ae** (Singular) und **-ārum** (Plural)
in der o-Deklination masculinum und neutrum: **-ī** (Singular) und **-ōrum** (Plural)

1.2 Die Übersicht

a-Deklination

	Singular		Plural	
Nominativ	domina	die Herrin	dominae	die Herrinnen
Genitiv	domin**ae**	der Herrin	domin**ārum**	der Herrinnen
Dativ	dominae	der Herrin	dominīs	den Herrinnen
Akkusativ	dominam	die Herrin	domināls	die Herrinnen
Vokativ	domina	Herrin	dominae	Herrinnen

o-Deklination masculinum

	Singular		Plural	
Nominativ	dominus	der Herr	dominī	die Herren
Genitiv	dominī	des Herrn	domin**ōrum**	der Herren
Dativ	dominō	dem Herrn	dominīs	den Herren
Akkusativ	dominum	den Herrn	dominōs	die Herren
Vokativ	domine	Herr	dominī	Herren

o-Deklination neutrum

	Singular		Plural	
Nominativ	templum	der Tempel	templa	die Tempel
Genitiv	templī	des Tempels	templ**ōrum**	der Tempel
Dativ	templō	dem Tempel	templīs	den Tempeln
Akkusativ	templum	den Tempel	templa	die Tempel

2. Der Genitiv als Attribut

S

2.1 Der Genitiv kann im Satz die Funktion eines **Attributs** einnehmen. Er gibt an, dass eine Person oder eine Sache zu jemandem oder zu etwas gehört. Damit bestimmt der Genitiv als Attribut das Wort näher, zu dem es gehört (das Bezugswort). Nach dem Genitiv-Attribut fragt man: **Wessen?**

Servī simulacra **deōrum et deārum** apportant.

Wessen Bilder tragen die Sklaven herein? – Die Bilder **der Götter und Göttinnen**.

2.2 Attribute sind **keine eigenständigen Satzglieder**, sondern gehören zu dem Satzglied, das sie näher bestimmen. Daher werden Attribute im Satzmodell mit einer gepunkteten Linie gekennzeichnet.

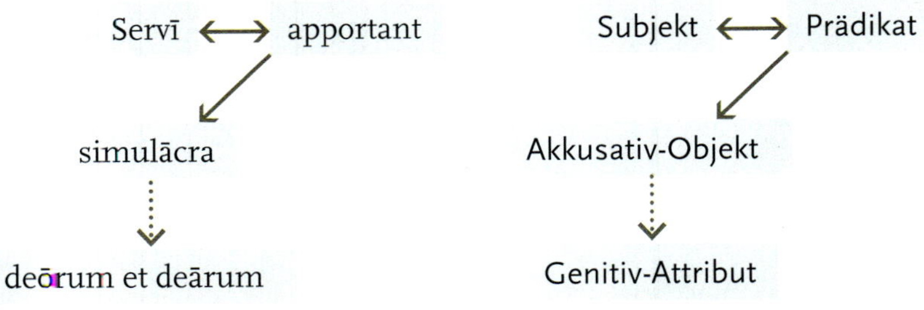

3. Das Substantiv als Prädikatsnomen

3.1 Das Prädikat eines Satzes kann nicht nur aus einem Vollverbum bestehen (Dāvus gaudet – Davus freut sich; vgl. Lektion 1, S 4). Es kann auch aus einer Form des Hilfsverbums esse und einem Substantiv im Nominativ gebildet werden: Dāvus servus est – Davus ist ein Sklave. Dieses Substantiv als Teil des Prädikats wird als **Prädikatsnomen** bezeichnet.

3.2 Das Substantiv als Prädikatsnomen steht in Kasus- und Numerus-Kongruenz mit dem Subjekt (vgl. Lektion 1, S 4 und Lektion 2, S 3).

Dāvus	⟷	servus est	Subjekt	⟷	Prädikatsnomen + Formen von esse = Prädikat
Dāvus et Eutychus	⟷	servī sunt			

Vokabeln

amāre – apportāre – appārēre – respondēre – intrāre – subitō – statim

*vīsitāre	besuchen	Visite, E. to visit, F. visiter
circus, ī m.	der Zirkus, die Rennbahn	Zirkus; E. circus
*Rōmānī, ōrum m.	die Römer	
*lūdus, ī m.	das Spiel, die Schule	
celebrāre	feiern, besuchen	zelebrieren; E. to celebrate
cōpia, ae f.	die Menge (im Plural: Truppen)	Kopie
*equus, ī m.	das Pferd	
paulō post (Adv.)	etwas später, bald darauf	
*turba, ae f.	die Menge, die Verwirrung	Trubel, turbulent
nunc (Adv.)	jetzt	
*spectāculum, ī n.	das Schauspiel	spektakulär
*simulācrum, ī n.	das Götterbild	
*deus, ī m.	der Gott	F. Dieu; I. Dio; S. Dios
dea, ae f.	die Göttin	
ut	wie	
scīre	etwas wissen, jemanden kennen	
sapientia, ae f.	die Weisheit	I. la sapienza
quoque (nachgestellt)	auch	
īgnōrāre	nicht kennen	Ignorant; E. to ignore

nōn īgnōrāre	gut kennen; genau wissen
nūntius, ī m.	der Bote, die Nachricht
*servāre	schützen, retten, bewahren
cōpia equōrum nūntius deōrum	eine Menge Pferde der Götterbote

J

Lektion 7

Grammatik

1. esse: Die Konjugation im Indikativ Präsens

F

	Singular		Plural	
1. Person	sum	ich bin	sumus	wir sind
2. Person	es	du bist	estis	ihr seid
3. Person	est	er, sie, es ist	sunt	sie sind

Die Formen des Präsens haben die „Wurzeln" „es-" und „s-".

2. Die Adjektive der a- und o-Deklination

	Singular			Plural		
	m.	**f.**	**n.**	**m.**	**f.**	**n.**
Nominativ	bon**us**	bon**a**	bon**um**	bon**ī**	bon**ae**	bon**a**
Genitiv	bon**ī**	bon**ae**	bon**ī**	bon**ōrum**	bon**ārum**	bon**ōrum**
Dativ	bon**ō**	bon**ae**	bon**ō**	bon**īs**	bon**īs**	bon**īs**
Akkusativ	bon**um**	bon**am**	bon**um**	bon**ōs**	bon**ās**	bon**a**

Die Adjektive auf **-us**, **-a**, **-um** werden wie die Substantive der a- und o-Deklination dekliniert.

S

3. Das Adjektiv: KNG-Kongruenz

Dominus serv**um** fīd**um** vocat. — Der Herr ruft den treuen Sklaven.
Fīli**ae** bon**ae** labōrant. — Die tüchtigen Töchter arbeiten.
Dāvus māgn**īs** therm**īs** appropinquat. — Davus nähert sich den großen Thermen.

Das Adjektiv richtet sich in **K**asus, **N**umerus und **G**enus nach dem Nomen (Bezugswort), zu dem es gehört (**KNG-Kongruenz**).
Das Adjektiv steht meist hinter dem Bezugswort. Wenn es eine Menge, ein Maß oder eine Zahl bezeichnet (z. B. māgnus: groß, multī: viele), steht es häufig davor.

4. Das Adjektiv als Attribut

Das Adjektiv kann verwendet werden als **Attribut** (Adjektiv-Attribut; vgl. Lektion 6, S 2) und dann bei einem Subjekt, einem Objekt oder einem Adverbiale stehen.
Nach dem Adjektiv-Attribut fragt man: **Was für ein? Welcher?**

Dominus servum **fīdum** vocat. — **Welchen (Was für einen)** Sklaven ruft der Herr? Der Herr ruft den **treuen** Sklaven.

Fīliae **bonae** labōrant. — **Welche (Was für)** Töchter arbeiten? Die **tüchtigen** Töchter arbeiten.

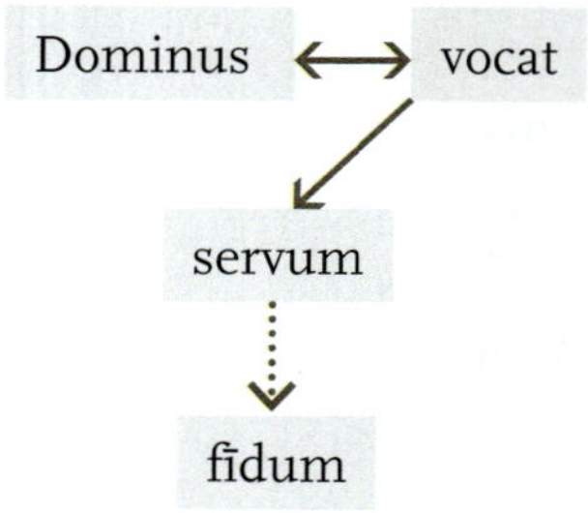

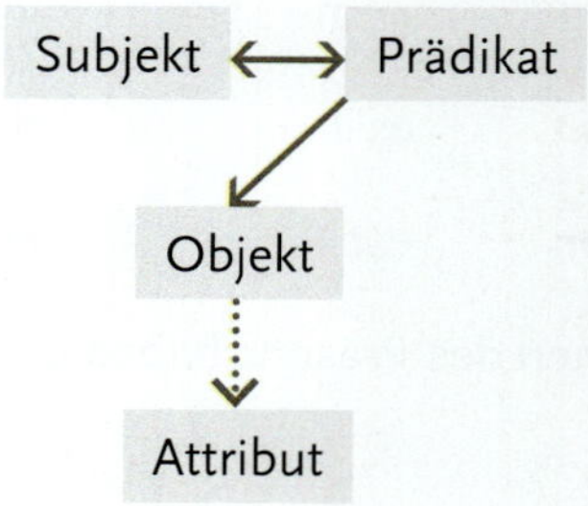

5. Das Adjektiv als Prädikatsnomen

Das Adjektiv kann (wie das Substantiv; vgl. Lektion 6, S 3) als **Prädikatsnomen** zusammen mit einer Form des Hilfsverbs esse das Prädikat bilden. Das Adjektiv steht dabei in KNG-Kongruenz zum Subjekt.

Amīc**us** bon**us** est. — Der Freund ist tüchtig.
Serv**ae** fīd**ae** sunt. — Die Sklavinnen sind treu.
Templ**um** māgn**um** est. — Der Tempel ist groß.

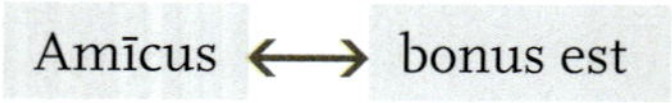

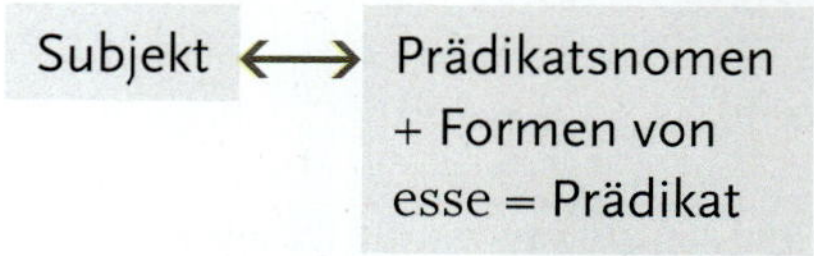

6. Das substantivierte Adjektiv

Adjektive können auch wie ein Substantiv verwendet werden; sie stehen dann ohne Bezugswort (substantiviertes Adjektiv). Merke:

bonī, ōrum/bonae, ārum	die Guten, die Tüchtigen
bonum, ī n.	das Gute
bona, ōrum n.	die Güter, das Hab und Gut
necessāria, ōrum n.	die notwendigen Dinge, das Notwendige
multa, ōrum n.	viele Dinge, Vieles

Für die Übersetzung des substantivierten Adjektivs, das im Neutrum Plural steht, verwenden wir im Deutschen in der Regel den Singular.

7. Der Infinitiv als Subjekt

Der Infinitiv hat bei unpersönlichen Ausdrücken die Satzgliedfunktion des Subjekts; sein Genus ist neutrum.

Iūcund**um** est.	**Es** ist angenehm. Frage: Was ist angenehm?
Ambulāre iūcundum est.	Spazieren zu gehen ist angenehm.

Ambulāre ⟷ iūcundum est   Subjekt ⟷ Prädikat

Vokabeln

amīcus – libenter – vīsitāre – properāre – vidēre

fessus, a, um	erschöpft, müde	
*itaque	daher, deshalb	
*thermae, ārum f.	die Badeanlage (die Thermen)	
*ōtium, ī n.	freie Zeit, Ruhe	I. l'ozio; S. el ocio
iūcundus, a, um	erfreulich, angenehm	
*dare	geben	Datum, Dativ; I. dare
*ōtiō mē dō	ich gebe mich der Ruhe hin, ich genieße die freie Zeit	
praeclārus, a, um	glänzend, herrlich	
*convenīre	zusammenkommen; mit Akk.: jemanden treffen	venīre; Konvent
māgnus, a, um	groß	

*toga, ae f.	das Obergewand (die Toga)	
*tunica, ae f.	das Untergewand (die Tunika)	
*fīdus, a, um	treu, zuverlässig	
*mandāre	übergeben, anvertrauen	dare; Mandat
*observāre	beobachten; auf etwas aufpassen	servāre; observieren
necessārius, a, um	notwendig	F. nécessaire
multī, ae, a	viele, zahlreiche	multiplizieren
Rōmānus, a, um	römisch	
adesse	da sein; mit Dativ: jemandem helfen	esse
*bonus, a, um	gut, tüchtig	F. bon; I. buono; S. bueno
cēterī, ae, a	die übrigen	etc. (= et cētera)
tē (Akk.)	dich	
*varius, a, um	bunt; verschieden; vielfältig	variieren

J

amīcōs convenīre	die Freunde treffen, mit den Freunden zusammenkommen
amīcīs adesse	den Freunden helfen

Lektion 8

Grammatik

F

1. Der Ablativ der a- und o-Deklination

1.1 Die Ausgänge für den Ablativ lauten:
in der a-Deklination: **-ā** (Singular) und **-īs** (Plural)
in der o-Deklination masculinum und neutrum: **-ō** (Singular) und **-īs** (Plural)

1.2 Die Übersicht

a-Deklination

	Singular		Plural	
Nominativ	domina	die Herrin	dominae	die Herrinnen
Genitiv	dominae	der Herrin	dominārum	der Herrinnen
Dativ	dominae	der Herrin	dominīs	den Herrinnen
Akkusativ	dominam	die Herrin	dominās	die Herrinnen
Ablativ	dominā		dominīs	
Vokativ	domina	Herrin	dominae	Herrinnen

Die Übersetzung des Ablativs richtet sich jeweils nach seiner Funktion im Satz (s. u. Nr. 2).

o-Deklination masculinum

	Singular		Plural	
Nominativ	dominus	der Herr	dominī	die Herren
Genitiv	dominī	des Herrn	dominōrum	der Herren
Dativ	dominō	dem Herrn	dominīs	den Herren
Akkusativ	dominum	den Herrn	dominōs	die Herren
Ablativ	dominō		dominīs	
Vokativ	domine	Herr	dominī	Herren

o-Deklination neutrum

	Singular		Plural	
Nominativ	templum	der Tempel	templa	die Tempel
Genitiv	templī	des Tempels	templōrum	der Tempel
Dativ	templō	dem Tempel	templīs	den Tempeln
Akkusativ	templum	den Tempel	templa	die Tempel
Ablativ	templō		templīs	

2. Der Ablativ als Adverbiale

Der lateinische Ablativ ist ein Mischkasus, der verschiedene Funktionen hat. Im Deutschen gibt es keinen Ablativ. Daher muss der lateinische Ablativ je nach seiner Verwendungsweise ins Deutsche übersetzt werden. Es gibt folgende Möglichkeiten:

2.1 Ablativ des Mittels (ablātīvus īnstrūmentālis)

Der ablātīvus īnstrūmentālis nennt das Mittel oder Werkzeug, mit dem etwas getan wird. Man übersetzt den Ablativ des Mittels häufig mit **„mit“** oder **„durch“**. Nach dem ablātīvus īnstrūmentālis fragt man: **Womit? Wodurch?**

Rōmānī forum **multīs aedificiīs** ōrnant.	Die Römer schmücken das Forum **mit vielen Bauwerken.**

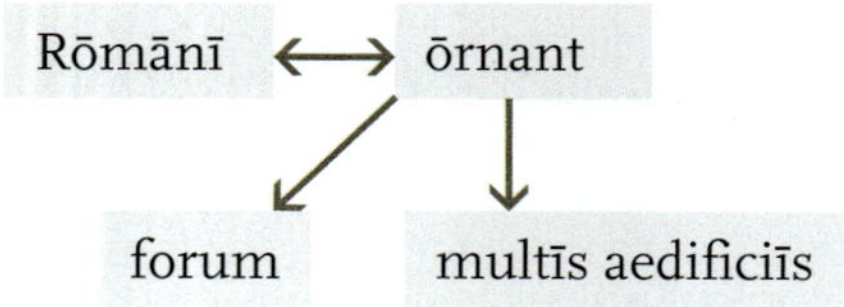

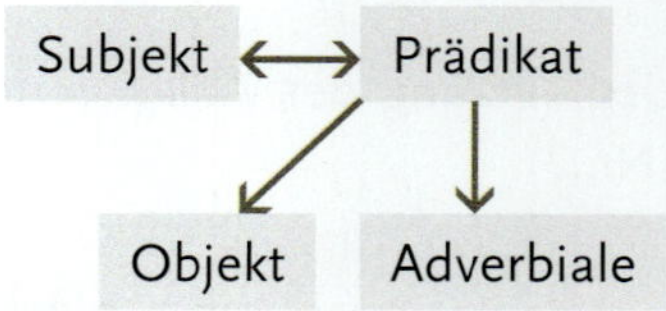

2.2 Ablativ des Grundes (ablātīvus causae)

Der ablātīvus causae gibt eine Begründung an. Man übersetzt den Ablativ des Grundes häufig mit **„wegen“** oder **„über“**. Nach dem ablātīvus causae fragt man: **Weswegen? Worüber?**

Dominus **nūntiō** gaudet.	Der Herr freut sich **über die Nachricht** (wegen der Nachricht).
Dominus **vīnō** fessus est.	Der Herr ist **vom Wein** (wegen des Weines) müde.

2.3 Ablativ der Art und Weise (ablātīvus modī)

Der ablātīvus modī bestimmt die Art und Weise einer Handlung näher. Man übersetzt den Ablativ der Art und Weise häufig mit **„mit“**. Nach dem ablātīvus modī fragt man: **Wie? Auf welche Weise?**

Dominus nūntium **māgnā cūrā** audit.	Der Herr hört die Nachricht **mit großer Sorge**. *(Beachte den Unterschied zum Ablativ des Mittels: Die Sorge ist sicher* ***nicht*** *das Mittel zum Hören.)*

2.4 Der Ablativ hat in allen drei genannten Verwendungsweisen die Funktion eines **Adverbiales**. Bei einem **Adverbiale** handelt es sich um ein Satzglied, das die **Umstände** einer Handlung, die durch das Prädikat ausgedrückt wird, näher beschreibt. Dies sind z. B. **das Mittel**, mit dem etwas vollbracht wird (2.1), der **Grund** dafür, dass man etwas tut (2.2), und **die Art und Weise**, auf die etwas getan wird (2.3).

2.5 Der Ablativ der Trennung (ablātīvus sēparātīvus)

Der ablātīvus sēparātīvus steht bei Begriffen, die eine Trennung ausdrücken, wie zum Beispiel līberāre (**von** etwas befreien) oder carēre (**von** etwas frei sein, etwas nicht haben). Man übersetzt den Ablativ der Trennung häufig mit **„von“**. Nach dem ablātīvus sēparātīvus fragt man: **Wovon?**

Servus dominum **cūrīs** līberat.	Der Sklave befreit den Herrn **von den Sorgen**.

Auch der ablātīvus sēparātīvus hat fast immer die Funktion eines Adverbiales (vgl. 2.4) und bezeichnet die **Trennung**, die durch eine Handlung vollzogen wird:

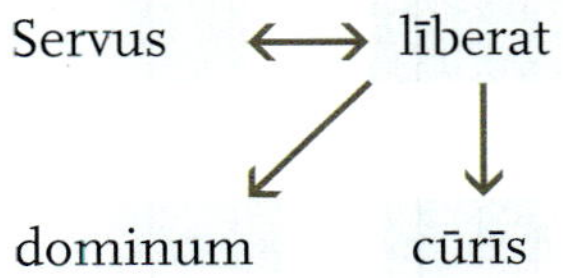

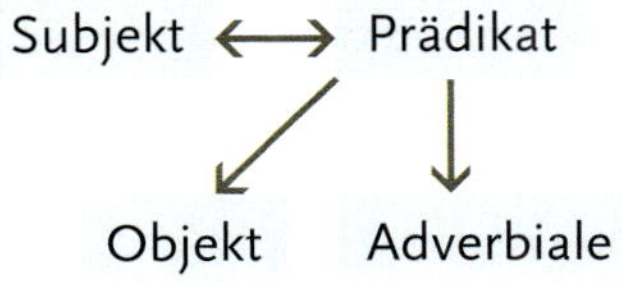

Eine Ausnahme bildet z. B. das Verbum carēre: „frei von etwas sein, etwas nicht haben“. Hier ist der Ablativ eine notwendige Ergänzung des Prädikats, weil er die Sache angibt, die jemandem fehlt. Der Ablativ bei carēre hat daher die Funktion eines **Objekts**:

Dominus **cūrīs** caret.	Der Herr ist frei **von** Sorgen. Der Herr **hat keine Sorgen**.

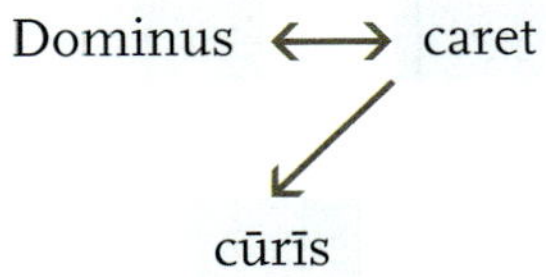

Vokabeln

cibus – convīva – convīvium – cūra – fessus – praeclārus – explicāre – intrāre – placēre – sollicitāre

via, ae f.	der Weg, die Straße	Viadukt; I. la via
*Rōma, ae f.	Rom	
*quō?	wohin?	
adhūc (Adv.)	bisher, bis jetzt	
*aedificium, ī n.	das Gebäude	F. l’édifice; I. l’edificio;
*antīquus, a, um	alt	Antiquität; Antike
*altus, a, um	hoch, tief	Alt(stimme); I./S. alto

*medium, ī n.	die Mitte, der Mittelpunkt	Medium; I./S. medio
*imperium, ī n.	die Herrschaft, das Herrschaftsgebiet, das Reich	Imperialismus; E. empire; F. l'empire
ōrnāre	schmücken	Ornament; I. ornare
*aedificāre	bauen, erbauen	I. edificare; F. édifier
līberāre	(von etwas) befreien	liberal; I. liberare
patrōnus, ī m.	der Anwalt	Patron; F. le patron
accūsāre	anklagen	Akkusativ; E. to accuse; F. accuser
ēloquentia, ae f.	die Redekunst; die Beredsamkeit	Eloquenz, eloquent
iniūria, ae f.	das Unrecht; die Ungerechtigkeit	E. injury; F. l'injure
dēmōnstrāre	(auf)zeigen, darlegen	demonstrieren; E. to demonstrate
gaudium, ī n.	die Freude	Gaudi; E. joy; F. la joie
pecūnia, ae f.	das Geld, das Vermögen	pekuniär
carēre (mit Ablativ)	(von etwas) frei sein, (etwas) entbehren, (etwas) nicht haben	

Lektion 9

Grammatik

F

1. Die Deklination der Substantive auf -(e)r

1.1 Die Substantive auf **-(e)r** gehören zur **ō-Deklination** und werden – abgesehen vom Nominativ – wie die bekannten Beispiele auf -us dekliniert.
Die Substantive auf **-(e)r** gibt es in zwei Gruppen: Entweder haben sie das **-e-** nur im Nominativ (Bsp.: ager, der Acker: Nom. ager, Gen. agrī, Dat. agrō...) oder es ist in allen Kasūs vorhanden (Nom. puer, Gen. puerī, Dat. puerō ...).
Dem grammatischen Geschlecht nach sind die Substantive auf **-(e)r** Masculina.

1.2 Die Übersicht

	Singular		Plural	
Nominativ	puer	der Junge	puerī	die Jungen
Genitiv	puerī	des Jungen	puer**ōrum**	der Jungen
Dativ	puerō	dem Jungen	puerīs	den Jungen
Akkusativ	puer**um**	den Jungen	puerōs	die Jungen
Ablativ	puerō		puerīs	
Vokativ	puer	Junge	puerī	Jungen

2. Die Deklination der Adjektive auf -(e)r

2.1 Auch bei den Adjektiven der ō-/ā-Deklination gibt es solche, die den Wortausgang **-us** verloren haben, mit und ohne **-e-** im Stamm. Das Adjektiv dexter kann auf beide Arten dekliniert werden:

2.2 Die Übersicht

	masculinum	femininum	neutrum
Nominativ Singular	dexter	dext(e)ra	dext(e)r**um**
Genitiv	dext(e)rī	dext(e)r**ae**	dext(e)rī
Dativ	dext(e)rō	dext(e)r**ae**	dext(e)rō
Akkusativ	dext(e)r**um**	dext(e)r**am**	dext(e)r**um**
Ablativ	dext(e)rō	dext(e)rā	dext(e)rō
Nominativ Plural	dext(e)rī	dext(e)r**ae**	dext(e)ra
Genitiv	dext(e)r**ōrum**	dext(e)r**ārum**	dext(e)r**ōrum**
Dativ	dext(e)r**īs**	dext(e)r**īs**	dext(e)r**īs**
Akkusativ	dext(e)r**ōs**	dext(e)r**ās**	dext(e)ra
Ablativ	dext(e)r**īs**	dext(e)r**īs**	dext(e)r**īs**

S

3. Präpositionen

3.1 Präpositionen sind **Verhältniswörter**, deren Aufgabe im Satz darin besteht, Wörter zueinander in Beziehung zu setzen. Die Präpositionen bilden eine eigene Wortart.

3.2 Jeder lateinischen Präposition muss ein Nomen in einem bestimmten Kasus folgen. So hat z. B. die Präposition ad den Akkusativ nach sich, die Präposition dē den Ablativ nach sich.
Welcher Kasus nach der jeweiligen Präposition folgt, musst du gut lernen. Ein Abfragen ist hier nicht möglich.

3.3 **Präpositionalausdrücke** (z. B.: in forō: auf dem Marktplatz) können entweder als **Adverbiale** (vgl. Lektion 8, S 2.4) die Aussage des Prädikats näher bestimmen oder auch die Funktion eines **Objekts** übernehmen:

Rōmānī **in Capitōliō** deīs sacrificant.	Die Römer opfern auf dem Kapitol den Göttern.

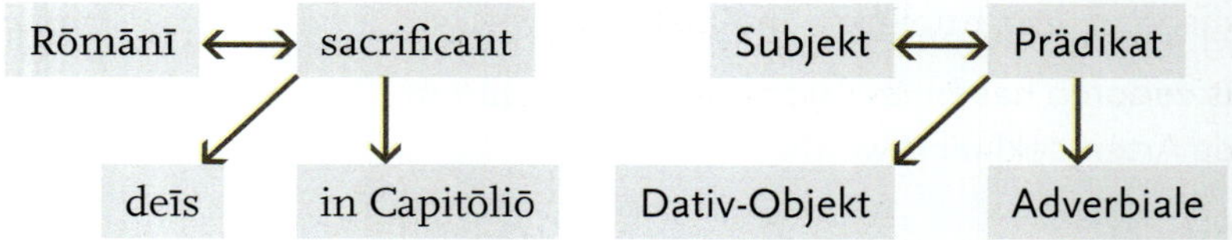

Dāvus Eutychō **dē deīs Rōmānīs** nārrat.	Davus erzählt Eutychus von den römischen Göttern.

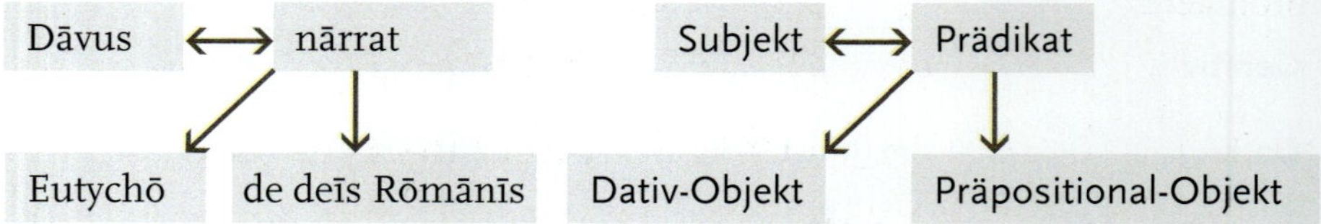

Vokabeln

māgnus – vidēre – stupēre – respondēre – aedificāre – dare – līberāre

in (Präp. mit Abl.)	in, an, auf (Frage: Wo?)	
*vir, virī m.	der Mann	
*fēmina, ae f.	die Frau	E. female; F. la femme
*puer, puerī m.	der Junge, das Kind	E. puerile
puella, ae f.	das Mädchen	puer
*per (Präp. mit Akk.)	durch (... hindurch)	F. par
*sacer, sacra, sacrum	heilig	E. sacred; F. sacré

*ad (Präp. mit Akk.)	zu, bis zu, bei	E. at; F. à
*Capitōlium, ī n.	das Kapitol (einer der sieben Hügel Roms)	
clārus, a, um	hell, klar, berühmt	E. clear; F. clair
*pulcher, pulchra, pulchrum	schön	
*post (Präp. mit Akk.)	hinter, nach	
*ante (Präp. mit Akk.)	vor	F. avant
*āra, ae f.	der Altar	
*summus, a, um	der höchste, der oberste	
sacrificāre	opfern, ein Opfer bringen	sacer; E. to sacrifice
mihi (Dativ Singular)	mir	
*dē (Präp. mit Abl.)	von; von ... herab, von ... weg; über	
nōn sōlum ... sed etiam	nicht nur ... sondern auch	
sinister, sinistra, sinistrum	links, ungünstig, unheilvoll	E. sinister; F. sinistre
dexter, dext(e)ra, dext(e)rum	rechts; günstig	I. destro
dōnum, ī n.	das Geschenk	I. il dono
periculum, ī n.	die Gefahr	
*ā, ab (Präp. mit Abl.)	von, von ... her, von ... an	
prohibēre	(etwas von jemandem) abhalten, (jemanden an etwas) hindern	E. to prohibit; F. prohiber

Übersicht über die Präpositionen

mit dem Ablativ		mit dem Akkusativ	
ā, ab: von, von ... her, von ... an	Ā forō ad Capitōlium properō. Ich eile *vom* Marktplatz zum Kapitol.	ad: zu, bis ... zu, bei	Ad thermās properō. Ich eile *zu* den Thermen. Ad thermas amīcōs videō. *Bei* den Thermen sehe ich meine Freunde.
dē: von, von ... herab, über	Dē Capitōliō monumenta forī spectō. Ich betrachte *vom* Kapitol herab die Denkmäler des Marktplatzes. Dāvus dē summō deō nārrat. Davus erzählt *vom* (über den) höchsten Gott.	ante: vor	Dāvus ante templum est. Davus befindet sich *vor* dem Tempel.
in: in, an, auf (wo?)	In forō sum. Ich bin *auf* dem Marktplatz. In theātrō sum. Ich bin *im* Theater.	per: durch (... hindurch)	Per forum ad Capitōlium properō. Ich eile *über* (durch den Marktplatz (hindurch) zum Kapitol.
		post: hinter, nach	Dāvus post templum est. Davus befindet sich *hinter* dem Tempel.

Lektion 10

Grammatik

F

1. Der Indikativ Imperfekt der a-, e-, i-Konjugation und von esse

		a-Konjugation		e-Konjugation		i-Konjugation	
Sg.	**1. P.**	laudā**bam**	ich lobte	vidē**bam**	ich sah	audiē**bam**	ich hörte
	2. P.	laudā**bās**	du lobtest	vidē**bās**		audiē**bās**	
	3. P.	laudā**bat**	er, sie, es lobte	vidē**bat**		audiē**bat**	
Pl.	**1. P.**	laudā**bāmus**	wir lobten	vidē**bāmus**		audiē**bāmus**	
	2. P.	laudā**bātis**	ihr lobtet	vidē**bātis**		audiē**bātis**	
	3. P.	laudā**bant**	sie lobten	vidē**bant**		audiē**bant**	

Das **Tempuszeichen** für den Indikativ Imperfekt lautet: **-ba-**.
In der i-Konjugation tritt vor das Tempuszeichen der Bindevokal **-e-**.

Die **Personalendungen** sind dieselben wie im Präsens, nur die 1. Person Singular endet auf **-m**.

	Singular		Plural	
1. Person	eram	ich war	erāmus	wir waren
2. Person	erās	du warst	erātis	ihr wart
3. Person	erat	er, sie, es war	erant	sie waren

2. Der Imperativ von esse (vgl. Lektion 5, F 1; S 4.2; S 4.3)

Singular	es!	sei!
Plural	este!	seid!

S

3. Die Verwendung des Imperfekts

a) Rōmānī lūdōs circēnsēs amābant. — Die Römer liebten die Zirkusspiele.

b) Rōmānī deīs sacrificābant et dōna dābant. — Die Römer opferten (immer wieder) den Göttern und gaben ihnen Geschenke.

c) Gallī mūrōs Capitōliī superābant. Rōmānī autem Gallōs arcēbant. — Die Gallier versuchten, die Mauern des Kapitols zu überwinden. Die Römer aber wehrten die Gallier immer wieder ab.

Das **Imperfekt** bezeichnet

a) Bräuche und Gewohnheiten sowie Vorgänge in der Vergangenheit, die in Bezug auf eine andere Handlung noch nicht abgeschlossen sind (duratives Imperfekt),
b) Handlungen in der Vergangenheit, die sich oft wiederholen (iteratives Imperfekt),
c) Handlungen in der Vergangenheit, die sich oft wiederholen können, aber dennoch nur ein Versuch bleiben (imperfectum dē cōnātū).

Vokabeln

lūdus – intrāre – monēre – nārrāre – mihi – fēmina – summus – parāre

*cum (Präp. mit Abl.)	mit, zusammen mit	
magister, magistrī m.	der Lehrer	Meister; E. master
līberī, ōrum m.	die Kinder	
discipulus, ī m.	der Schüler	
poēta, ae **m.**	der Dichter	Poet; F. le poète
velut	wie, wie zum Beispiel, gleichwie	
saeculum, ī n.	das Zeitalter, das Jahrhundert	F. le siècle; I. il secolo
pervenīre (in)	kommen, gelangen (nach)	venīre
*superāre	übertreffen, überwinden, besiegen	
*occupāre	besetzen, in Besitz nehmen	okkupieren; E. to occupy
*dēlēre	vernichten, zerstören	E. to delete
*audācia, ae f.	die Kühnheit, der Wagemut	E. audacity; S. la audacia
*arcēre	fernhalten, abwehren	
parātus, a, um	bereit, vorbereitet, kampfbereit	parāre; parat
*mūrus, ī m.	die Mauer	F. le mur
excitāre	aufwecken, antreiben	E. to excite
*pūgnāre	kämpfen, streiten	
*adversārius, ī m.	der Gegner, der Feind	
*fugāre	in die Flucht schlagen, vertreiben	

in Italiam pervenīre — nach Italien kommen, gelangen

J

Lektion 11

Grammatik

F

1. Die Verben der konsonantischen Konjugation: Die Konjugation im Indikativ Präsens

1.1 Neben der a-, e- und i-Konjugation gibt es noch eine weitere Gruppe von Verben. Ihr Verbstamm endet nicht auf einen Vokal, sondern auf einen **Konsonanten**: regere, re**g**-ō; condere, con**d**-ō; petere, pe**t**-ō.
Daher bezeichnet man diese Konjugation als **konsonantische Konjugation**.

1.2 Zu der konsonantischen Konjugation werden auch die Verben gezählt, deren Stamm **mit einem kurzen -ĭ- erweitert** ist: capere, cap**i**-ō, cupere, cup**i**-ō. Um diese beiden Gruppen auseinanderzuhalten, ist es sehr wichtig, immer den Infinitiv gemeinsam mit der 1. Person Singular zu lernen und aufzusagen.

1.3 Die Bildung der Verbformen der konsonantischen Konjugation erfolgt wie bei den bekannten Konjugationen durch die Kombination von Verbstamm und Endung. Die Gruppe der Verben, deren Stamm auf einen Konsonanten endet, hat zusätzlich den **Bindevokal -i-** bzw. **-u-** (3. Plural). Die Gruppe der Verben, bei denen das **-ĭ-** zum Stamm gehört, hat den Bindevokal nur in der 3. Plural.

1.4 Die Übersicht

		konsonantische Konjugation	**konsonantische Konjugation auf -io**
Singular	**1. Person**	reg-**ō**	capi-**ō**
	2. Person	reg-i-**s**	capi-**s**
	3. Person	reg-i-**t**	capi-**t**
Plural	**1. Person**	reg-i-**mus**	capi-**mus**
	2. Person	reg-i-**tis**	capi-**tis**
	3. Person	reg-u-**nt**	capi-u-**nt**

1.5 Beim **Infinitiv Präsens** wird zwischen Verbstamm und Endung der Bindevokal -e- eingeschoben.

	konsonantische Konjugation	**konsonantische Konjugation auf -io**
Infinitiv Präsens Aktiv	reg**ere**	cap**ere**

2. Die Verben der konsonantischen Konjugation: Die Konjugation im Indikativ Imperfekt

Bei den Verben der konsonantischen Konjugation lautet das Tempuszeichen im Indikativ Imperfekt **-ēba-**:

		konsonantische Konjugation	konsonantische Konjugation auf -io
Singular	**1. Person**	regē**bam**	capiē**bam**
	2. Person	regē**bās**	capiē**bās**
	3. Person	regē**bat**	capiē**bat**
Plural	**1. Person**	regē**bāmus**	capiē**bāmus**
	2. Person	regē**bātis**	capiē**bātis**
	3. Person	regē**bant**	capiē**bant**

3. Das historische Präsens

S

Ereignisse in der Vergangenheit werden bei lebhafter Schilderung wie im Deutschen gelegentlich im Präsens berichtet. Dadurch lässt der Sprecher/Erzähler seine Hörer/Leser die geschilderte Situation unmittelbar miterleben (**praesens historicum**).
Die Wiedergabe des lateinischen praesens historicum kann im Deutschen durch das Präsens oder das Präteritum erfolgen, muss aber einheitlich sein.

Vokabeln

magister – discipulus – mūrus – adversārius – arcēre – occupāre – līberī

oppidum, ī n.	die Stadt, befestigte Landstadt	
novus, a, um	neu	Novum, F. nouveau
condere, condō	gründen, bergen	
*cupere, cupiō	begehren, wünschen	
rēgnum, ī n.	die Herrschaft, das Königreich	Regiment; E. reign
*contendere, contendō	sich anstrengen, eilen, kämpfen	E. to contend
dēnique	schließlich, endlich	

cōnsilium, ī n.	der Rat, der Plan, der Beschluss	E. counsel; I. il consiglio
*capere, capiō	fassen, ergreifen, erobern	kapieren; I. capire
*auxilium, ī n.	die Hilfe	E. auxiliary; F. auxiliaire
*petere, petō	erstreben, (er)bitten, eilen; angreifen	Petition; E. petition
agere, agō	handeln, verhandeln, betreiben	agieren, Aktion, aktiv
caelum, ī n.	der Himmel, das Wetter, das Klima	F. le ciel; I. il cielo
sīgnum, ī n.	das Zeichen	Signal; E. to sign; F. le signe
ego	ich	Egoist
regere, regō	lenken, leiten	rēgnum; regieren
locus, ī m.	der Ort, der Platz, die Stelle	lokal; E. local; F. local
licet	es ist erlaubt	Lizenz
parvus, a, um	klein, gering	
circumdare	umgeben, herumlegen	dare
īnfestus, a, um	feindlich, feindselig	
lacessere, lacessō	reizen	
praesidium, ī n.	der Schutz, die Schutztruppe	
īrātus, a, um	zornig, erzürnt	
arma, ōrum n.	die Waffen	Armee; E. army; F. l'armée
*occīdere, occīdō	niederhauen, töten	

J

oppidum condere	eine Stadt gründen
dē regnō contendere	um die Herrschaft kämpfen
cōnsilium capere	einen Plan fassen
arma capere	die Waffen ergreifen, zu den Waffen greifen
Italiam petere	nach Italien eilen
auxilium ā deīs petere	die Götter um Hilfe bitten

Lektion 12

Grammatik

1. Die dritte Deklination (Konsonantenstämme)

F

1.1 Unter der Bezeichnung „dritte Deklination“ fasst man verschiedene Stämme zusammen. Zu den **Konsonantenstämmen** gehören Substantive, deren Stamm mit einem Konsonanten endet. Diesen erkennt man erst, wenn man den Ausgang des Genitiv Singular weglässt, z. B.:
pater, patr-is m. → Stamm patr-; rēx, rēg-is m. → Stamm rēg-.
Daher ist es notwendig, dass man bei allen Substantiven der dritten Deklination immer auch den Genitiv mitlernt. Präge dir außerdem immer das Genus ein, das bei den Substantiven der dritten Deklination masculinum, femininum oder neutrum sein kann.

1.2 Die Formen

	Singular		Plural		Singular		Plural	
Nominativ	rēx	der König	rēg**ēs**	die Könige	māter	die Mutter	mātr**ēs**	die Mütter
Genitiv	rēg**is**	des Königs	rēg**um**	der Könige	mātr**is**	der Mutter	mātr**um**	der Mütter
Dativ	rēg**ī**	dem König	rēg**ibus**	den Königen	mātr**ī**	der Mutter	mātr**ibus**	den Müttern
Akkusativ	rēg**em**	den König	rēg**ēs**	die Könige	mātr**em**	die Mutter	mātr**ēs**	die Mütter
Ablativ	cum rēg**e**	mit dem König	cum rēg**ibus**	mit den Königen	cum mātr**e**	mit der Mutter	cum mātr**ibus**	mit den Müttern
Vokativ	rēx	König	rēgēs	Könige	māter	Mutter	mātrēs	Mütter

2. Der Dativ des Besitzers (dativus possessōris)

S

Der **Dativ** in Verbindung mit einer Form des Verbums **esse** gibt die Person an, der etwas gehört. Der Dativ des Besitzers hat die Satzgliedfunktion eines **Prädikatsnomens** und bildet gemeinsam mit der Form des Hilfsverbs esse das Prädikat (vgl. Lektion 6, S 3 und Lektion 7, S 5).
Der lateinische Dativ wird bei der deutschen Übersetzung in der Regel mit dem Nominativ und einer Form des Verbums „haben“ wiedergegeben:

Rēgī uxor nōn **erat**.	Der König hatte keine Ehefrau.

uxor ⟷ rēgī nōn erat

Subjekt ⟷ Prädikatsnomen + Form von esse = Prädikat

3. Der Akkusativ der zeitlichen Ausdehnung

Der Akkusativ kann in einem Satz nicht nur das Satzglied des Objekts bilden (vgl. Lektion 3, S 3), sondern bei Zeitangaben auch die Satzgliedfunktion eines **Adverbiale** übernehmen.
Nach dem Akkusativ der zeitlichen Ausdehnung fragt man: **Wie lange?**

Rōmulus **multōs annōs** oppidum regēbat.	Romulus regierte die Stadt **viele Jahre lang.**

Rōmulus ⟷ regēbat
↙ oppidum ↓ multōs annōs

Subjekt ⟷ Prädikat
↙ Akkusativ-Objekt ↓ Adverbiale

Vokabeln

nūntius – lūdus – petere – spectāculum – respondēre – oppidum – regere – clāmāre

annus, ī m.	das Jahr	Annalen; F. l'an
vīvere, vīvō	leben	F. vivre; I. vivere
nūllus, a, um	kein, keiner	Null
mulier, mulieris f.	die Frau	S. la mujer
*rēx, rēgis m.	der König	rēgnum, regere
fīnitimus, a, um	benachbart; Substantiv: der Nachbar	
mittere, mittō	schicken	
noster, nostra, nostrum	unser	I. nostro, nostra
dolus, ī m.	die List	
adhibēre, adhibeō	anwenden, hinzuziehen	
invītāre	einladen	E. to invite

*pater, patris m.	der Vater	Patrizier; I. il padre
*māter, mātris f.	die Mutter	I./S. la madre
hōra, ae f.	die Stunde	E. hour
*parentēs, parentum m.	die Eltern	E. parents
clāmor, clāmōris m.	das Geschrei	clāmāre
raptāre	rauben, wegnehmen	
timor, timōris m.	die Angst, die Furcht	
ēripere, ēripiō	entreißen	rapere
tantus, a, um	so groß	
dolor, dolōris m.	der Schmerz	I. il dolore
*uxor, uxōris f.	die Ehefrau	
vester, vestra, vestrum	euer	

dolum adhibēre — eine List anwenden

Lektion 13

Grammatik

1. Die Konjugation des Verbs im Indikativ Perfekt

1.1 Die Personalendungen im Perfekt lauten:

-ī	ich	**-imus**	wir
-istī	du	**-istis**	ihr
-it	er, sie, es	**-ērunt**	sie

1.2 Die Übersicht

		a-Konjugation	e-Konjugation	i-Konjugation	esse
Singular	**1. Person**	laudāvī ich habe gelobt	pāruī ich habe gehorcht	audīvī ich habe gehört	fuī ich bin gewesen
	2. Person	laudāv**istī** du hast gelobt	pāru**istī**	audīv**istī**	fu**istī** du bist gewesen
	3. Person	laudāv**it** er, sie, es hat gelobt	pāru**it**	audīv**it**	fu**it** er, sie, es ist gewesen
Plural	**1. Person**	laudāv**imus** wir haben gelobt	pāru**imus**	audīv**imus**	fu**imus** wir sind gewesen
	2. Person	laudāv**istis** ihr habt gelobt	pāru**istis**	audīv**istis**	fu**istis** ihr seid gewesen
	3. Person	laudāv**ērunt** sie haben gelobt	pāru**ērunt**	audīv**ērunt**	fu**ērunt** sie sind gewesen
	Infinitiv	laudāv**isse** gelobt (zu) haben	pāru**isse**	audīv**isse**	fu**isse** gewesen (zu) sein

1.3 Die **Perfektformen** werden in allen Konjugationen gebildet aus dem **Perfektstamm** und besonderen Personalendungen.
Lerne bei den Verben in Zukunft immer auch die 1. Person Singular Indikativ Perfekt. Den Perfektstamm erhältst du, indem du von dieser Form die Personalendung **-ī** streichst.

1.4 Der **Perfektstamm** ist gegenüber dem Präsensstamm durch Anfügungen (Suffixe) oder lautliche Umbildungen verändert. Es gibt im Lateinischen verschiedene Arten der Perfektbildung:
a) bei den Verben der **a- und i-Konjugation** in der Regel durch das Kennzeichen **-v-** (v-Perfekt): laudāre – laudāvī; audīre – audīvī
b) bei den Verben der **e-Konjugation** in der Regel durch das Kennzeichen **-u-** (u-Perfekt): pārēre – pāruī

S

2. Die Verwendung des Perfekts und seine Übersetzung

a)	Aliquandō nūntius rēgī appropinquāvit et nūntiāvit:	Einst näherte sich ein Bote dem König und meldete:
b)	„Māgnus anguis in templō appāruit et sacerdōtēs fugāvit!“	„Eine große Schlange ist im Tempel erschienen und hat die Priester in die Flucht geschlagen.“
c)	Tarquinius in summō timōre erat. Tandem fīliōs vocāvit.	Tarquinius war in höchster Furcht. Schließlich rief er seine Söhne herbei.

a) Das Perfekt ist im Lateinischen das Tempus der Erzählung und bezeichnet eine einmalige abgeschlossene Handlung in der Vergangenheit (historisches Perfekt). Im Deutschen wird das Präteritum verwendet.
b) Es bezeichnet eine abgeschlossene Handlung, die festgestellt und/oder beurteilt wird. Im Deutschen wird ebenfalls das Perfekt verwendet.
c) Es bezeichnet im Gegensatz zum Imperfekt, das die Hintergrundhandlung beschreibt, die Haupthandlung in der Vergangenheit.

3. Gliedsätze als Adverbiale

Tarquinius, postquam verba nūntiī audīvit, in summō timōre fuit.	Nachdem Tarquinius die Worte des Boten gehört hatte, war er in höchster Furcht.

3.1 Die Satzgliedfunktion eines Adverbiales kann nicht nur durch eine adverbiale Bestimmung (z. B. des Ortes) oder durch ein Substantiv (z. B. im Ablativ), sondern auch durch einen untergeordneten Satz gefüllt werden. Diesen nennen wir **Gliedsatz**.
Gliedsätze kann man auf dieselbe Weise abfragen wie andere adverbiale Bestimmungen, z. B.: **Wann** war Tarquinius in höchster Furcht?

3.2 Merke: **postquam** mit Indikativ Perfekt bezeichnet immer eine Handlung, die im Verhältnis zur übergeordneten Handlung abgeschlossen ist. Steht daher der übergeordnete Satz im Präsens, muss das lateinische Perfekt auch im Deutschen mit Perfekt übersetzt werden. Steht dagegen der übergeordnete Satz in der Vergangenheit, muss das lateinische Perfekt im Deutschen mit Plusquamperfekt wiedergegeben werden.

4. Gliedsätze: Sinnrichtungen der Adverbialsätze

Die Gliedsätze, die durch ein unterordnendes Bindewort (**Subjunktion**) eingeleitet werden, drücken ein logisches Sinnverhältnis zum übergeordneten Satz aus. Wir unterscheiden:

4.1 **Temporalsätze:** Gliedsätze, die eine zeitliche Sinnrichtung haben (Subjunktion: postquam).

4.2 **Kausalsätze:** Gliedsätze, die einen Grund angeben (Subjunktion: quia).

5. Satzgefüge – Satzreihe – Konnektoren

5.1 Ein durch eine Subjunktion eingeleiteter Satz ist dem Hauptsatz untergeordnet. Eine Verbindung aus einem Hauptsatz und einem Gliedsatz nennen wir **Satzgefüge**.

5.2 Wenn man mehrere Hauptsätze in einem Satz aneinanderreiht, so entsteht eine Satzreihe. Die inhaltliche Gliederung der Satzreihe kann durch ein beiordnendes Bindewort (**Konjunktion**) ausgedrückt werden. Man unterscheidet z. B. Konjunktionen, die
- gleichartige Aussagen verbinden, z. B.: et; et ... et; nōn sōlum ... sed etiam
- Aussagen zeitlich gliedern, z. B.: tum, tandem
- Aussagen begründen, z. B.: itaque, nam.

5.3 Alle Wörter, die dazu dienen, Teile eines Satzes zu einem größeren Satzganzen zusammenzufügen, werden auch als **Konnektoren** (Satzverknüpfungen) bezeichnet.

Vokabeln

nūntius – sacrificāre – sacer – cōnsilium – rēx – regere – māter

*ultimus, a, um	der, die, das letzte	Ultimatum; E. ultimate
*superbia, ae f.	der Hochmut, der Stolz	
*cīvitās, cīvitātis f.	die Bürgerschaft, der Staat	E. city; F. la cité
*aliquandō (Adv.)	irgendwann, einst	
nūntiāre	melden, benachrichtigen	nūntius
• appārēre, appāreō, appāruī	erscheinen, auftauchen, sich zeigen	
sacerdōs, sacerdōtis m./f.	der Priester, die Priesterin	sacer, sacrificāre
calamitās, calamitātis f.	das Unglück, die Niederlage	E. calamity
*malus, a, um	böse, schlimm	
īnstāre	bevorstehen, drohen	
postquam (mit Perf.)	nachdem	
• audīre, audiō, audīvī	hören	
*in (Präp. mit Akk.)	nach, in (Frage: Wohin?)	
*cōnsulere, cōnsulō (m. Akk.)	jemanden um Rat fragen	konsultieren
anteā (Adv.)	früher, vorher	ante
• pārēre, pāreō, pāruī	gehorchen	
mīrus, a, um	seltsam, sonderbar	Mirakel; E. miracle
• stupēre, stupeō, stupuī	verblüfft sein, staunen	
*quia	weil	
callidus, a, um	schlau, gewitzt	

• esse, sum, fuī	sein	
cōgitāre	denken, überlegen	
terra, ae f.	die Erde, das Land	Terrasse; I. la terra
homō, hominis m.	der Mensch	F. l'homme; I. l'uomo
• placēre, placeō, placuī	(jemandem) gefallen	
clam (Adv.)	heimlich	

J

Brūtō placet	es gefällt Brutus; Brutus beschließt

Lektion 14

Grammatik

1. Substantive der 3. Deklination: Einsilbige Substantive

F

1.1 Bislang kennst du den Genitiv Plural der 3. Deklination mit dem Ausgang **-um**, z. B.: rēx, Genitiv Plural: rēg**um**.
Bei einigen Substantiven endet der Genitiv Plural der 3. Deklination jedoch auf **-ium**. Dies ist zum Beispiel bei folgenden Wörtern der Fall, die du in diesem Kapitel kennenlernst:
urbs, urbis f. (Stadt) → Gen. Pl.: urb**ium**
gēns, gentis f. (Volksstamm) → Gen. Pl.: gent**ium**
mōns, montis m. (Berg) → Gen. Pl.: mont**ium**.
Dabei handelt es sich um Wörter, die im Nominativ Singular einsilbig sind (urbs, gēns, mōns) und deren Wortstamm auf zwei oder mehr Konsonanten endet: urbs, **urb**-is, gēns, ge**nt**-is, mōns, mo**nt**-is.

1.2 Die Formen

	Singular		Plural	
Nominativ	urbs	die Stadt	urbēs	die Städte
Genitiv	urbis	der Stadt	urb**ium**	der Städte
Dativ	urbī	der Stadt	urbibus	den Städten
Akkusativ	urbem	die Stadt	urbēs	die Städte
Ablativ	in urbe	in der Stadt	in urbibus	in den Städten

2. Neutra der 3. Deklination

2.1 Bislang kennst du allein Substantive der 3. Deklination, deren Genus masculinum oder femininum ist. In diesem Kapitel lernst du folgende Neutra der 3. Deklination kennen:
tempus, temporis n. (Zeit), corpus, corporis n. (Körper), iūs, iūris n. (Recht), aes, aeris n. (Geld).

Wie in der o-Deklination sind auch bei den Neutra der 3. Deklination Nominativ und Akkusativ gleich. Auch hier lautet im Plural der Ausgang **-a**, zum Beispiel:
iūr**a** – die Rechte; corpor**a** – die Körper

2.2 Die Formen

	Singular		Plural	
Nominativ	tempus	die Zeit	tempor**a**	die Zeiten
Genitiv	temporis	der Zeit	temporum	der Zeiten
Dativ	temporī	der Zeit	temporibus	den Zeiten
Akkusativ	tempus	die Zeit	tempora	die Zeiten
Ablativ	tempore	zu der Zeit	temporibus	zu den Zeiten

S

3. Temporale Gliedsätze mit dum

3.1 Die lateinische Konjunktion dum („während“) leitet einen temporalen (zeitlichen) Gliedsatz ein. Wenn das Prädikat des dum-Satzes im **Indikativ Präsens** steht, wird ausgedrückt, dass sich die Handlungen, die im dum-Satz und im übergeordneten Satz geschildert werden, **gleichzeitig** abspielen (Frage: Wann?).

Dum plēbēiī ab urbe **absunt**, patriciī in māgnō timōre **sunt**.
Während die Plebejer von der Stadt entfernt **sind**, befinden sich die Patrizier in großer Angst.

3.2 Das Präsens steht auch dann im dum-Satz, wenn im übergeordneten Satz ein Tempus der Vergangenheit steht. Das Prädikat des dum-Satzes wird in solchen Sätzen aber **nicht** mit dem deutschen Präsens übersetzt, sondern passt sich im Tempus dem Prädikat des lateinischen übergeordneten Satzes an, weil auch hier die **Gleichzeitigkeit** ausgedrückt wird.

Dum plēbēiī ab urbe **absunt**, cōpiae adversāriōrum urbī Rōmae appropinquāvērunt.
Während die Plebejer von der Stadt entfernt **waren**, näherten sich die Truppen der Feinde der Stadt Rom.

3.3 Wenn die Konjunktion dum mit dem **Indikativ Imperfekt** verbunden wird, hat dum die Bedeutung „solange“ (Frage: „Wie lange?“).

Dum plēbēiī ab urbe **aberant**, patriciī in māgnō timōre **erant**.
Solange die Plebejer von der Stadt entfernt waren, befanden sich die Patrizier in großer Angst.

Vokabeln

explicāre – postquam – saepe – fīnitimus – cibus – vexāre – cōpiae – parātus – īnfēstus – adiuvāre

plēbēius, ī m.	der Plebejer	
dum	während; solange	
*frāter, frātris m.	der Bruder	I. il fratello; F. le frère
*tempus, temporis n.	die Zeit	Tempo; E. tense; I. il tempo
miser, misera, miserum	elend, unglücklich	I. misero
*gēns, gentis f. (Gen. Pl.: gentium)	das Geschlecht, der (Volks)Stamm	I. la gente; F. les gens
bellum, ī n.	der Krieg, der Kampf	Rebellion; E. rebellion
gerere, gerō	tragen, ausführen	
ager, agrī m.	der Acker, das Feld	Agrar-
colere, colō	bebauen, pflegen, verehren	Kultur
plēbs, plēbis f.	(einfaches) Volk	plēbēius; I./S. la plebe
egēre, egeō, eguī (m. Abl.)	Mangel (an etwas) haben, (etwas) entbehren	
aes, aeris n.	das Geld, das Erz	
aes aliēnum	die Schulden	
*urbs, urbis f. (Gen. Pl.: urbium)	die Stadt	urban; E. urban; I./S. urbano
nōn iam (Adv.)	nicht mehr	
prō (m. Abl.)	für, vor, an Stelle von	F. pour
*patria, ae f.	die Vaterstadt, das Vaterland, die Heimat	pater; Patriot
relinquere, relinquō	verlassen, zurücklassen	Relikt
mōns, montis m. (Gen. Pl.: montium)	der Berg	E. mountain; I. il monte; F. le mont
arcēre, arceō, arcuī	fernhalten, abwehren	
virtūs, virtūtis f.	die Tüchtigkeit, die Tapferkeit, die Tugend	vir; E. virtue; I. la virtù

iūs, iūris n.	das Recht	Jura, Justiz; E. justice
habēre, habeō, habuī	haben, halten, halten für	F. avoir; I. avere
abesse, absum, āfuī	abwesend sein, entfernt sein, fehlen	esse
corpus, corporis n.	der Körper	Korpus; F. le corps; I. il corpo

J

bellum gerere	Krieg führen
agrōs colere	die Äcker bebauen
deōs colere	die Götter verehren
cibō egēre	keine Nahrung haben

Lektion 15

Grammatik

F

1. Die Verben der e-, i- und konsonantischen Konjugation: s-Perfekt und Dehnungsperfekt

1.1 s-Perfekt

Infinitiv Präsens	Präsensstamm	Perfektstamm	1. Pers. Sg. Perf.
mittere	mitt-	mīs-	mīsī
dīcere	dīc-	dīx- (aus dīc-s-)	dīxī

1.2 Dehnungsperfekt

Infinitiv Präsens	Präsensstamm	Perfektstamm	1. Pers. Sg. Perf.
fugere	fug-	fūg-	fūgī
movēre	move-	mōv-	mōvī

Beim Dehnungsperfekt wird der Stammvokal gedehnt.
Die Perfektformen der Verben der konsonantischen Konjugation werden wie bei den vokalischen Konjugationen gebildet aus dem Perfektstamm und den Personalendungen des Perfekts: dīx-ī, dīx-istī, dīx-it ... (vgl. Lektion 13, F 1).

2. Die Verben der konsonantischen Konjugation: Der Imperativ (vgl. Lektion 5, F 1; S 4.2; S 4.3)

Singular	rege! lenke!
Plural	regite! lenkt!

Das **-e** im Imperativ Singular (rege) ist ein Aussprechvokal. Im Imperativ Plural (regite) wird der bekannte Bindevokal **-i-** eingefügt.

Ohne Aussprechvokal bilden den Imperativ Singular:

dīcere:	dīc! sprich! sag(e)!
(ab)dūcere:	(ab)dūc! führe (weg)!

Vokabeln

plēbēius – bellum – gerere – plēbs – egēre – aes – urbs – relinquere

vendere, vendō	verkaufen	F. vendre; I. vendere; S. vender
*īra, ae f.	der Zorn, die Wut	īrātus; I. l'ira; S. la ira
*movēre, moveō, mōvī	bewegen, veranlassen	Motiv, Motor; E. to move
fugere, fugiō, fūgī (mit Akk.)	(vor jemanden) fliehen	I. fuggire
• capere, capiō, cēpī	fassen, ergreifen, erobern	kapieren; I. capire
• gerere, gerō, gessī	ausführen, führen, tragen	Geste
lēgātus, ī m.	der Gesandte; der Legat (Offizier)	E. legate; I. il legato
nē ... quidem	nicht einmal	
animus, ī m.	das Herz, der Sinn, der Mut, der Geist	animieren; I. l'animo
flectere, flectō, flexī	biegen, beugen, umstimmen	
castra, ōrum n.	das Lager	
*dīcere, dīcō, dīxī	sagen, sprechen	Diktion; F. dire; I. dicere
an	oder (in der Frage)	
aut ... aut	entweder ... oder	
mors, mortis f.	der Tod	F. la mort; I. la morte
servitūs, ūtis f.	die Knechtschaft, die Sklaverei	servus; E. servitude; F. la servitude; I. la servitù

*dēpōnere, dēpōnō, dēposuī	niederlegen, aufgeben	Depot, deponieren; E. to depose; F. déposer
dūcere, dūcō, dūxī	führen, ziehen; (mit doppeltem Akk.) halten für	
abdūcere, abdūcō, abdūxī	wegführen, abbringen	
lacrima, ae f.	die Träne	F. la larme; I. la lacrima
tenēre, teneō, tenuī	halten, festhalten	F. tenir; I. tenere; S. tener
dīmittere, dīmittō, dīmīsī	entsenden, entlassen, aufgeben	E. to dismiss; I. dimettere; S. dimitir
• mittere, mittō, mīsī	schicken	
ita (Adv.)	so	
precēs, um f. (Pluralwort)	die Bitten, das Gebet	E. prayer; F. la prière

J

īram plēbī movēre	beim Volk Zorn erregen
animum Coriolānī flectere	Coriolan umstimmen

Plateaulektion 11–15

Vokabeln

Die folgenden Vokabeln hast du in den Lektionen 1–15 schon kennengelernt. Sie werden hier noch einmal mit ihren Stammformen zusammengestellt. Die Verben der a-Konjugation, die ein v-Perfekt haben, werden nicht mehr aufgeführt.

a-Konjugation

Dehnungsperfekt	adiuvāre, adiuvō, adiūvī	jemanden unterstützen, jemandem helfen

e-Konjugation

dēlēre, dēleō, dēlēvī	zerstören	v-Perfekt
adhibēre, adhibeō, adhibuī	anwenden, hinzuziehen	u-Perfekt
appārēre, appāreō, appāruī	erscheinen, auftauchen, sich zeigen	
arcēre, arceō, arcuī	fernhalten; abwehren	
carēre, careō, caruī (mit Abl.)	etwas entbehren, etwas nicht haben	
dēbēre, dēbeō, dēbuī	müssen	
egēre, egeō, eguī	Mangel (an etwas) haben, (etwas) entbehren	
habēre, habeō, habuī	haben, halten, halten für	
licet, licuit	es ist erlaubt	
monēre, moneō, monuī	ermahnen, erinnern	
pārēre, pāreō, pāruī	gehorchen	
placēre, placeō, placuī	jemandem gefallen	
prohibēre, prohibeō, prohibuī	abhalten, hindern	
stupēre, stupeō, stupuī	verblüfft sein, staunen	
tacēre, taceō, tacuī	schweigen	
tenēre, teneō, tenuī	halten, festhalten	
rīdēre, rīdeō, rīsī	lachen	s-Perfekt
movēre, moveō, mōvī	bewegen, veranlassen	Dehnungsperfekt
vidēre, videō, vīdī	sehen	

i-Konjugation

audīre, audiō, audīvī	hören	v-Perfekt
dormīre, dormiō, dormīvī	schlafen	
scīre, sciō, scīvī (sciī)	etwas wissen, jemanden kennen	
venīre, veniō, vēnī	kommen	Dehnungsperfekt
convenīre, conveniō, convēnī	zusammenkommen, jemanden treffen	
pervenīre, perveniō, pervēnī	ankommen, wohin gelangen	

konsonantische Konjugation

lacessere, lacessō, lacessīvī	reizen, herausfordern	v-Perfekt

	petere, petō, petīvī	erstreben, (er)bitten, eilen; angreifen
	cupere, cupiō, cupīvī	wünschen, begehren
u-Perfekt	colere, colō, coluī	bebauen, pflegen, verehren
	cōnsulere, cōnsulō, cōnsuluī	(jemanden) um Rat fragen
	dēpōnere, dēpōnō, dēposuī	niederlegen, aufgeben
	ēripere, ēripiō, ēripuī	entreißen
s-Perfekt	abdūcere, abdūcō, abdūxī	wegführen, abbringen
	dīcere, dīcō, dīxī	sagen, sprechen
	dīmittere, dīmittō, dīmīsī	entsenden, entlassen, aufgeben
	dūcere, dūcō, dūxī	führen, ziehen; (mit doppeltem Akk.) halten für
	flectere, flectō, flexī	biegen, beugen, umstimmen
	gerere, gerō, gessī	tragen, ausführen
	mittere, mittō, mīsī	schicken
	regere, regō, rēxī	lenken, leiten
	vīvere, vīvō, vīxī	leben
Dehnungsperfekt	agere, agō, ēgī	handeln, verhandeln; betreiben
	capere, capiō, cēpī	fassen, ergreifen, erobern
	fugere, fugiō, fūgī (mit Akk.)	(vor jemandem) fliehen
	relinquere, relinquō, relīquī	verlassen, zurücklassen

esse

esse, sum, fuī	sein

Grammatik

F

1. posse: Die Konjugation im Indikativ Präsens, Imperfekt, Perfekt

Präsens		Imperfekt		Perfekt	
pos-sum	ich kann	pot-eram	ich konnte	potu-ī	ich habe gekonnt ich konnte
pot-es		pot-erās		potu-istī	
pot-est		pot-erat		potu-it	
pos-sumus		pot-erāmus		potu-imus	
pot-estis		pot-erātis		potu-istis	
pos-sunt		pot-erant		potu-ērunt	

posse ist entstanden aus der Verbindung der Wurzel *pot- („mächtig, fähig") mit dem Verbum esse. Vor Vokalen zeigt sich die alte Wurzel pot- (pot-es). Beginnt die Form von esse mit s-, verändert sich die Wurzel zu pos- (pos-sum).

2. esse: Die Komposita

2.1 Manche Verben sind nicht nur einfache Verbformen (verbum simplex, z. B.: dūcere), sondern sind auch zusammengesetzt aus einer Vorsilbe und dem verbum simplex (Kompositum, z. B.: ab-dūcere). Diese Vorsilbe wird als Präfix bezeichnet und ist oft eine Präposition. Manchmal passen sich das Präfix und das verbum simplex lautlich aneinander an, z. B.: ad-fuī → affuī.

2.2 Die Komposita von esse

abesse	absum	āfuī	–	abwesend sein, fehlen
adesse	adsum	affuī	–	anwesend sein, beistehen
dēesse	dēsum	dēfuī	–	fehlen
interesse	intersum	interfuī	–	dazwischen sein, teilnehmen
praeesse	praesum	praefuī	–	vorstehen, leiten
superesse	supersum	superfuī	–	übrig sein, überleben

3. Das Personalpronomen der 1. und 2. Person

		1. Person		2. Person	
Singular	**Nominativ**	ego	ich	tū	du
	Genitiv	meī	meiner	tuī	deiner
	Dativ	mihi	mir	tibi	dir
	Akkusativ	mē	mich	tē	dich
	Ablativ	ā mē	von mir	ā tē	von dir
		mēcum	mit mir	tēcum	mit dir
Plural	**Nominativ**	nōs	wir	vōs	ihr
	Genitiv	nostrī	unser	vestrī	euer
	Dativ	nōbīs	uns	vōbīs	euch
	Akkusativ	nōs	uns	vōs	euch
	Ablativ	ā nōbīs	von uns	ā vōbīs	von euch
		nōbīscum	mit uns	vōbīscum	mit euch

Merke: Die Nominativformen **ego, tū, nōs, vōs** werden nur verwendet, um eine Betonung auszudrücken.

S

4. Richtungsangaben

4.1 Die Richtung, in die sich jemand bewegt, wird im Lateinischen mit der **Präposition in mit dem Akkusativ** ausgedrückt:
in Graeciam venīre – nach Griechenland kommen;
in forum properāre – auf den Marktplatz eilen.

4.2 Bei Städten und kleinen Inseln steht der bloße **Akkusativ der Richtung ohne Präposition**: Rōmam venīre – nach Rom kommen;
Dēlum nāvigāre – nach Delos segeln.

4.3 Der Akkusativ der Richtung steht wie die übrigen Richtungsangaben auf die Frage: „**Wohin?**". Alle Richtungsangaben übernehmen im Satz die Funktion eines **Adverbiales**:

Pīrātae Eutychum **Rōmam** abdūxērunt. – Die Piraten entführten Eutychus **nach Rom**.

Vokabeln

nārrāre – abdūcere – miser – līberī – uxor – labōrāre – mihi licet – iūcundus

vīta, ae f.	das Leben	vīvere; F. la vie; I. la vita
tuus, a, um	dein	F. ton, ta
praeesse, praesum, praefuī (m. Dat.)	(einer Sache) vorstehen, (etwas) leiten	esse
meus, a, um	mein	F. mon, ma
interesse, intersum, interfuī (m. Dat.)	(an etwas) teilnehmen	Interesse; E. to be interested
quōmodo?	wie? auf welche Weise?	
nāvigāre	mit dem Schiff fahren, segeln	nauta
pīrāta, ae **m.**	der Seeräuber, der Pirat	F. le pirate
īnsidiae, ārum f.	der Hinterhalt	
emere, emō, ēmī	kaufen	
fortūna, ae f.	das Schicksal, das Glück	E. fortune; I./S. la fortuna
dēesse, dēsum, dēfuī	fehlen, nicht vorhanden sein	esse
quidem (Adv.)	gewiss, sicherlich	
plūrimī, ae, a	die meisten, sehr viele	
arēna, ae f.	der Sand, die Arena, der Kampfplatz	
pūgna, ae f.	der Kampf	pūgnāre
paucī, ae, a	wenige	
superesse, supersum, superfuī	übrig sein, überleben	esse
posse, possum, potuī	können, imstande sein	F. pouvoir; I./S. potere
putāre	meinen, glauben	
cōgnōscere, cōgnōscō, cōgnōvī	kennenlernen, erkennen	
• abesse, absum, āfuī	abwesend sein, fehlen	esse
• adesse, adsum, affuī	da sein; mit Dativ: jemandem helfen	esse

lūdō praeesse	eine Schule leiten
īnsidiās parāre	einen Hinterhalt legen, eine Falle stellen
vītam agere	das Leben verbringen, das Leben führen
quidem ..., sed	zwar ..., aber
pūgnīs interesse	an Kämpfen teilnehmen
pūgnae superesse	einen Kampf überleben

Lektion 17

Grammatik

F

1. Die Konjugation des Verbs im Indikativ Plusquamperfekt

1.1 Die Formen

		a-Konjugation	e-Konjugation	i-Konjugation	kons. Konjugation	esse
Sg.	1. Pers.	laudāveram ich hatte gelobt	pārueram ich hatte gehorcht	audīveram ich hatte gehört	crēdideram ich hatte geglaubt	fueram ich war gewesen
	2. Pers.	laudāverās du hattest gelobt	pāruerās	audīverās	crēdiderās	fuerās du warst gewesen
	3. Pers.	laudāverat er, sie, es hatte gelobt	pāruerat	audīverat	crēdiderat	fuerat er, sie, es war gewesen
Pl.	1. Pers.	laudāverāmus wir hatten gelobt	pāruerāmus	audīverāmus	crēdiderāmus	fuerāmus wir waren gewesen
	2. Pers.	laudāverātis ihr hattet gelobt	pāruerātis	audīverātis	crēdiderātis	fuerātis ihr wart gewesen
	3. Pers.	laudāverant sie hatten gelobt	pāruerant	audīverant	crēdiderant	fuerant sie waren gewesen

1.2 Die **Formen des Plusquamperfekts** werden bei den Verben aller Konjugationen gebildet aus dem **Perfektstamm**, einem Tempuszeichen und den Personalendungen, die auch im Präsens und Imperfekt verwendet werden.
Das **Tempuszeichen** für das Plusquamperfekt lautet: **-era-**

2. Die Konjugation des Verbs im Perfekt: Reduplikationsperfekt

2.1 Die **Perfektformen** der meisten Verben werden durch Anfügungen (z. B.: v-Perfekt, u-Perfekt, s-Perfekt) oder lautliche Veränderungen (z. B. Dehnungsperfekt) gebildet.

2.2 Bei einer bestimmten Gruppe von Verben erfolgt die lautliche Umbildung durch die Verdoppelung einer Silbe des Präsensstammes im **Perfektstamm**. Man bezeichnet dieses so gebildete Perfekt als **Reduplikationsperfekt**:

dare, dō (Präsensstamm: da-) → dedī (Perfektstamm: ded-);
crēdere, crēdō (Präsensstamm: crēd-) → crēdidī (Perfektstamm: crēdid-).

Bei den **Komposita** kann man fast nie erkennen, dass bei ihnen im Perfektstamm ein Reduplikationsperfekt vorliegt, da hier die Reduplikation meist fehlt, z. B.:

currere, currō, cucurrī, aber: occurrere, occurrō, occurrī, (spondēre, spondeō, spopondī), aber: respondēre, respondeō, respondī.

Daher ist es bei allen Verben sehr wichtig, immer gründlich die Stammformen zu lernen.

3. Das Possessivpronomen

	1. Person	2. Person	3. Person
Singular	meus, a, um – mein	tuus, a, um – dein	suus, a, um – sein, ihr, sein
Plural	noster, nostra, nostrum – unser	vester, vestra, vestrum – euer	suus, a, um – sein, ihr, sein

Die Deklination der Possessivpronomina entspricht der Deklination der Adjektive der a- und o-Deklination (vgl. Lektion 7, F 2 und Lektion 9, F 2).

S

4. Die Verwendung des Plusquamperfekts

Das Plusquamperfekt bezeichnet eine Handlung oder ein Geschehen, das vor dem Beginn einer anderen Handlung oder vor einem anderen Geschehen in der Vergangenheit abgeschlossen wurde. Das heißt: Das Plusquamperfekt ist vorzeitig zu einem der anderen Vergangenheitstempora (Imperfekt oder Perfekt):

Dominus servum vocāverat.	Der Herr hatte den Sklaven gerufen.
Itaque Dāvus ātrium intrāvit.	Daher betrat Davus die Eingangshalle.

5. Die Verwendung des Possessivpronomens suus

5.1 Das Possessivpronomen suus, sua, suum richtet sich – ebenso wie die übrigen Possessivpronomina (meus, tuus, noster, vester) – wie ein Adjektiv in **K**asus, **N**umerus und **G**enus nach dem Bezugswort, zu dem es gehört (KNG-Kongruenz; vgl. Lektion 7, S 3). Diese Pronomina werden vor allem dann verwendet, wenn das zugehörige Besitzverhältnis besonders betont werden soll.

Syrus pecūni**am** su**am** perdit.	Syrus verspielt sein (eigenes) Geld.

5.2 suus, sua, suum sind die reflexiven Formen des Possessivpronomens der 3. Person Singular und Plural. Diese Formen werden verwendet, wenn sich das Possessivpronomen inhaltlich auf das übergeordnete Subjekt des Satzes bezieht (**Reflexivität**):

[Syrus] pecūniam [suam] perdit.	[Syrus] verspielt [sein (eigenes)] Geld.

5.3 Die Übersetzung des Possessivpronomens suus, sua, suum richtet sich stets nach dem Subjekt des Satzes, auf das es sich inhaltlich bezieht.

Servī pecūniam **suam** perdunt.	Die Sklaven verspielen **ihr** Geld.
Eutychus amīcīs **suīs** occurrit.	Eutychus begegnet **seinen** Freunden.

Vokabeln

post – relinquere – dum – iterum atque iterum – rīdēre – explicāre – fessus, a, um

suus, a, um	sein, ihr	F. son, sa; I. suo, sua
currere, currō, cucurrī	eilen, laufen, rennen	Kurier; E. current; F. courir
occurrere, occurrō, occurrī	entgegeneilen, begegnen	currere; E. to occur
sērō (Adv.)	spät	
• respondēre, respondeō, respondī	antworten, erwidern	Korrespondenz; E. to respond; F. répondre

laetus, a, um	froh, freudig, fröhlich; beglückend	
bibere, bibō, bibī	trinken	F. boire; I. bere; S. beber
multum (Adv.)	sehr, viel	multī; Multiplikation; I. molto
herī (Adv.)	gestern	F. hier; I. ieri
plūs (Adv.)	mehr	F. plus; I. più
lūdere, lūdō, lūsī	spielen	lūdus; Präludium
causa, ae f.	die Angelegenheit, der Sachverhalt; der Grund, die Ursache; der Prozess	kausal; F. la chose, la cause; I. la cosa, la causa
centum (indekl.)	hundert	Zentimeter, Prozent; F. cent; I. cento; S. ciento
• dare, dō, dedī	geben	Datum; I. dare
perdere, perdō, perdidī	verderben, zugrunde richten; verlieren	E. perdition; F. perdre; I. perdere
prīmum (Adv.)	zuerst; erstens; zum ersten Mal	
deinde (Adv.)	dann, danach, darauf; ferner	
crēdere, crēdō, crēdidī	glauben; (an)vertrauen	Credo; Kredit; E. credit
lībertās, ātis f.	die Freiheit	līberāre; liberal; E. liberty; F. la liberté; I. la libertà
licentia, ae f.	die Zügellosigkeit, die Ausgelassenheit; die Willkür	Lizenz; E. license
vērus, a, um	richtig, wahr; wahrhaftig	F. vrai; I. vero
bene (Adv.)	gut	bonus; F. bien; I. bene;
atque, ac	und (dazu); und auch	
labor, ōris m.	die Arbeit, Anstrengung, Mühe	labōrāre; E. labour

plūs vīnī	mehr Wein
sē lūdō dare	sich dem Spiel hingeben
Sāturnālia agere	die Saturnalien feiern

J

Lektion 18

Grammatik

1. Das Perfekt ohne Stammveränderung

1.1 Die **Perfektformen** der meisten Verben werden durch Anfügungen (z. B.: v-Perfekt, u-Perfekt, s-Perfekt, Reduplikationsperfekt) oder lautliche Veränderungen (z. B. Dehnungsperfekt) gebildet.

1.2 Bei einigen Verben bleibt jedoch der **Perfektstamm** gegenüber dem Präsensstamm unverändert. Man spricht dann vom **Perfekt ohne Stammveränderung**, z. B.: dēfendere: dēfend-ō, dēfend-ī; ascendere: ascend-ō, ascend-ī

1.3 Auch bei diesen Verben muss wie bei allen anderen unregelmäßigen Verben die 1. Person Singular Perfekt als Teil der Stammformen gelernt werden.
Beachte: Die 3. Pers. Sg. und die 1. Pers. Pl. des Indikativ Präsens und des Indikativ Perfekt sehen gleich aus, z. B. ascendit, ascendimus. Um daher das jeweils richtige Tempus zu bestimmen, orientiere dich an den Tempora der Prädikate in den Sätzen des Kontextes.

2. Substantive der 3. Deklination: Gleichsilbige Substantive

2.1 Bei bestimmten Substantiven der 3. Deklination endet der **Genitiv Plural** nicht auf **-um**, sondern auf **-ium**. Zu ihnen zählen nicht nur einsilbige Substantive wie urbs, gēns oder mōns, die du schon kennst (vgl. Lektion 14, F 1), sondern auch Substantive wie cīvis, fīnis oder hostis.
Bei dieser zweiten Gruppe handelt es sich um Substantive, die im Nominativ Singular zweisilbig sind, auf **-is** oder **-ēs** enden und im Genitiv Singular dieselbe Anzahl von Silben haben wie im Nominativ Singular (**gleichsilbige Substantive**).

2.2 Die Formen

	Singular		Plural	
Nominativ	cīvis	der Bürger	cīvēs	die Bürger
Genitiv	cīvis	des Bürgers	cīv**ium**	der Bürger
Dativ	cīvī	dem Bürger	cīvibus	den Bürgern
Akkusativ	cīvem	den Bürger	cīvēs	die Bürger
Ablativ	cum cīve	mit dem Bürger	cum cīvibus	mit den Bürgern
Vokativ	cīvis	Bürger	cīvēs	Bürger

3. Das Pronomen is, ea, id

	Singular			Plural		
	m.	**f.**	**n.**	**m.**	**f.**	**n.**
Nominativ	is er, dieser	ea sie, diese	id es, dieses	iī (eī) sie, diese	eae sie, diese	ea sie, diese
Genitiv	eius	eius	eius	eōrum	eārum	eōrum
Dativ	eī	eī	eī	iīs (eīs)	iīs (eīs)	iīs (eīs)
Akkusativ	eum	eam	id	eōs	eās	ea
Ablativ	eō	eā	eō	iīs (eīs)	iīs (eīs)	iīs (eīs)

4. Die Verwendung des Pronomens is, ea, id

S

4.1 Das Pronomen is, ea, id kann als Attribut zu einem Substantiv hinzutreten. Auf dieses weist es mit Nachdruck hin. is, ea, id hat dann die Funktion eines **Demonstrativpronomens**.

Dominus **eum** servum vocat. — Der Herr ruft **diesen** Sklaven.

Als Attribut richtet sich das Demonstrativpronomen is, ea, id in **K**asus, **N**umerus und **G**enus nach dem Bezugswort, zu dem es gehört (KNG-Kongruenz).

4.2 Ohne Verbindung mit einem Substantiv übernimmt das Pronomen in abgeschwächter Betonung die Funktion des **Personalpronomens** der 3. Person Singular und Plural. Dabei bezeichnet das Pronomen immer eine Person oder Sache, die vorher bereits erwähnt wurde:

Servus nōn venit. Dominus **eum** vocat. — Der Sklave kommt nicht. Der Herr ruft **ihn**.

Servī nōn veniunt. Dominus **eōs** vocat. — Die Sklaven kommen nicht. Der Herr ruft **sie**.

4.3 Die Genitivformen dieses Pronomens können auch als Attribut verwendet werden und stehen dann auf die Frage: **Wessen?** In dieser Funktion entsprechen sie den **Possessivpronomina** der 3. Person Singular und Plural. Sie werden gebraucht, wenn sich das Pronomen inhaltlich nicht auf das Subjekt desselben Satzes bezieht (**Nicht-Reflexivität**).

Dominus amīcum invītāvit. — Der Herr hat einen Freund eingeladen.

Amīcus servum **eius** laudat. — Der Freund lobt **dessen/seinen** Sklaven (= den Sklaven des Herrn): nicht reflexiv.

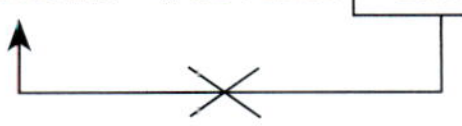

Vergleiche:

Dominus servum **suum** laudat. → Der Herr lobt **seinen (eigenen)** Sklaven: reflexiv (vgl. Lektion 17, S 5.2).

Vokabeln

petere – celebrāre – annus – māne – convenīre – plūrimī – cupere – rogāre – diū – praeclārus

imperātor, imperātōris m.	der Oberbefehlshaber, der Feldherr; der Kaiser, der Herrscher	imperium; E. emperor; F. l'empereur
triumphus, ī m.	der Triumph(zug)	triumphieren; F. le triomphe; I. il trionfo; S. el triumfo
is, ea, id	dieser, diese, dieses; er, sie, es	
hostis, hostis m.	der Feind; der Landesfeind	E. hostile
vincere, vincō, vīcī	siegen; besiegen	victōria; I. vincere; S. vencer
fīnis, fīnis m.	das Ziel; das Ende; die Grenze, Pl.: das Gebiet	Finale; F. la fin; I. la fine; S. el fin
dēfendere, dēfendō, dēfendī	verteidigen	defensiv; E. to defend; F. défendre
cīvis, cīvis m.	der Bürger	cīvitās; zivil; E citizen
surgere, surgō, surrēxī	sich erheben, aufstehen	E. to surge; F. surgir; I. sorgere
āgmen, āgminis n.	der Heereszug; die Schar	agere
praeda, ae f.	die Beute	I. la preda
captīvus, ī m.	der (Kriegs)gefangene	capere; E. captive
mīles, mīlitis m.	der Soldat	Militär; I. il militare; S. el militar
multitūdō, multitūdinis f.	die Menge	multī; E. multitude; F. la multitude
amplus, a, um	weit, bedeutend, prächtig	
avē!	sei gegrüßt! lebe wohl!	
quandō?	wann?	F. quand; I. quando
pāx, pācis f.	der Frieden	E. peace; F. la paix; I. la pace
prōvincia, ae f.	die Provinz	provinziell; E. province; F. la province
victōria, ae f.	der Sieg	vincere; E. victory; I. la vittoria
populus, ī m.	das Volk	populär; E. people; F. le peuple

dēsīderāre	wünschen, verlangen; vermissen	E. to desire; F. désirer; I. desiderare
grātia, ae f.	die Anmut; das Ansehen; das Wohlwollen; der Dank	graziös; E. grace; F. la grâce; I. la grazia
legiō, legiōnis f.	die Legion	Legionär; E. legion; F. la légion
ascendere, ascendō, ascendī	besteigen; hinaufsteigen, emporsteigen	E. to ascend; I. ascendere
taurus, ī m.	der Stier	Torero; F. le taureau; I. il toro
sine (Präp. mit Ablativ)	ohne	

J

in forum convenīre	auf dem Forum zusammenkommen
deīs grātiās agere	den Göttern Dank sagen, danken

Lektion 19

Grammatik

1. Die Substantive der 3. Deklination: i-Stämme (neutrum)

F

1.1 Die Formen

	Singular	Plural
Nominativ	mare	mar**ia**
Genitiv	maris	mar**ium**
Dativ	marī	maribus
Akkusativ	mare	mar**ia**
Ablativ	mar**ī**	maribus

1.2 Bei den Substantiven, die zu den i-Stämmen gehören und neutrum sind, endet der **Ablativ Singular** auf **-ī**, der **Genitiv Plural** auf **-ium** und der **Nominativ und Akkusativ Plural** auf **-ia**.

S

2. Der Akkusativ mit Infinitiv (AcI)

2.1 Der AcI ist eine typische lateinische Konstruktion. Im Deutschen wird er oft mit einem abhängigen Aussagesatz (Gliedsatz) übersetzt. Der AcI ist daher satzwertig, d. h.: seine Konstruktion entspricht im Deutschen einem Gliedsatz. Bei der Übersetzung durch einen dass-Satz wird aus dem lateinischen Akkusativ das Subjekt und aus dem lateinischen Infinitiv das Prädikat:

	Akkusativ		Infinitiv
Līberī vident	**multōs hominēs**	ad forum	**currere.**
Die Kinder sehen, dass	**viele Leute**	zum Marktplatz	**eilen.**
	Subjekt		Prädikat

2.2 Der AcI steht

a) nach den Verben des **Sprechens**, z. B.:

dīcere: sagen
nārrāre: erzählen

Pater nārrat pīrātās nāvem Silānī in marī cēpisse. — Der Vater erzählt, dass Piraten das Schiff des Silanus auf dem Meer gekapert haben.

b) nach den Verben der **Wahrnehmung**, z. B.:

audīre: hören
comperīre: erfahren
vidēre: sehen

Quīntus videt multās nāvēs Ōstiam pervēnisse. — Quintus sieht, dass viele Schiffe nach Ostia gekommen sind.

c) nach den Verben des **Wissens**, z. B.:

scīre: wissen
nōn īgnōrāre: genau wissen
putāre, crēdere: meinen, glauben

Nōnia scit perīcula maris māgna esse. — Nonia weiß, dass die Gefahren des Meeres groß sind.

d) nach **unpersönlichen Ausdrücken**, z. B.:

cōnstat: es ist bekannt
appāret: es zeigt sich

Cōnstat vītam nautārum plēnam perīculōrum esse. — Es ist bekannt, dass das Leben der Seeleute voller Gefahren ist.

2.3 Der AcI hat die syntaktische Funktion

a) eines **Objekts** nach den Verben des Sprechens, der Wahrnehmung und des Wissens:

Quīntus ⟷ audit	Subjekt ⟷ Prädikat
↙	↙
mercātōrem clāmāre	Akkusativ-Objekt

b) eines **Subjekts** nach unpersönlichen Ausdrücken:

nāvem longam esse ⟷ cōnstat	Subjekt ⟷ Prädikat

2.4 Der Infinitiv im AcI bezeichnet stets ein **Zeitverhältnis**:

a) Der **Infinitiv Präsens** bezeichnet die mit der übergeordneten Handlung gleichzeitig verlaufende Handlung (**Infinitiv der Gleichzeitigkeit**):

Līberī vident multōs hominēs ad forum **currere**.	Die Kinder sehen, dass viele Leute zum Marktplatz **eilen**.
Līberī vidērunt multōs hominēs ad forum **currere**.	Die Kinder sahen, dass viele Leute zum Marktplatz **eilten**.

Das deutsche Tempus, mit dem der Infinitiv der Gleichzeitigkeit wiedergegeben wird, richtet sich nach dem Tempus, das das Prädikat der übergeordneten Handlung hat.

b) Der **Infinitiv Perfekt** bezeichnet die im Verhältnis zur übergeordneten Handlung bereits abgeschlossene Handlung (**Infinitiv der Vorzeitigkeit**):

Pater nārrat multās nāvēs Ōstiam **pervēnisse**.	Der Vater erzählt, dass viele Schiffe nach Ostia **gekommen sind**.
Pater nārravit multās nāvēs Ōstiam **pervēnisse**.	Der Vater hat erzählt, dass viele Schiffe nach Ostia **gekommen waren**.

Da die Handlung des Infinitivs pervēnisse zeitlich vor der des übergeordneten Prädikats nārrat (3. Pers. Sg. Indikativ Präsens) bzw. nārrāvit (3. Pers. Sg. Indikativ Perfekt) erfolgt, muss pervēnisse in der Übersetzung mit dem Perfekt (oder dem Präteritum) bzw. dem Plusquamperfekt wiedergegeben werden.

2.5 Die Wiedergabe des AcI im Deutschen

Der AcI wird im Deutschen in der Regel durch einen Gliedsatz wiedergegeben, der mit „dass" eingeleitet wird:

Scīmus tempestātem nāvēs mercātōris dēlēvisse.	Wir wissen, **dass** ein Unwetter die Schiffe des Kaufmanns zerstörte.

Neben dem Gliedsatz mit „dass“ gibt es noch andere Möglichkeiten der Wiedergabe:

a) Ein Unwetter zerstörte, **wie wir wissen**, die Schiffe des Kaufmanns. (Einschub: *Parenthese*)

b) **Nach unserem Wissen** zerstörte ein Unwetter die Schiffe des Kaufmanns. (*Präpositionalausdruck*)

c) Ein Unwetter zerstörte **bekanntlich** die Schiffe des Kaufmanns. (*Adverb*)

Vokabeln

aedificium – multī, ae, a – currere – clāmāre – herī – frūmentum – cupere – ultimus, a, um

mercātor, mercātōris m.	der Kaufmann, der Händler	merx
quot?	wie viele?	
nāvis, nāvis f. (Gen. Pl.: nāvium)	das Schiff	nauta, navigare; navigieren
merx, mercis f. (Gen. Pl.: mercium)	die Ware	mercātor; merkantil
oleum, ī n.	das (Oliven)Öl	E. oil; F. l'huile
ē, ex (Präp. mit Ablativ)	aus, aus ... heraus	
mare, maris n.	das Meer	Marine; F. la mer; I. il mare
īgnōtus, a, um	unbekannt	īgnorāre, nōtus
cōnstat	es steht fest, es ist bekannt	
fortasse (Adv.)	vielleicht	
nōtus, a, um	bekannt	īgnōtus; I. noto
nūper (Adv.)	vor kurzem, neulich	
comperīre, comperiō, comperī	erfahren	
nauta, ae **m.**	der Seemann, der Matrose	navis; Nautik
addere, addō, addidī	hinzufügen, ergänzen	dare; Addition
• īnstāre, īnstō, īnstitī	bevorstehen, drohen	
tempestās, tempestātis f.	das Wetter; das Unwetter, der Sturm	
ergō (Adv.)	folglich, also	
intellegere, intellegō, intellēxī	erkennen, begreifen	Intellekt
plēnus, a, um (m. Genitiv)	voll (von etwas)	F. plein
timēre, timeō, timuī	(sich) fürchten	timor ; I. temere

J

Ōstiam pervenīre	in Ostia ankommen
plēnus perīculōrum	voll von Gefahren, voller Gefahren

Lektion 20

F

Grammatik

1. Das Verbum īre

Das Verbum īre gehört keiner der bisher gelernten Konjugationsklassen an. Die Stammformen lauten: īre, eō, iī

1.1 Der **Präsensstamm** von īre besteht allein aus dem Vokal **ī-**. Vor den dunklen Vokalen **-ō** und **-u-** wird der Stamm jedoch zu **e-**.

	Der Indikativ Präsens			
	Singular		**Plural**	
1. Person	eō	ich gehe	īmus	wir gehen
2. Person	īs	du gehst	ītis	ihr geht
3. Person	it	er, sie geht	eunt	sie gehen

Das **Imperfekt** wird wie in der ā- und der ē-Konjugation mit dem Tempuszeichen **-ba-** gebildet.

	Der Indikativ Imperfekt			
	Singular		**Plural**	
1. Person	ībam	ich ging	ībāmus	wir gingen
2. Person	ībās	du gingst	ībātis	ihr gingt
3. Person	ībat	er, sie ging	ībant	sie gingen

Der **Imperativ**:

Singular		**Plural**	
ī!	geh!	īte!	geht!

1.2 Der **Perfektstamm** von īre besteht wie der Präsensstamm allein aus dem Vokal **i-**, an den die von den übrigen Verben bekannten Endungen angehängt werden. Beginnt die Endung jedoch mit **-īs-**, dann verschmilzt das **i-** des Stamms mit dem darauffolgenden **-i-** zu einem langen **-ī-**.

	Der Indikativ Perfekt			
	Singular		**Plural**	
1. Person	iī	ich bin gegangen/ ich ging	iimus	wir sind gegangen/ wir gingen
2. Person	**īstī**	du bist gegangen/ du gingst	**īstis**	ihr seid gegangen/ ihr gingt
3. Person	iit	er, sie ist gegangen/ er, sie ging	iērunt	sie sind gegangen/ sie gingen
Infinitiv Perfekt	īsse	gegangen (zu) sein		

Auch das **Plusquamperfekt** wird mit den von den übrigen Verben bekannten Endungen gebildet.

	Der Indikativ Plusquamperfekt			
	Singular		**Plural**	
1. Person	ieram	ich war gegangen	ierāmus	wir waren gegangen
2. Person	ierās	du warst gegangen	ierātis	ihr wart gegangen
3. Person	ierat	er, sie war gegangen	ierant	sie waren gegangen

2. Dreiendige Adjektive der 3. Deklination

2.1 Du kennst bereits die Adjektive der a- und o-Deklination (z. B. māgnus, māgna, māgnum oder pulcher, pulchra, pulchrum; vgl. Lektion 7, F 2 und Lektion 9, F 2). Nun lernst du auch Adjektive der Adjektive der 3. Deklination kennen. Die Beispiele für die Adjektive der 3. Deklination in dieser Lektion haben drei Endungen, z. B. ācer (m.), ācris (f.), ācre (n.): heftig. Daher heißen sie **dreiendige** Adjektive.
Ebenso wie die Adjektive der a- und o-Deklination stimmen sie in **K**asus, **N**umerus und **G**enus mit ihrem Bezugswort überein (KNG-Kongruenz, vgl. Lektion 7, S 3).

Die dreiendigen Adjektive der 3. Deklination werden in den meisten Formen wie die Substantive der 3. Deklination (z. B. rēx oder tempus) dekliniert. Auf folgende Formen musst du jedoch besonders achten:

Wie bei den Substantiven mit i-Stamm (vgl. Lektion 19, F 1: mare) endet der **Ablativ Singular** der Adjektive in allen drei Genera auf **-ī**, z. B. ācr**ī**.

Wie bei einigen Substantiven (vgl. Lektion 14, F 1 und 18, F 2: z. B. urbs, cīvis) endet der **Genitiv Plural** der Adjektive in allen drei Genera auf **-ium**, z. B. ācr**ium**.

Wie die Substantive mit i-Stamm, die neutrum sind (vgl. Lektion 19, F 1: mare), enden die Adjektive im **Nominativ und Akkusativ Plural des Neutrums** auf **-ia**, z. B. ācr**ia**.

Merke daher bei den Adjektiven der 3. Deklination als Ausgänge: **-ī, -ia, -ium**.

2.2 Die Übersicht

	Singular		
	masculinum	**femininum**	**neutrum**
Nominativ	ācer	ācris	ācre
Genitiv	ācris	ācris	ācris
Dativ	ācrī	ācrī	ācrī
Akkusativ	ācrem	ācrem	ācre
Ablativ	**ācrī**	**ācrī**	**ācrī**

	Plural		
	masculinum	**femininum**	**neutrum**
Nominativ	ācrēs	ācrēs	**ācria**
Genitiv	**ācrium**	**ācrium**	**ācrium**
Dativ	ācribus	ācribus	ācribus
Akkusativ	ācrēs	ācrēs	**ācria**
Ablativ	ācribus	ācribus	ācribus

Vokabeln

ascendere – caelum – pervenīre – līberī – statim – praeclārus – hortus – iūcundus – hodiē – cōnsilium

*avus, ī m.	der Großvater	
rūs, rūris n.	das Land, das Landgut	F. rural
īre, eō, iī	gehen	iter
amoenus, a, um	schön, lieblich, hübsch	
inīre, ineō, iniī	hineingehen, beginnen	
*iter, itineris n.	die Reise, der Weg, der Marsch	īre
*facere, faciō, fēcī	machen, tun	F. faire; I. fare
vīlla, ae f.	das Landhaus, die Villa	Villa
rūsticus, a, um	ländlich, bäuerlich; Subst.: der Bauer	rus; rustikal
ācer, ācris, ācre	scharf, heftig, eifrig	
exīre, exeō, exiī	herausgehen	
sōl, sōlis m.	die Sonne	F. le soleil; I. il sole
ardēre, ardeō, arsī	brennen, entbrannt sein	I. ardere
neque; nec	und nicht, auch nicht, aber nicht	
*celer, celeris, celere	schnell	I. celere; S. célere
subīre, subeō, subiī	herangehen, auf sich nehmen	F./S. subir
perīre, pereō, periī	zugrunde gehen, umkommen	F. périr
*redīre, redeō, rediī	zurückgehen, zurückkehren	
*longus, a, um	lang, ausgedehnt, weit	E. long; F. long
*avia, ae f.	die Großmutter	avus
*adīre, adeō, adiī	herangehen, aufsuchen, angreifen	I. adire
ūnus, a, um	einer	Unikat; E. one; F. un
aeger, aegra, aegrum	krank, erschöpft	
quod (Subjunktion)	weil, da	

J

cōnsilium inīre	einen Entschluss fassen
vīlla rūstica	das Landgut
ācrī animō	mit Begeisterung
labōrēs subīre	Arbeiten, Strapazen auf sich nehmen
rūs pervenīre	auf dem Landgut ankommen

Plateaulektion 16 – 20

Vokabeln

Hier werden noch einmal die Vokabeln der Lektionen 16 – 20 mit ihren Stammformen zusammengestellt. Die Verben der a-Konjugation, die ein v-Perfekt haben, werden nicht mehr aufgeführt.

a-Konjugation

dare, dō, dedī	geben	Reduplikationsperfekt
circumdare, circumdō, circumdedī	umgeben, herumlegen	
īnstāre, īnstō, īnstitī	bevorstehen, drohen	

e-Konjugation

timēre, timeō, timuī	(sich) fürchten	u-Perfekt
ardēre, ardeō, arsī	brennen, entbrannt sein	s-Perfekt
respondēre, respondeō, respondī	antworten, erwidern	Reduplikationsperfekt

i-Konjugation

reperīre, reperiō, repperī	finden	Reduplikationsperfekt
comperīre, comperiō, comperī	erfahren	

konsonantische Konjugation

cōgnōscere, cōgnōscō, cōgnōvī	kennenlernen, erkennen	v-Perfekt
intellegere, intellegō, intellēxī	erkennen, begreifen	s-Perfekt
lūdere, lūdō, lūsī	spielen	
surgere, surgō, surrēxī	sich erheben, aufstehen	
vincere, vincō, vīcī	siegen; besiegen	
addere, addō, addidī	hinzufügen, ergänzen	Reduplikationsperfekt
bibere, bibō, bibī	trinken	
condere, condō, condidī	gründen, erbauen, verbergen	
contendere, contendō, contendī	sich anstrengen, eilen, kämpfen	
crēdere, crēdo, crēdidī	glauben, (an)vertrauen	

	currere, currō, cucurrī	laufen
	occīdere, occīdō, occīdī	niederhauen, töten
	occurere, occurro, occurrī	entgegeneilen, begegnen
	perdere, perdō, perdidī	verderben, zugrunde richten
	vendere, vendō, vendidī	kaufen
Dehnungsperfekt	emere, emō, ēmī	machen, tun
	facere, faciō, fēcī	verkaufen
Perfekt ohne Stammveränderung	ascendere, ascendō, ascendī	besteigen, hinaufsteigen
	dēfendere, dēfendō, dēfendī	verteidigen

weitere Verben

posse, possum, potuī	können
īre, eō, iī	gehen
adīre, adeō, adiī	herangehen, aufsuchen, angreifen
exīre, exeō, exiī	herausgehen
inīre, ineō, iniī	hineingehen, beginnen
perīre, pereō, periī	zugrunde gehen, umkommen
redīre, redeō, rediī	zurückgehen, zurückkehren
subīre, subeō, subiī	herangehen, auf sich nehmen

Grammatik

1. Das reflexive Personalpronomen

F

	Singular		Plural	
Gen.	suī	seiner, ihrer	suī	ihrer
Dat.	sibi	sich	sibi	sich
Akk.	sē	sich	sē	sich
Abl.	ā sē; sēcum	von sich; mit sich	ā sē; sēcum	von sich; mit sich

Die lateinischen Formen von Singular und Plural sind identisch.

2. Die Verwendung der Pronomina im AcI

S

2.1 Man verwendet die **Personalpronomina der 1. und 2. Person** im Nominativ nur dann, wenn man das Subjekt besonders betonen möchte (vgl. Lektion 16, F 3):

Mūcius dīcit: „**Ego** in animō habeō castra hostium inīre."	Mucius sagt: „**Ich** habe (im Gegensatz zu euch) vor, das Lager der Feinde zu betreten."

2.2 Wenn dagegen der **Handlungsträger im AcI** durch ein Personalpronomen der 1. oder 2. Person ausgedrückt werden soll, **müssen** diese Personalpronomina auf jeden Fall verwendet werden, und zwar im Akkusativ:

Mūcius senātōrēs rogat: „Sinite **mē** clam castra Etruscōrum inīre!"	Mucius bittet die Senatoren: „Lasst zu, dass **ich** heimlich in das Lager der Etrusker gehe!"
Senātōrēs respondent: „Vidēs **nōs** dē salūte dēspērāre. Scīmus **tē** mīlitem bonum esse."	Die Senatoren antworten: „Du siehst, dass **wir** an der Rettung verzweifeln. Wir wissen, dass **du** ein tüchtiger Soldat bist."
Mūcius dīcit: „Putō **vōs** precēs meās nōn negāre."	Mucius sagt: „Ich glaube, dass **ihr** meine Bitten nicht ablehnt."

2.3 Welches Pronomen im AcI für die **3. Person Singular und Plural** verwendet wird, ist vom jeweiligen Inhalt des Satzes anhängig:
Wenn sich das Personalpronomen auf das Subjekt desselben Satzes zurückbezieht, steht das reflexive Personalpronomen (vgl. Lektion 17, S 5.2).
Wenn sich das Personalpronomen nicht auf das Subjekt desselben Satzes zurückbezieht (Nicht-Reflexivität: vgl. Lektion 18, S 4.3), wird das Pronomen is, ea, id im Akkusativ Singular und Plural verwendet. Zur Deklination von is, ea, id vgl. Lektion 18, F 3.

Mūcius dīcit **sē** cōnsilium inīsse.	**Mucius** sagt, dass **er** einen Plan gefasst hat.
Senātōrēs dīcunt **sē** iam dē salūte dēspērāre.	Die Senatoren sagen, dass **sie** schon an der Rettung verzweifeln.
Mūcius scit **eōs** dē salūte dēspērāre.	Mucius weiß, dass **sie** (die Senatoren) an der Rettung verzweifeln.
Senātōrēs sciunt **eum** māgnam virtūtem habēre.	Die Senatoren wissen, dass **er** (Mucius) große Tapferkeit besitzt.

Vokabeln

plūrimī – mīles – cīvis – timor – nōn ignōrāre – hostis – occīdere – castra – cōgnōscere – precēs – mors

*oppūgnāre	angreifen, bestürmen	pūgnāre, pūgna
*salūs, salūtis f.	die Rettung, das Wohlergehen	
*dēspērāre	verzweifeln, die Hoffnung aufgeben	E. to despair
*adulēscēns, adulēscentis m.	der junge Mann (zwischen 18 und 25 Jahren)	
*senātor, senātōris m.	der Senator	
sinere, sinō, sīvī	lassen, zulassen	
negāre	ablehnen, leugnen; sagen, dass nicht	Negation, negativ
ac profectō	und wirklich; und tatsächlich	
sedēre, sedeō, sēdī	sitzen	
trahere, trahō, trāxī	ziehen, schleppen	Traktor
īgnis, īgnis m.	das Feuer	
iubēre, iubeō, iūssī (m. Akk.)	(jemandem) befehlen	
potestās, potestātis f.	die Macht, Herrschaft	
quamquam (Subjunktion)	obwohl	
tamen	dennoch, trotzdem	
alius, alia, aliu**d**	ein anderer	
inquit (eingeschoben)	sagt(e) er	
tendere, tendō, tetendī	ausstrecken	

J dē salūte dēspērāre — die Hoffnung auf Rettung aufgeben

Grammatik

1. Die Konjugation von velle, nōlle, mālle

F

1.1 Die Formen des **Indikativ Präsens und Imperfekt**

		Indikativ Präsens		
		velle	nōlle	mālle
Singular	**1. Person**	volō ich will	nōlō	mālō
	2. Person	vīs du willst	nōn vīs	māvīs
	3. Person	vult er, sie, es will	nōn vult	māvult
Plural	**1. Person**	volumus wir wollen	nōlumus	mālumus
	2. Person	vultis ihr wollt	nōn vultis	māvultis
	3. Person	volunt sie wollen	nōlunt	mālunt
			Indikativ Imperfekt	
Singular	**1. Person**	volēbam ich wollte	nōlēbam	mālēbam
	2. Person	volēbās du wolltest	nōlēbās	mālēbās
		usw.	*usw.*	*usw.*

1.2 Die Formen des **Indikativ Perfekt und Plusquamperfekt** werden mit dem Perfektstamm **volu-/nōlu-/mālu-** gebildet:
Perfekt: volu-ī, volu-istī, volu-it usw.
Plusquamperfekt: volu-eram, volu-erās, volu-erat usw.

2. Zwei- und einendige Adjektive der 3. Deklination

2.1 Von den Adjektiven der 3. Deklination hast du bisher die dreiendigen Adjektive kennengelernt (vgl. Lektion 20, F 2). Es gibt aber auch zwei- und einendige

Adjektive: Die **zweiendigen Adjektive** haben im masculinum und femininum dieselben Ausgänge, z. B.: brevis (m.), brevis (f.), breve (n.).
Die **einendigen Adjektive** haben im Nominativ und in allen anderen Kasus der drei Genera dieselben Ausgänge, z. B.: ingēns (m.), ingēns (f.), ingēns (n.). Achte jedoch auf den Unterschied beim **neutrum** im **Akkusativ Singular** sowie im **Nominativ** und **Akkusativ Plural**.

2.2 Merke dir auch bei den ein- und zweiendigen Adjektiven der 3. Deklination besonders die Ausgänge **-ī** im Ablativ Singular
-ia im Nominativ und Akkusativ Plural Neutrum
-ium im Genitiv Plural.

2.3 Die Deklination (zum vollständigen Deklinationsschema vgl. Lekt. 20, F 2.2)

	Singular		
	masculinum	**femininum**	**neutrum**
Nominativ	brevis ingēns	brevis ingēns	breve ingēns
Genitiv	brevis ingentis	brevis ingentis	brevis ingentis
	usw.	*usw.*	*usw.*

Vokabeln

annus – cīvitās – lībertās – timēre – vincere – bellum gerere – dōnum – captīvus – perīre – redīre

*crēscere, crēscō, crēvī	wachsen, zunehmen	crescendo; I. crescere
*potēns, Gen.: potentis	mächtig	potestās, posse
*nōlle, nōlō, nōluī	nicht wollen	
*velle, volō, voluī	wollen	
imprīmīs (Adv.)	vor allem, besonders	prīmum
*mālle, mālō, māluī	lieber wollen	
*āmittere, āmittō, āmīsī	verlieren, aufgeben	mittere
*audāx, audācis	waghalsig, kühn, furchtlos	
ingēns, ingentis	sehr groß, gewaltig, ungeheuer	
*brevis, breve	kurz, klein	Brief

complūrēs, complūra	mehrere, ziemlich viele	plūs
clādēs, clādis f. (Gen. Pl.: clādium)	die Niederlage	
cōnsul, cōnsulis m.	der Konsul	cōnsulere
corrumpere, corrumpō, corrūpī	verderben, bestechen	Korruption
modus, ī m.	die Art, die Weise	
accipere, accipiō, accēpī	annehmen, aufnehmen	capere; akzeptieren
omnis, omne	jeder, ganz; Pl.: alle	Omnibus
recūsāre	ablehnen, zurückweisen	
rūrsus (Adv.)	wieder, von neuem	
gravis, grave	wichtig, bedeutend, schwer	E. grave; F. grave; I. grave
fortis, forte	tapfer, mutig	F. fort; I. forte; S. fuerte

fīnem bellī facere — einen Krieg beenden

Lektion 23

Grammatik

1. Das Relativpronomen qui, quae, quod

	Singular			Plural		
	m.	**f.**	**n.**	**m.**	**f.**	**n.**
Nominativ	quī	quae	quod	quī	quae	quae
Genitiv	cuius	cuius	cuius	quōrum	quārum	quōrum
Dativ	cui	cui	cui	quibus	quibus	quibus
Akkusativ	quem	quam	quod	quōs	quās	quae
Ablativ	quō	quā	quō	quibus	quibus	quibus

2. Der Relativsatz als Attribut

2.1 Das Relativpronomen **quī, quae, quod** richtet sich im **Numerus** und im **Genus** nach seinem Bezugswort im übergeordneten Satz.

2.2 Der **Kasus** hängt von der Funktion des Relativpronomens im Relativsatz ab (z. B. Akkusativobjekt, Genitivattribut usw.):

Hannibal, quem Rōmānī timēbant, cōpiās Rōmānās vicit.	Hannibal, den die Römer fürchteten, besiegte die römischen Truppen.

2.3 Wie im Deutschen hat der lateinische Relativsatz meistens die Funktion eines **Attributs**:

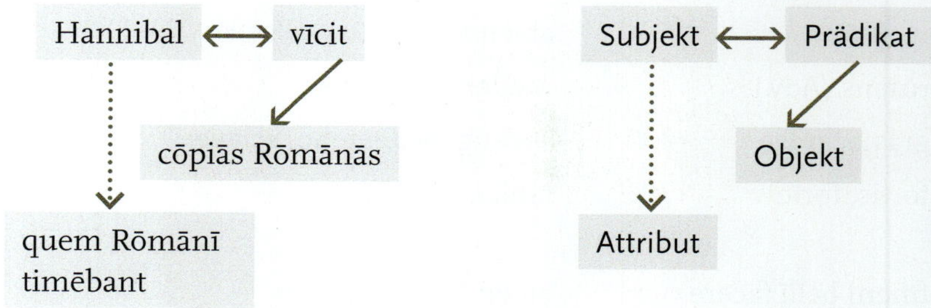

Vokabeln

magister – bellum – pervenīre – iter facere – imperātor – mīles – plūrimī – mors

quī, quae, quod	der, die, das; welcher, welche, welches	F. qui, que
cum (Subjunktion)	(damals) als, (dann) wenn	
dux, ducis m.	der Führer, der Anführer	ducere; E. duke; F. le duc
inimīcitia, ae f.	die Feindschaft	
inter (mit Akk.)	zwischen, unter, während	international
prīmus, a, um	der erste, der vorderste	prīmum; Premiere
asper, aspera, asperum	rau, schroff, mühsam	I. aspro
sustinēre, sustineō, sustinuī	aushalten, ertragen	
proelium, ī n.	die Schlacht	
tōtus, a, um (Gen.: tōtīus, Dat.: tōtī)	ganz	total
terrēre, terreō, terruī	erschrecken, in Schrecken versetzen	Terror
cōnscrībere, cōnscrībō, cōnscrīpsī	schreiben, in eine Liste eintragen	
ingenium, ī n.	die Begabung, das Talent	Genie, genial

nōnnūllī, ae, a	einige, manche	nūllus
quis?	wer?	F. qui?
trānsīre, trānseō, trānsiī	hinübergehen, überschreiten	Transit
cōgere, cōgō, coēgī	zusammenbringen; zwingen	co-agere

cōpiās cōnscrībere — Truppen ausheben; ein Heer aufstellen

J

Lektion 24

Grammatik

1. Die Konjugation des Verbs im Futur I

F

1.1 Die Formen

		a-Konjugation		e-Konjugation	
Singular	**1. P.**	laudā**bō**	ich werde loben	vidē**bō**	ich werde sehen
	2. P.	laudā**bis**	du wirst loben	vidē**bis**	
	3. P.	laudā**bit**	er wird loben	vidē**bit**	
Plural	**1. P.**	laudā**bi**mus	wir werden loben	vidē**bi**mus	
	2. P.	laudā**bi**tis	ihr werdet loben	vidē**bi**tis	
	3. P.	laudā**bunt**	sie werden loben	vidē**bunt**	

i-Konjugation		konsonantische-Konjugation			
audiam	ich werde hören	regam	ich werde lenken	capiam	ich werde nehmen
audiēs		regēs		capiēs	
audiet		reget		capiet	
audiēmus		regēmus		capiēmus	
audiētis		regētis		capiētis	
audient		regent		capient	

		esse	
Singular	**1. Person**	erō	ich werde sein
	2. Person	eris	du wirst sein
	3. Person	erit	er wird sein
Plural	**1. Person**	erimus	wir werden sein
	2. Person	eritis	ihr werdet sein
	3. Person	erunt	sie werden sein

1.2 Das Tempuszeichen für das Futur I lautet in der **a- und e-Konjugation**: -b-, -bi-, -bu-,
in der **i- und konsonantischen Konjugation**:
-e-, nur in der 1. Person Singular -a- (Merkhilfe: „K-am-eeeee-l").

S

2. Der Gebrauch des Futur I

2.1 Lībertātem dēfendēmus. — Wir werden die Freiheit verteidigen.

Das **Futur I** bezeichnet Handlungen oder Zustände, die in der Zukunft eintreten oder fortdauern werden.

2.2 Mox Poenī tōtam Italiam expūgnābunt. — Bald erobern die Karthager ganz Italien.

In Verbindung mit entsprechenden Zeitangaben (z. B. mox: bald) wird das Futur I im Deutschen meist mit dem Präsens wiedergegeben.

3. Der relative Satzanschluss

Carthāgō urbs clāra erat. Karthago war eine berühmte Stadt.
Quam Rōmānī dēlēvērunt. **Diese** zerstörten die Römer.

Im Lateinischen kann am Satzanfang statt eines Demonstrativpronomens ein Relativpronomen stehen. Es bezieht sich meist auf ein Substantiv, das häufig am Ende des vorhergehenden Satzes steht. Da das Relativpronomen die beiden Sätze besonders eng miteinander verknüpft, nennt man diese Erscheinung auch „relativen Satzanschluss". Übersetzt wird das lateinische Relativpronomen dabei mit einem Demonstrativpronomen (dieser, diese, dieses).

Vokabeln

qui, quae, quod – ārdēre – avus – redīre – senātor – celer

odium, ī n.	der Hass	I. l'odio; S. el odio
socius, ī m.	der Bundesgenosse, der Verbündete	sozial
contrā (mit Akk.)	gegen	Kontrast; F. contre; I. contro
foedus, foederis n.	das Bündnis, der Vertrag	föderal
dīvitiae, ārum f.	der Reichtum	
neglegere, neglegō, neglēxī	vernachlässigen, unbeachtet lassen	E. to neglect
numquam	niemals	S. nunca
omittere, omittō, omīsī	aufgeben, beiseite lassen	E. to omit
tūtus, a, um	sicher, geschützt	Tutor
expūgnāre	erobern	pūgnāre, pūgna

odium in hostēs – Hass auf die Feinde
tūtus ā hostibus – sicher vor den Feinden

J

Lektion 25

Grammatik

F

1. Die Konjugation des Verbs im Futur II

1.1 Die Formen

		a-Konjugation	e-Konjugation	i-Konjugation	kons. Konjugation	esse
Sg.	**1. P.**	laudāver**ō**	paruer**ō**	audīver**ō**	crēdider**ō**	fuero
	2. P.	laudāver**is**	paruer**is**	audīver**is**	crēdider**is**	fuer**is**
	3. P.	laudāver**it**	paruer**it**	audīver**it**	crēdider**it**	fuer**it**
Pl.	**1. P.**	laudāver**imus**	paruer**imus**	audīver**imus**	crēdider**imus**	fuer**imus**
	2. P.	laudāver**itis**	paruer**itis**	audīver**itis**	crēdider**itis**	fuer**itis**
	3. P.	laudāver**int**	paruer**int**	audīver**int**	crēdider**int**	fuer**int**

1.2 Die **Formen des Futur II** werden in allen Konjugationen gebildet aus dem Perfektstamm, dem Tempuszeichen **-eri-** und den Personalendungen.

1.3. Mit dem Futur II wird eine Handlung ausgedrückt, die in der Zukunft bereits abgeschlossen sein wird, bevor eine andere Handlung in der Zukunft beginnen wird. Das Futur II tritt nur dann auf, wenn im übergeordneten Satz ein Futur I verwendet ist.

1.4. Man kann die Form des Futur II zwar auch im Deutschen bilden, diese Form wird aber kaum noch verwendet. Bei der Übersetzung kannst du einfach das Perfekt oder das Präsens verwenden, um die Vorzeitigkeit zum übergeordneten Satz im Futur auszudrücken:

Sī Rōmānī Carthāginiēnsēs vīcerint, dominī omnium terrārum erunt.	Wenn die Römer die Karthager besiegt haben, werden sie die Herren über alle Länder sein. Wenn die Römer die Karthager besiegen, werden sie die Herren über alle Länder sein.

2. Der Konditionalsatz

S

Konditionale Satzgefüge bestehen aus zwei Satzteilen: dem Gliedsatz, in dem die Bedingung genannt wird, und dem übergeordneten Satz, in dem die Schlussfolgerung gezogen wird. Der konditionale Nebensatz wird meist mit sī (wenn) oder nisī (wenn nicht) eingeleitet:

Catō adulēscentēs monuit: „Sī philosophiae Graecōrum studueritis, mōrēs māiōrum neglegētis.	Cato hat die jungen Männer ermahnt: „Wenn ihr euch um die Philosophie der Griechen bemüht, werdet ihr die Bräuche der Vorfahren vernachlässigen.
Nisī verbīs meīs parueritis, urbem nostram perdētis.“	Wenn ihr meinen Worten nicht gehorcht, werdet ihr unsere Stadt vernichten.“

Vokabeln

aliquandō – adulēscēns – varius – explicāre – ēloquentia – cōgnōscere – perdere

*philosophus, ī m.	der Philosoph	philosophia
*ōrātiō, ōrātiōnis f.	die Rede	
*iūstitia, ae f.	die Gerechtigkeit	iūs; Justiz
secundus, a, um	zweiter; günstig	
philosophia, ae f.	die Philosophie	philosophus
sī (Subjunktion)	wenn, falls	F./S. si
*studēre, studeō, studuī (mit Dat.)	sich um etwas bemühen, nach etwas streben; etwas studieren	studieren; E. to study
quam (nach einem Komparativ)	als	
*mōs, mōris m.	die Sitte, der Brauch, Pl.: der Charakter	Moral
*sententia, ae f.	die Meinung, die Ansicht; der Satz	Sentenz
*glōria, ae f.	der Ruhm, die Ehre	E. glory; F. la gloire; I. la gloria
māiōrēs, māiōrum m.	die Vorfahren	
nisī	wenn nicht	

J

ōrātiōnem habēre	eine Rede halten
ēloquentiae studēre	Redekunst studieren

Plateaulektion 21 – 25

Vokabeln

Hier werden noch einmal die Vokabeln der Lektionen 21 – 25 mit ihren Stammformen zusammengestellt. Die Verben der a-Konjugation, die ein v-Perfekt haben, werden nicht mehr aufgeführt.

e-Konjugation

u-Perfekt	studēre, studeō, studuī	sich um etwas bemühen, nach etwas streben, etwas studieren
	sustinēre, sustineō, sustinuī	aushalten, ertragen
	terrēre, terreō, terruī	erschrecken, in Schrecken versetzen
s-Perfekt	iubēre, iubeō, iūssī	(jemandem) befehlen
Dehnungsperfekt	sedēre, sedeō, sēdī	sitzen

konsonantische Konjugation

v-Perfekt	crēscere, crēscō, crēvī	wachsen, zunehmen
	sinere, sinō, sīvī	lassen, zulassen
s-Perfekt	āmittere, āmittō, āmīsī	verlieren, aufgeben
	cōnscrībere, cōnscrībō, cōnscrīpsī	schreiben, (in eine Liste) eintragen
	omittere, omittō, omīsī	aufgeben, beiseite lassen
	trahere, trahō, trāxī	ziehen, schleppen
Dehnungsperfekt	accipere, accipiō, accēpī	annehmen, aufnehmen
	cōgere, cōgō, coēgī	zusammenbringen, zwingen
	corrumpere, corrumpō, corrūpī	verderben, bestechen
	neglegere, neglegō, neglēxī	vernachlässigen, unbeachtet lassen
Reduplikationsperfekt	tendere, tendō, tetendī	ausstrecken

weitere Verben

mālle, mālō, māluī	lieber wollen, vorziehen
nōlle, nōlō, nōluī	nicht wollen
velle, volō, voluī	wollen

Lektion 26

Grammatik

F

1. Die Konjugation von ferre

Infinitiv Präsens	ferre	**Infinitiv Perfekt**	tulisse
Indikativ Präsens	ferō fers fert ferimus fertis ferunt	**Indikativ Perfekt**	tulī tulistī tulit tulimus tulistis tulērunt
Indikativ Imperfekt	ferēbam ferēbās ferēbat ferēbāmus ferēbātis ferēbant	**Indikativ Plusquamperfekt**	tuleram tulerās tulerat tulerāmus tulerātis tulerant
Futur I	feram ferēs feret ferēmus ferētis ferent	**Futur II**	tulerō tuleris tulerit tulerimus tuleritis tulerint

Imperativ: fer! bringe! trage!
ferte! bringt! tragt!

2. Das Verbum ferre hat zwei Wurzeln. Im Präsensstamm: fer- und im Perfektstamm: tul-.

3. Bei afferre (Angleichung bzw. Assimilation aus: ad-ferre) gleicht sich das Präfix (vgl. Lektion 16, F 2) an den Perfektstamm an: at-tuli.
Bei auferre liegt ein altes Präfix vor, das dieselbe Bedeutung wie ab(s)- hat. Daher lautet der Perfektstamm: abs-tuli.

4. Die Konjugation von ferre ist vergleichbar mit den Verben der konsonantischen Konjugation (vgl. Lektion 11, F 1.4; 2). Nur bei den Endungen, die mit -r, -s und -t beginnen, fehlt der Bindevokal: fer-re, fer-s, fer-t, fer-tis.

Vokabeln

rēx – timor – stupēre – adīre – corpus – surgere – mare – quō? – miser – redīre – posse – sinere

amīca, ae f.	die Freundin	F. l'amie
*lītus, lītoris n.	die Küste, der Strand	I. il lido
*virgō, virginis f.	das junge Mädchen	
fōrma, ae f.	die Form, die Gestalt, die Schönheit	Form
sentīre, sentiō, sēnsī	fühlen, meinen	sensibel
*flōs, flōris m.	die Blume, die Blüte	E. flower
*offerre, offerō, obtulī	entgegenbringen, anbieten	Offerte
tangere, tangō, tetigī	berühren	Tangente
cōnsīdere, cōnsīdō, cōnsēdī	sich niederlassen, sich setzen	
abīre, abeō, abiī	weggehen	Abiturient
*īnferre, īnferō, intulī	hineintragen	
afferre, afferō, attulī	herbeitragen, hinzufügen	
referre, referō, rettulī	zurückbringen, berichten	Referat
auferre, auferō, abstulī	wegtragen, wegbringen	
*ferre, ferō, tulī	tragen, bringen; ertragen; berichten	
īnsula, ae f.	die Insel	F. l'île
trānsferre, trānsferō, trānstulī	hinüberbringen	Transfer
procul (Adv.)	in der Ferne, weit; von weitem	
perferre, perferō, pertulī	aushalten, ertragen; überbringen	
dolēre, doleō, doluī	Schmerzen empfinden, traurig sein	I. dolere
nēmō (Gen.: nūllīus, Dat.: nēminī)	niemand, keiner	
mūtāre	(ver-)ändern, verwandeln	Mutation
māiestās, māiestātis f.	die Erhabenheit, die Würde, die Größe	Majestät

J procul ā patriā — fern der Heimat

Lektion 27

Grammatik

1. Die Konjugation des Verbs im Konjunktiv Imperfekt

1.1 Die Formen:

		a-Konjugation	e-Konjugation	i-Konjugation	kons. Konjugation		esse
Sg.	**1. P.**	laudārem	monērem	audīrem	regerem	caperem	essem
	2. P.	laudārēs	monērēs	audīrēs	regerēs	caperēs	essēs
	3. P.	laudāret	monēret	audīret	regeret	caperet	esset
Pl.	**1. P.**	laudārēmus	monērēmus	audīrēmus	regerēmus	caperēmus	essēmus
	2. P.	laudārētis	monērētis	audīrētis	regerētis	caperētis	essētis
	3. P.	laudārent	monērent	audīrent	regerent	caperent	essent

1.2 Die Formen des Konjunktivs Imperfekt werden in allen Konjugationen gebildet aus dem **Präsensstamm**, dem **Moduszeichen** -re- (bei esse und Komposita: -se-) und den bekannten **Personalendungen**. Als Hilfe merke dir: Konjunktiv Imperfekt = Infinitiv Präsens + Personalendungen.

2. Der Irrealis der Gegenwart

2.1 Im konditionalen Satzgefüge (vgl. Lektion 25, S 2) bezeichnet der **Konjunktiv Imperfekt** eine Bedingung in der Gegenwart, die als **nicht-wirklich** oder **nicht erfüllbar** angesehen wird (**Irrealis der Gegenwart**).

2.2 Beachte den Unterschied zwischen Wirklichkeit (Realis) und Nicht-Wirklichkeit (Irrealis):

Sacerdōs ad Oedipum dīcit: „Sī in patriam **redībis**, patrem occīdēs."	Der Priester sagt zu Ödipus: „Wenn du in deine Heimat **zurückkehrst**, **wirst** du deinen Vater **töten**." (Der Priester prophezeit ein Ereignis, das tatsächlich so eintreten kann oder wird: **Realis.**)
Oedipus sēcum cōgitat: „Sī in patriam **redīrem**, patrem **occīderem**. Itaque in patriam nōn redībō."	Ödipus überlegt sich: „Wenn ich in meine Heimat **zurückkehrte/ zurückkehren würde**, **würde** ich meinen Vater **töten**. Daher werde ich nicht in die Heimat zurückkehren."

(Ödipus stimmt zwar der Aussage des Priesters zu, glaubt aber wegen seiner Entscheidung nicht, dass sie tatsächlich eintritt. Die Aussage steht für Ödipus im Gegensatz zur Wirklichkeit: **Irrealis**.)

Vokabeln

occīdere – mors – mōns – perīre – adulēscēns – mōs – cōnsilium capere – cōnsulere – occurrere

ōlim (Adv.)	einmal, einst	
ōrāculum, ī n.	der Götterspruch, das Orakel; die Orakelstätte	
*parere, pariō, peperī	hervorbringen, gebären	parentēs
arcessere, arcessō, arcessīvī	jmd. herbeiholen, herbeikommen lassen	
*alere, alō, aluī	ernähren, großziehen	Alimente
*expōnere, expōnō, exposuī	aussetzen, ausstellen	Exponat; E. to expose; F. exposer
*cāsū (Adv.)	aus Zufall, zufällig	
*pāstor, pāstōris m.	der Hirte	Pastor
*invenīre, inveniō, invēnī	finden, erfinden	venīre; E. to invent; F. inventer
certē (Adv.)	sicher, gewiss	
nomināre	nennen, benennen	E. to nominate; F. nommer
vīs, vim, vī f. Plur.: vīrēs, vīrium	die Kraft, Stärke, Gewalt; die Kräfte, Streitkräfte	
uxōrem dūcere, dūcō, dūxī	heiraten	
*cōnstituere, cōnstituō, cōnstituī	festsetzen, beschließen	E. to constitute
senex, senis m.	der alte Mann, der Greis	Senior
nescīre, nesciō, nescīvī	nicht wissen, nicht verstehen	scīre

J

mortem offerre	(jemandem) den Tod bringen
īram deōrum excitāre	den Zorn der Götter erregen
ōrāculum adīre	ein Orakel aufsuchen
calamitātem inferre	(jemandem) Unglück bringen, (jemanden) ins Unglück stürzen

Lektion 28

Grammatik

1. Die Konjugation des Verbs im Konjunktiv Plusquamperfekt

F

1.1 Die Formen:

		a-Konjugation	e-Konjugation	i-Konjugation	kons. Konjugation	esse
Sg.	**1. P.**	laudā**vissem**	monu**issem**	audī**vissem**	rē**xissem**	fu**issem**
	2. P.	laudā**vissēs**	monu**issēs**	audī**vissēs**	rē**xissēs**	fu**issēs**
	3. P.	laudā**visset**	monu**isset**	audī**visset**	rē**xisset**	fu**isset**
Pl.	**1. P.**	laudā**vissēmus**	monu**issēmus**	audī**vissēmus**	rē**xissēmus**	fu**issēmus**
	2. P.	laudā**vissētis**	monu**issētis**	audī**vissētis**	rē**xissētis**	fu**issētis**
	3. P.	laudā**vissent**	monu**issent**	audī**vissent**	rē**xissent**	fu**issent**

1.2 Die Formen des Konjunktivs Plusquamperfekt werden in allen Konjugationen gebildet aus dem **Perfektstamm**, dem **Moduszeichen** -isse- und den bekannten **Personalendungen**. Als Hilfe merke dir:

Konjunktiv Plusquamperfekt = Infinitiv Perfekt + Personalendungen

1.3 Der Konjunktiv Plusquamperfekt von **īre** lautet: īssem, īssēs, īsset, ...

2. Der Irrealis der Vergangenheit

S

2.1 Im konditionalen Satzgefüge (vgl. Lektion 25, S 2) bezeichnet der **Konjunktiv Plusquamperfekt** eine Bedingung in der Vergangenheit, die als **nicht mehr wirklich** oder **nicht mehr erfüllbar** angesehen wird (**Irrealis der Vergangenheit**).

2.2 Beachte den Unterschied zwischen dem Irrealis der Gegenwart und der Vergangenheit:

Orpheus clāmat: „Sī tum verbīs Plūtōnis **pāruissem**, Eurydicēn **servāvissem**.	Orpheus ruft laut: „Wenn ich damals den Worten Plutos **gehorcht hätte**, **hätte** ich Eurydike **gerettet**.
Nisī mē ad uxōrem **vertissem**, eam ad lūcem **retulissem**.“	Wenn ich mich nicht zu meiner Ehefrau **umgedreht hätte**, **hätte** ich sie ans Tageslicht **zurückgeführt**.“ (Orpheus hat sich aber umgedreht und dadurch die Rettung Eurydikes für immer zunichte gemacht.

Seine Aussage bezieht sich auf ein Ereignis in der Vergangenheit: **Irrealis der Vergangenheit.**)

Orpheus clāmat: „Sī mihi nunc **licēret**, iterum Plūtōnem **adīrem**. Sed mihi nōn iam licet Tartarum intrāre.“	Orpheus ruft laut: „Wenn es mir jetzt **erlaubt wäre**, **würde** ich wiederum Pluto **aufsuchen**. Aber es ist mir nicht mehr erlaubt, den Tartarus zu betreten.“ (Orpheus würde zwar gerne noch einmal den Tartarus betreten, kann es aber nicht mehr. Seine Aussage bezieht sich auf einen Vorgang in der Gegenwart: **Irrealis der Gegenwart.**)

Vokabeln

calamitās – dum – fugere – movēre – adesse – nōtus – omnis – licet – vītam agere

*vōx, vōcis f.	die Stimme, Äußerung, der Laut	vocare; Vokal; E. voice
mē miserum!	ich Armer!	
quantus, a, um	wie groß, wie viel	Quantität
*errāre	sich irren, herumirren	E. error; F. l'erreur
*trīstis, trīste	traurig, finster, unfreundlich	trist
*flēre, fleō, flēvī	weinen, beweinen	
*carmen, carminis n.	das Lied, das Gedicht	
immortālis, immortāle	unsterblich	mors; E. immortal
mortuus, a, um	gestorben, tot	mors; F. mort
*reddere, reddō, reddidī	zurückgeben; machen zu	dare; E. to render; F. rendre
hūc (Adv.)	hierher	
*lūx, lūcis f.	das Licht, das Tageslicht	I. la luce
condiciō, condiciōnis f.	die Bedingung, die Lage	Konditionalsatz; E. condition
pōnere, pōnō, posuī	setzen, stellen, legen	deponere; Position
cōnsistere, cōnsistō, cōnstitī	sich hinstellen, haltmachen	
vertere, vertō, vertī	wenden, drehen	Version
cum (Subjunktion mit Indikativ)	als (plötzlich)	

J

māgnā vōce	mit lauter Stimme
condiciōnem pōnere	(jemandem) eine Bedingung stellen, auferlegen

Lektion 29

Grammatik

1. Die e-Deklination

F

1.1 Die Formen

	Singular	Plural
Nominativ	rēs	rēs
Genitiv	reī	rērum
Dativ	reī	rēbus
Akkusativ	rem	rēs
Ablativ	rē	rēbus

1.2 Die Substantive der e-Deklination sind **Feminina**.

1.3 Einzige Ausnahme ist das Substantiv diēs (der Tag) mit dem Genus **masculinum**. Bedeutet diēs allerdings „Termin“, ist sein Genus feminin.

2. Der dativus finalis

S

2.1 Der **dativus finalis** bezeichnet den **Zweck** oder die **Wirkung** einer Sache. Nach dem dativus finalis fragt man: „**Wozu?**“
Der Dativus finalis steht meistens nach esse (in der Bedeutung: zu etwas dienen, zu etwas gereichen).

2.2 Meistens ist der dativus finalis mit einem Dativ der Person verbunden. Dieser bezeichnet dann die Person, zu deren Vorteil (oder Nachteil) etwas ist: **dativus commodi** (bzw. incommodi). Nach dem dativus commodi (bzw. incommodi) fragt man: „**Für wen? Für was?**“

2.3 Der dativus commodi (bzw. incommodi) ist als Satzglied ein Objekt, der dativus finalis in Verbindung mit esse (oder mit venīre, dare) ist ein Prädikatsnomen:

Sinon dīxit:	Sinon sagte:
„Equus līgneus vōbīs praesidiō erit.“	„Das hölzerne Pferd wird euch zum Schutz dienen.“
Sed is diēs Trōiānīs perniciēī fuit.	Aber dieser Tag war für die Trojaner verderblich.

Equus līgneus ⟷ praesidiō erit
↙ vōbīs

Subjekt ⟷ dativus finalis als Prädikatsnomen + Form von esse = Prädikat
↙ dativus commodi als Objekt

2.4 Nach bestimmten Verben (z. B. dare, venire) ist der dativus finalis als Satzglied ein Adverbiale:

Sinon dīxit: „Graecī Minervae deae equum līgneum dōnō dant."	Sinon sagte: „Die Griechen geben der Göttin Minerva das hölzerne Pferd zum Geschenk."

Graecī ⟷ dant
↙ Minervae deae ↙ equum līgneum ↙ dōnō

Subjekt ⟷ Prädikat
↙ Dativ-Objekt ↙ Akkusativ-Objekt ↙ Adverbiale

2.5 Merke die folgenden Wendungen:

gaudiō esse	Freude bereiten
dolōrī esse	schmerzhaft sein
odiō esse	(jdm.) verhasst sein, gehasst werden (von jdm.)
praesidiō esse	zum Schutz dienen
perniciēī esse	verderblich sein

Vokabeln

oppūgnāre – expūgnāre – dolus – relinquere – comperīre – petere – ingēns – odium – dōnum

convocāre	zusammenrufen	vōx, vocāre
frūstrā (Adv.)	vergeblich, umsonst	frustriert
spēs, speī f.	die Hoffnung	I. la speranza; S. la esperanza
*diēs, diēī m., f.	der Tag, f.: der Termin	S. el dia
solvere, solvō, solvī	lösen	E. solution; F. la solution
rēs, reī f.	die Sache, das Ding	real
nihil	nichts	
disserere, disserō, disseruī	sprechen über, erörtern	
faciēs, faciēī f.	das Gesicht, das Aussehen, die Gestalt	E. face; F. la face
incrēdibilis, incrēdibile	unglaublich	crēdere; I. incredibile
nōmen, nōminis n.	der Name	nōmināre; Nomen; E. name

fidēs, fideī f.	die Treue, das Vertrauen, der Glaube	fidus
*perniciēs, perniciēī f.	das Verderben, der Untergang	
medius, a, um	mittlerer, in der Mitte	medium
sīc (Adv.)	so, auf diese Weise	
nox, noctis f.	die Nacht	F. la nuit; I. la notte; S. la noche
aperīre, aperiō, aperuī	öffnen, aufdecken	F. ouvrir; I. aperire

spēs victoriae	die Hoffnung auf den Sieg
navēs solvere	die Anker lichten
fidem habēre (m. Dativ)	(jemandem) vertrauen
mediā nocte	mitten in der Nacht

Lektion 30

Grammatik

1. Die Konjugation des Verbs im Konjunktiv Präsens

1.1 Die Formen:

		a-Konjugation	e-Konjugation	i-Konjugation	kons. Konjugation	
Sg.	**1. P.**	laudem	moneam	audiam	regam	capiam
	2. P.	laudēs	moneās	audiās	regās	capiās
	3. P.	laudet	moneat	audiat	regat	capiat
Pl.	**1. P.**	laudēmus	moneāmus	audiāmus	regāmus	capiāmus
	2. P.	laudētis	moneātis	audiātis	regātis	capiātis
	3. P.	laudent	moneant	audiant	regant	capiant

ferre und Komposita: feram, ferās, ferat usw.

1.2 Das Moduszeichen des Konjunktiv Präsens ist in den meisten Konjugationen der Buchstabe -a-, der an den Präsensstamm angehängt wird. Nur in der a-Konjugation lautet das Moduszeichen des Konjunktiv Präsens -e-. Es steht dann an der Stelle des Stammvokales -a-.

1.3 esse, posse, īre und **velle**

		esse	posse	īre
Sg.	**1. P.**	sim	possim	eam
	2. P.	sīs	possīs	eās
	3. P.	sit	possit	eat
Pl.	**1. P.**	sīmus	possīmus	eāmus
	2. P.	sītis	possītis	eātis
	3. P.	sint	possint	eant

Wie bei allen Formen des Präsensstamms von **īre** und seinen Komposita gilt die Regel, dass vor dunklen Vokalen der Stamm zu e- wird, also auch vor dem Moduszeichen des Konjunktiv Präsens: -a-.

velle: velim, velīs, velit *usw.*
nōlle: nōlim, nōlīs, nōlit *usw.*
malle: mālim, mālīs, mālit *usw.*

S

2. Abhängige Begehrsätze

2.1 Abhängige Begehrsätze sind Gliedsätze, die den Inhalt eines Wunsches, einer Bitte oder eines Befehls ausdrücken. Sie werden im Lateinischen durch die Subjunktion **ut** (verneint: **nē**) eingeleitet, die zumeist mit **„dass“** (bzw. **„dass nicht“**) übersetzt wird. Dabei wird der lateinische Konjunktiv im Deutschen in der Regel mit dem Indikativ wiedergegeben. Teilweise ist auch eine deutsche Übersetzung mit Infinitiv und „zu“ möglich.

2.2 Abhängige Begehrsätze stehen nach folgenden Verben:

Verben des Wünschens und Bittens		Verben des Befehlens und Veranlassens		Verben des Strebens und Sorgens	
implōrāre	anflehen	imperāre	befehlen	id agere	sich darum kümmern
ōrāre	beten	monēre	ermahnen		
rogāre	bitten	cōnstituere	beschließen		
petere	bitten				

Venus: „Tē rogō, pater, **ut** fīlium meum **servēs**.“	Venus: „Ich bitte dich, Vater, **dass du** meinen Sohn **rettest**.“/„... meinen Sohn **zu retten**.“
Iuppiter: „Ego id agō, **ut** fīlius tuus tūtus **sit**.“	Jupiter: „Ich kümmere mich darum, **dass** dein Sohn sicher **ist**.“

2.3 Abhängige Begehrsätze haben meist die Satzfunktion eines Objekts:

Venus Aenēae imperat, ut urbem relinquat.	Venus befiehlt Aeneas, dass er die Stadt verlässt/die Stadt zu verlassen.

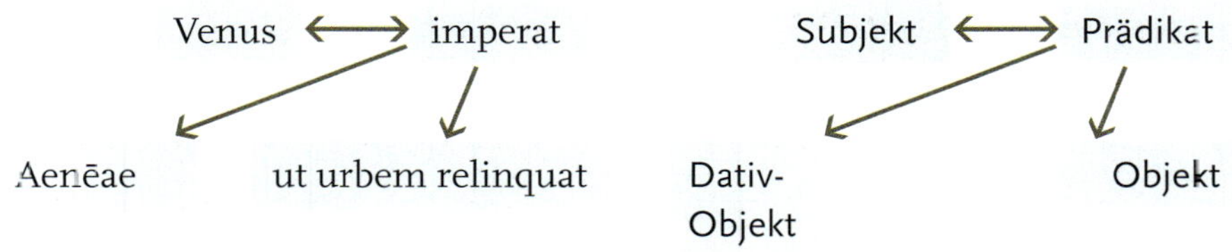

2.4 Es gibt auch abhängige Begehrsätze, die ausdrücken, dass etwas gerade **nicht** geschehen soll, was aber befürchtet wird. Diese stehen unter anderem nach folgenden Verben und Ausdrücken:

Verben (und Ausdrücke) des Fürchtens		**Verben des Hinderns**	
timēre	fürchten	impedīre	hindern
perīculum est	es besteht die Gefahr	prohibēre	abhalten, hindern

Nach den **Verben des Fürchtens und Hinderns** bedeutet im Gliedsatz **nē**: „dass“, **ut**: „dass nicht“.

Venus: „Timeō, **nē** fīlius in marī **pereat**.“	Venus: „Ich fürchte, **dass** mein Sohn auf dem Meer **umkommt**.“
Iuppiter: „Impediō, **nē** fīlius tuus **pereat**.“	Jupiter: „Ich verhindere, **dass** dein Sohn **umkommt**.“

2.5 Die consecutio temporum: Zeitenfolge in konjunktivischen Nebensätzen (I)
Das Tempus in konjunktivischen Nebensätzen (hier: im abhängigen Begehrsatz) folgt fast immer den Regeln einer festen Zeitenfolge (**consecutio temporum**):
Der **Konjunktiv Präsens** drückt die **Gleichzeitigkeit** zum übergeordneten Satz aus, wenn in diesem das **Präsens** oder das **Futur** steht.
Der **Konjunktiv Imperfekt** drückt die **Gleichzeitigkeit** zum übergeordneten Satz aus, wenn in diesem ein **Vergangenheitstempus** (Imperfekt, Perfekt, Plusquamperfekt) steht.

Es gelten die folgenden Regeln für die Gleichzeitigkeit:

Bei der Übersetzung ins Deutsche wird zumeist der Indikativ des Tempus gewählt, das im lateinischen Nebensatz steht. Der lateinische Konjunktiv Präsens wird also mit deutschem Indikativ Präsens übersetzt und der lateinische Konjunktiv Imperfekt mit deutschem Indikativ des Präteritums:

Tempus des übergeordneten Satzes	Tempus des konjunktivischen Nebensatzes
Präsens oder Futur I	Konjunktiv Präsens
Imperfekt, Perfekt oder Plusquamperfekt	Konjunktiv Imperfekt

Venus Iovem **implōrat**, ut fīlium **servet**. — Venus **fleht** Jupiter an, dass er ihren Sohn **rettet**.

Venus Iovem **implōrābat**, ut fīlium **servāret**. — Venus **flehte** Jupiter an, dass er ihren Sohn **rettete**.

Vokabeln

dormīre – monēre – patria – dēspērāre – rogāre – servāre – tempestās – perīre – pervenīre – condere

ut (mit Konjunktiv)	dass	
*quaerere, quaerō, quaesīvī	suchen, erwerben wollen; fragen	E. question
*rēs secundae f. (Pl.)	das Glück	rēs, secundus
adversus, a, um	entgegengesetzt, feindlich	adversārius
*rēs adversae f. (Pl.)	das Unglück	
*dēserere, dēserō, dēseruī	verlassen, im Stich lassen	desertieren
ōrāre	bitten, beten	ōrātiō
nē (mit Konjunktiv)	dass nicht	
*fuga, ae f.	die Flucht	fugere; E. fugitive
umerus, ī m.	die Schulter	
portāre	tragen, bringen	Porto; I. portare
*comes, comitis m.	der Gefährte, der Begleiter	cum
sē cōnferre, cōnferō, cōntulī	sich (wohin) begeben	ferre
Iuppiter, Iovis, Iovī, Iovem, ā Iove	Jupiter	
implōrāre	anflehen	E. to implore
impedīre	hindern, verhindern	E. impediment
postrēmō (Adv.)	schließlich, zuletzt	post

J

bonō animō esse	guten Mutes sein
fugā salūtem petere	sein Heil in der Flucht suchen
timēre, nē	fürchten, dass
perīculum est, nē	es besteht die Gefahr, dass
amīcum impedīre, nē	den Freund daran hindern, dass

Lektion 31

Grammatik

1. Das Demonstrativpronomen hic, haec, hoc: dieser, diese, dieses

F

	Singular			Plural		
	m.	**f.**	**n.**	**m.**	**f.**	**n.**
Nominativ	hic	haec	hoc	hī	hae	haec
Genitiv	huius	huius	huius	hōrum	hārum	hōrum
Dativ	huic	huic	huic	hīs	hīs	hīs
Akkusativ	hunc	hanc	hoc	hōs	hās	haec
Ablativ	hōc	hāc	hōc	hīs	hīs	hīs

2. Das Demonstrativpronomen ille, illa, illud: jener, jene, jenes

	Singular			Plural		
	m.	**f.**	**n.**	**m.**	**f.**	**n.**
Nominativ	ille	illa	illud	illī	illae	illa
Genitiv	illīus	illīus	illīus	illōrum	illārum	illōrum
Dativ	illī	illī	illī	illīs	illīs	illīs
Akkusativ	illum	illam	illud	illōs	illās	illa
Ablativ	illō	illā	illō	illīs	illīs	illīs

3. Die Verwendung der Demonstrativpronomina hic, haec, hoc und ille, illa, illud

S

3.1 Das Demonstrativpronomen hic, haec, hoc dient dazu, Dinge oder Personen zu bezeichnen, die dem Sprecher zeitlich oder räumlich nahe sind:

Haec causa nōs sollicitat.	Diese Angelegenheit (hier) beunruhigt uns.

3.2 Das Demonstrativpronomen ille, illa, illud dient dazu, Dinge oder Personen zu bezeichnen, die vom Sprecher aus zeitlich oder räumlich weiter entfernt liegen:

Illa tempora iūcunda fuērunt.	Jene (früheren) Zeiten waren angenehm.
Hic hortus amplus est, ille pulcher.	Dieser Garten (hier) ist groß, jener (dort) schön.

3.3 Wenn die Pronomina hic und ille auf zwei vorher genannte Dinge oder Personen Bezug nehmen, bezeichnet hic das zuletzt Genannte (Näherliegende) und ille das zuerst Genannte (Entferntere):

Nōbīs et hostēs et amīcī sunt. Hī nōs semper adiuvant, illī autem semper nōbīscum bellum gerunt.	Wir haben sowohl Feinde als auch Freunde. Diese (amīcī) unterstützen uns immer, jene (hostēs) aber führen ständig gegen uns Krieg.

Das Neutrum des Pronomens hic weist oft auf den folgenden Gedanken hin:

Haec tibi explicābō: ...	Ich werde dir Folgendes erklären: ...

3.4 Nicht selten verweist ille auf eine Person oder Sache, die ausdrücklich als berühmt bezeichnet wird. Dann steht das Pronomen meist nach dem Substantiv:

Scīpiō ille Carthāginem dēlēvit.	Jener/Der berühmte Scipio zerstörte Karthago.
Merke die Wendung: illud Catōnis	Jener berühmte Ausspruch/der berühmte Ausspruch des Cato

4. Der doppelte Akkusativ

4.1 Bei bestimmten Verben kann neben einem Objekt im Akkusativ ein weiterer Akkusativ stehen, der die Prädikataussage inhaltlich vervollständigt. Der zweite Akkusativ ist somit ein **Prädikatsnomen**, das hier allerdings in Kasus-Kongruenz zu dem Akkusativ-Objekt steht. Daher wird diese Konstruktion auch als doppelter Akkusativ bezeichnet.

Scīpiō sē fortem praestitit.	Scipio erwies sich als tapfer.
Rōmānī Scīpiōnem cōnsulem creāvērunt.	Die Römer wählten Scipio zum Konsul.

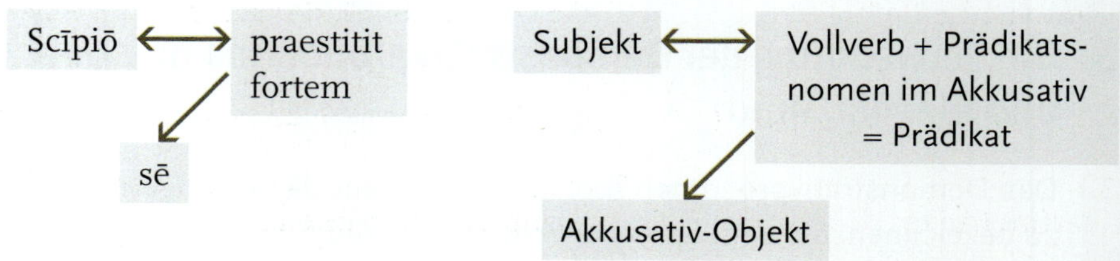

Rōmānī ⟷ creāvērunt cōnsulem
↙
Scīpiōnem

Subjekt ⟷ Vollverb + Prädikatsnomen im Akkusativ = Prädikat
↙
Akkusativ-Objekt

4.2 Der doppelte Akkusativ findet sich sehr häufig nach folgenden Verben:

facere	(jemanden) zu etwas machen
creāre	(jemanden) zu etwas wählen
dīcere	(jemanden) zu etwas ernennen
nōmināre, vocāre	(jemanden) als etwas bezeichnen
dūcere, putāre	(jemanden) für etwas halten
habēre	(jemanden) als etwas haben, (jemanden) für etwas halten
sē praestāre	sich als etwas erweisen, sich als etwas zeigen

Vokabeln

mōs – īgnōtus, a, um – explicāre – libenter – praeesse – celebrāre – ferre – convenīre – ōrātiō

imāgō, imāginis f.	das Bild, Abbild; Ahnenbild (die Wachsmaske)	imaginär; E. image, to imagine; F. l'image
*cōnservāre	bewahren, erhalten; retten	servāre; konservativ, Konserve; F. conserver
certus, a, um	sicher, gewiss	certē; Zertifikat; E. certain; I. certo
ostendere, ostendō, ostendī	zeigen, darlegen	ostentativ
hic, haec, hoc	dieser, diese, dieses	
ille, illa, illud	jener, jene, jenes	
*sē praestāre, praestō, praestitī	sich erweisen (als)	
aut	oder	aut – aut
pūblicus, a, um	öffentlich, staatlich	publizieren; E. public; F. publique
*pūblicum, ī n.	die Öffentlichkeit, der staatliche Bereich	Publikum; E. public
*rēs pūblica, reī pūblicae f.	das Gemeinwesen, der Staat	Republik; E. republic; F. la république
iterum (Adv.)	wiederum, zum zweiten Mal	iterum atque iterum

creāre	verursachen, erschaffen, wählen	kreativ; E. to create
*familiāris, familiāris m.	der Familienangehörige, der Vertraute	familia; E. familiar; F. familier
nepōs, nepōtis m.	der Enkel, der Neffe	Nepotismus; E. nephew; F. le neveu
discēdere, discēdō, discessī	auseinandergehen, weggehen	
*factum, ī n.	die Tat; die Tatsache	facere; Faktum; E. fact; F. le fait;
*commemorāre	in Erinnerung rufen, erwähnen	E. to commemorate
*nōbilis, nōbile	berühmt, vornehm, adelig	nōtus; nobel; E. noble, I. nobile
*commovēre, commoveō, commōvī	bewegen, antreiben, erregen	movēre; E. commotion
*incitāre	antreiben, erregen	E. to incite; F. inciter
exemplum, ī n.	das Beispiel, Vorbild	Exempel, exemplarisch; E. example; F. l'exemple
*ēgregius, a, um	herausragend, hervorragend, ausgezeichnet	E. egregious; I./S. egregio

Lektion 32

Grammatik

F

1. Die u-Deklination

1.1 Die Formen

	Singular	Plural
Nominativ	magistrātus	magistrātūs
Genitiv	magistrātūs	magistrātuum
Dativ	magistrātuī	magistrātibus
Akkusativ	magistrātum	magistrātūs
Ablativ	magistrātū	magistrātibus

1.2 Die meisten Substantive der u-Deklination sind maskulinen Geschlechts.

2. Der ablativus qualitatis

S

Der ablativus qualitatis steht zur Angabe von körperlichen oder geistigen Eigenschaften. Nach dem ablativus qualitatis fragt man: **Von welcher Art? Wie beschaffen?**

a) Virī **māgnā virtūte** rem pūblicam servāvērunt. — Männer von großer Tapferkeit haben den Staat gerettet.

b) Marius **summō ingeniō** fuit. — Marius war von höchster Begabung/Marius war sehr begabt.

Der ablativus qualitatis kann nicht nur als Attribut (a), sondern auch als Prädikatsnomen (b) verwendet werden:

a)

Virī ⟷ servāvērunt — Subjekt ⟷ Prädikat

↓ māgnā virtūte — ↙ rem pūblicam — ↓ Attribut — ↙ Akkusativ-Objekt

b)

Marius ⟷ summō ingeniō fuit — Subjekt ⟷ Prädikatsnomen + Form von esse = Prädikat

Vokabeln

āmittere – incitāre – perniciēs – arcēre – nōn īgnōrāre – ingenium – vincere – fugāre – cōgnōscere

cōnsulātus, cōnsulātūs m.	das Konsulat	cōnsul; Konsulat
septimus, a, um	siebter, der Siebte	September, Septime
maximus, a, um	sehr groß, der Größte	māgnus; Maximum; E. maximum; F. le maximum; I. massimo
*exercitus, exercitūs m.	das Heer	I. l'esercito; S. el ejército
fortitūdō, fortitūdinis f.	die Tapferkeit, der Mut	fortis
paene (Adv.)	fast, beinahe	E. peninsula; F. la péninsule
disciplīna, ae f.	die Disziplin, Ordnung	discipulus; Disziplin; E. discipline; F. la discipline
barbarus, a, um	fremd; ungebildet; barbarisch	barbarisch; E. barbarian
barbarus, ī m.	der Ausländer; Barbar	
māgnitūdō, māgnitūdinis f.	die Größe, Bedeutung	māgnus; E. magnitude
quīntus, a, um	fünfter, der Fünfte	Quinte

vehemēns, vehementis	heftig, energisch, gewaltig	vehement; I. veemente
*impetus, impetūs m.	der Ansturm, der Angriff	petere; Impetus
dēvincere, dēvincō, dēvīcī	(völlig) besiegen	vincere
et ... et	sowohl ... als auch	et
inimīcus, ī m.	der (persönliche) Feind	amīcus; E. enemy; F. l'ennemi
*magistrātus, magistrātūs m.	der Beamte; das Amt	magister; Magistrat
cum (mit Indikativ)	immer wenn; sooft	
*senātus, senātūs m.	der Senat, die Ratsversammlung	senex; Senat
lēx, lēgis f.	das Gesetz, das Gebot	legal, legitim
ūsus, ūsūs m.	der Gebrauch, die Verwendung; die Brauchbarkeit, der Nutzen	Usus; E. use; F. l'usage; I. l'uso
praetor, praetōris m.	der Prätor	
obtinēre, obtineō, obtinuī	besitzen, verwalten	tenēre
cursus, cursūs m.	der Lauf; die Bahn; die Laufbahn	currere; Kurs; F. le cours; I. il corso
honōs, honōris m.	die Ehre, das Ehrenamt	honorieren; E. honour; F. l'honneur
complēre, compleō, complēvī	anfüllen, erfüllen, vollenden	plēnus; komplett; E. to complete; F. compléter
cōnsulere, cōnsulō, cōnsuluī (mit Dat.)	(für jemanden) sorgen	

J

cōnsulātum petere	das Konsulat anstreben, sich um das Konsulat bewerben
ūsuī esse	von Nutzen sein, nützlich sein
lēgēs ferre	Gesetze beantragen

Grammatik

1. Die Deklination von domus

F

Die meisten Substantive der u-Deklination sind maskulinen Geschlechts (vgl. Lektion 32, F 1). Das Substantiv **domus** ist dagegen ein **Femininum** und hat in einigen Kasus die Ausgänge der o-Deklination (vgl. Lektion 8, F 1.2):

	Singular	**Plural**
Nominativ	domus	domūs
Genitiv	domūs	**domōrum**
Dativ	domuī	domibus
Akkusativ	domum	**domōs**
Ablativ	in **domō**	in domibus

2. Die Konjugation des Verbs im Konjunktiv Perfekt

2.1 Die Formen:

		a-Konjugation	**e-Konjugation**	**i-Konjugation**	**kons. Konjugation**	**esse**
Sg.	**1. P.**	laudāv**eri**m	monu**eri**m	audīv**eri**m	rēx**eri**m	fu**eri**m
	2. P.	laudāv**eri**s	monu**eri**s	audīv**eri**s	rēx**eri**s	fu**eri**s
	3. P.	laudāv**eri**t	monu**eri**t	audīv**eri**t	rēx**eri**t	fu**eri**t
Pl.	**1. P.**	laudāv**eri**mus	monu**eri**mus	audīv**eri**mus	rēx**eri**mus	fu**eri**mus
	2. P.	laudāv**eri**tis	monu**eri**tis	audīv**eri**tis	rēx**eri**tis	fu**eri**tis
	3. P.	laudāv**eri**nt	monu**eri**nt	audīv**eri**nt	rēx**eri**nt	fu**eri**nt

posse: potuerim, potueris, potuerit ...
īre: ierim, ieris, ierit ...
velle: voluerim, volueris, voluerit ...
ferre: tulerim, tuleris, tulerit ...

2.2 Die **Formen des Konjunktivs Perfekt** werden in allen Konjugationen gebildet aus dem **Perfektstamm**, dem **Moduszeichen -eri -** und den bekannten **Personalendungen**.

2.3 Die Formen des Konjunktivs Perfekt haben keine direkte deutsche Entsprechung: Ihre Übersetzung richtet sich jeweils nach ihrer Verwendung im Satz.

S

3. Die consecutio temporum: Zeitenfolge in konjunktivischen Nebensätzen (II)

3.1 In Lektion 30, S 2.4 hast du bereits die consecutio temporum für die Verwendung des Konjunktivs Präsens und Imperfekt in Nebensätzen kennengelernt. Hier werden die Regeln der consecutio temporum für die Verwendung des Konjunktivs Perfekt und Plusquamperfekt in Nebensätzen erweitert:
Der **Konjunktiv Perfekt** drückt die **Vorzeitigkeit** zum übergeordneten Satz aus, wenn in diesem das **Präsens** oder das **Futur** steht.
Der **Konjunktiv Plusquamperfekt** drückt die **Vorzeitigkeit** zum übergeordneten Satz aus, wenn in diesem ein **Vergangenheitstempus** (Imperfekt, Perfekt, Plusquamperfekt) steht.

3.2 Zusammengefasst gelten also die folgenden Regeln:

Tempus des übergeordneten Satzes	**Tempus des konjunktivischen Nebensatzes**	**Zeitverhältnis**
Präsens/Futur	Konjunktiv Präsens	gleichzeitig
	Konjunktiv Perfekt	vorzeitig
Imperfekt/Perfekt/Plusquamperfekt	Konjunktiv Imperfekt	gleichzeitig
	Konjunktiv Plusquamperfekt	vorzeitig

3.3 Bei der Übersetzung ins Deutsche wird zumeist der Indikativ des Tempus gewählt, das im lateinischen Nebensatz steht:

Cum Milō cōnsulātum petat, Clōdius praetūram petit.	Als sich Milo um das Konsulat bewirbt, bewirbt sich Clodius um die Prätur.
Cum Milō cōnsulātum peteret, Clōdius praetūram petēbat.	Als sich Milo um das Konsulat bewarb, bewarb sich Clodius um die Prätur.
Clōdius, cum comperit Milōnem iter Lānuvium facere, Rōmam relinquit.	Nachdem Clodius erfahren hat, dass Milo nach Lanuvium fährt, verlässt er Rom.

Clōdius, cum comperisset Milōnem iter Lānuvium facere, Rōmam relīquit.	Nachdem Clodius erfahren hatte, dass Milo nach Lanuvium fuhr, verließ er Rom.

Vokabeln

inimīcus – petere – cōgnōscere – ēripere – odium – relinquere – uxor – occurrere – comes

cum (mit Konjunktiv)	als, nachdem; weil; während (dagegen)	
etsī	auch wenn, obwohl	etiam, sī
domus, domūs f.	das Haus, Gebäude	dominus, domina
domum (Akk.)	nach Hause	
vestis, vestis f.	das Kleidungsstück, Kleid	Weste; I. la veste
currus, currūs m.	der Wagen	currere
*tēlum, ī n.	das Geschoss, der Speer, die Waffe	
dēsilīre, dēsilio, dēsiluī	herabspringen, hinabspringen	
*gladius, ī m.	das Schwert	Gladiator
ēdūcere, ēdūcō, ēdūxī	herausziehen, herausführen	dūcere, dux; E. to educe
tergum, ī n.	der Rücken	
*caedere, caedō, cecīdī	fällen, niederhauen, töten	occīdere
*interficere, interficiō, interfēcī	töten	facere

J

praetūram petere	die Prätur anstreben, sich um die Prätur bewerben
gladium ēdūcere	das Schwert zücken
ā tergō	von hinten, im Rücken
Clōdium petere	Clodius angreifen

Lektion 34

Grammatik

F

1. Das Interrogativpronomen

1.1 Das substantivische Interrogativpronomen quis, quid

Nominativ	quis? quid?	wer? was?
Genitiv	cuius?	wessen?
Dativ	cui?	wem?
Akkusativ	quem? quid?	wen? was?
Ablativ	ā quō? quōcum?	von wem? mit wem?

1.2 Das adjektivische Interrogativpronomen qui, quae, quod

	Singular			Plural		
	m.	**f.**	**n.**	**m.**	**f.**	**n.**
Nominativ	quī	quae	quod	quī	quae	quae
Genitiv	cuius	cuius	cuius	quōrum	quārum	quōrum
Dativ	cui	cui	cui	quibus	quibus	quibus
Akkusativ	quem	quam	quod	quōs	quās	quae
Ablativ	quō	quā	quō	quibus	quibus	quibus

quī, quae, quod wird wie das Relativpronomen dekliniert (vgl. Lektion 23, F 1). Als adjektivisches Interrogativpronomen steht es wie ein Adjektiv bei einem Substantiv, nach dem es sich in Kasus, Numerus und Genus richtet (**KNG-Kongruenz**; vgl. Lektion 7, S 3). Die Übersetzung lautet: welcher? welche? welches?

1.3 Die Verwendung des substantivischen und adjektivischen Interrogativpronomens

a) Quis mihi dōnum fert?	a) Wer bringt mir das Geschenk?
Quī puer mihi dōnum fert?	Welcher Junge bringt mir das Geschenk?
Quae puella mihi dōnum fert?	Welches Mädchen bringt mir das Geschenk?

b) Quid in forō vidēs? Quod templum in forō vidēs?	b) Was siehst du auf dem Forum? Welchen Tempel siehst du auf dem Forum?

2. Der Interrogativsatz (Fragesatz)

S

Bei Interrogativsätzen (Fragesätzen) unterscheidet man zwischen Wortfragen und Satzfragen.

2.1 Eine **Wortfrage** ist ein Fragesatz, der durch ein **Fragewort** (z. B. quis?, quid?, ubi?) eingeleitet wird.

Frage:	Antwort:
Quid Quīntus videt?	Quīntus **Capitōlium** videt.
Was sieht Quintus?	Quintus sieht das Kapitol.
Ubi templum Iovis est?	Templum Iovis **in Palātiō** est.
Wo ist der Jupitertempel?	Der Jupitertempel befindet sich auf dem Palatin.

2.2 Eine **Satzfrage** ist ein Fragesatz, der (im Deutschen) die Antwort „ja" oder „nein" erwartet. Im Lateinischen kann sie durch **-ne**, **nōnne** oder **num** eingeleitet werden. Diese einleitenden Wörter zeigen an, welche Antwort der Fragende erwartet, nämlich:

bei **-ne**:	Ja oder Nein
bei **nōnne**:	Ja, Doch
bei **num**:	Nein

Frage:	Antwort:
Vid**etne** Quīntus Capitōlium?	Quīntus Capitōlium **videt/nōn videt.**
Sieht Quintus das Kapitol?	Ja/Nein.
Nōnne Quīntus Capitōlium videt?	Quīntus Capitōlium **videt.**
Sieht Quintus **etwa nicht** das Kapitol?	Doch, er sieht es. (Ja)
Num Quīntus ad Capitōlium properat?	Quīntus **nōn** ad Capitōlium **properat.**
Eilt Quintus **etwa** zum Kapitol?	Nein (er eilt nicht zum Kapitol).

Vokabeln

maximus – ante – expūgnāre – rēx – celebrāre – redīre – clārus – placēre

trēs, tria	drei	Trio
*auctōritās, auctōritātis f.	das Ansehen, der Einfluss, die Macht	Autorität, Auktion
nōnne (Fragepartikel)	nicht? denn nicht? etwa nicht?	
*regiō, regiōnis f.	Gebiet, Richtung	Region; E. region; F. la région
quī, quae, quod (adjektivisches Interrogativpronomen)	welcher, welche, welches	
comparāre (cum)	erwerben, (vor)bereiten, vergleichen (mit)	parāre; E. to compare
*prōcōnsul, prōcōnsulis m.	der Prokonsul, der Statthalter	cōnsul, cōnsulātus
*ferē (Adv.)	ungefähr, fast, beinahe	
*usque ad (mit Akk.)	bis zu	
*subicere, subiciō, subiēcī	unterwerfen	Subjekt
*potentia, ae f.	die Macht, der Einfluss	potēns, potestās
*augēre, augeō, auxī	vermehren, vergrößern, fördern	auctōritās
num (Fragepartikel)	etwa?	
*favēre, faveō, fāvī (mit Dativ)	(jemanden) begünstigen, fördern	Favorit
*poscere, poscō, popōscī	fordern, verlangen	
-ne (Fragepartikel)	(wird nicht übersetzt)	
alter, altera, alterum	der eine (von zweien), der andere; der zweite	Alternative
dēferre, dēferō, dētulī	(hinab)tragen, -bringen, darbieten	ferre
*cīvīlis, cīvīle	bürgerlich, Bürger-	cīvis; zivil
*committere, committō, commīsī	zusammenbringen, übergeben, anvertrauen	E. to commit; F. commettre
flūmen, flūminis n.	der Fluss	
rīpa, rīpae f.	das Ufer	F. la rive; I. la riva
pōns, pontis m.	die Brücke	F. le pont; I. il ponte

J

cōnsulātum dēferre	das Konsulat anbieten
amīcō favēre	dem Freund günstig gesinnt sein, den Freund begünstigen
bellum committere	den Krieg beginnen

Grammatik

Indirekte Fragesätze

S

1. **Indirekte Fragesätze** sind abhängig von Verben des Fragens, Sagens und Wissens. Sie haben die Funktion eines **Objekts** oder eines **Subjekts**:
   a) Nōnia rogat, quis Caesarem interfēcerit. Nonia fragt, wer Cäsar getötet hat.

   Nōnia ⟷ rogat — Subjekt ⟷ Prädikat
   ↙ — ↙
   quis Caesarem interfēcerit — Akkusativ-Objekt

   b) Nōtum est, quis Caesarem interfēcerit. Es ist bekannt, wer Cäsar getötet hat.

   quis Caesarem interfēcerit ⟷ nōtum est — Subjekt ⟷ Prädikat

2. Indirekte Fragesätze werden wie die direkten Fragesätze durch Fragepronomina Frageadverbien oder durch Fragepartikel eingeleitet.

3. Indirekte Fragesätze stehen **im Lateinischen** immer im **Konjunktiv**, im Deutschen meist im Indikativ.

4. Indirekte Fragesätze können gleichzeitig und vorzeitig sein. Welches **Zeitverhältnis** jeweils vorliegt, kann man am Tempus des Prädikats des Nebensatzes erkennen. Die bisher bekannten Regeln der **consecutio temporum** (vgl. Lektion 33 S 3.2) gelten auch für die indirekten Fragesätze:

Nesciō, quid faciās. (Gleichzeitigkeit)	Ich weiß nicht, was du tust.
Nesciō, quid fēceris. (Vorzeitigkeit)	Ich weiß nicht, was du getan hast.
Nescīvī, quid facerēs. (Gleichzeitigkeit)	Ich wusste nicht, was du tatest.
Nescīvī, quid fēcissēs. (Vorzeitigkeit)	Ich wusste nicht, was du getan hattest.

5. Indirekte Wortfragen, Satzfragen und Wahlfragen (vgl. Lektion 34, S 2):
   Indirekte Wortfragen werden durch die bekannten Fragewörter (z. B. quis?, quid?, ubi?) eingeleitet:

Quīntus rogat, **quis** Caesarem interfēcerit.	Quintus fragt, **wer** Cäsar getötet hat.

   Indirekte Satzfragen werden durch num oder -ne (ob ...; ob nicht ...; ob etwa ...) eingeleitet. Dabei wird im Gegensatz zu den direkten Satzfragen (vgl. Lekton 34,

S 2.2) nicht angedeutet, welche Antwort erwartet wird. Du musst sie dir aus dem Kontext erschließen:

Quīntus rogat, **num** senātōrēs cōnsilium cēperint Caesarem interficere.	Quintus fragt, **ob** die Senatoren den Plan gefasst haben, Cäsar zu töten.
Nōnia rogat, Caesar**ne** dē cōnsiliīs senātōrum audīverit.	Nonia fragt, **ob** Cäsar **nicht** von den Plänen der Senatoren gehört hat.

Indirekte Wahlfragen (Doppelfragen) werden eingeleitet durch utrum ... an, -ne ... an, ... an und werden jeweils übersetzt mit: ob ... oder.

Quīntus rogat, **utrum** Caesar domī mānserit **an** cūriam Pompeī adierit.	Quintus fragt, **ob** Cäsar zu Hause blieb **oder** in die Kurie ging.

Vokabeln

redīre – honōs – cōnsilium capere – placet – īnsidiās parāre – ostendere – dexter – cōnsīdere

*dēcernere, dēcernō, dēcrēvī	entscheiden, beschließen	Dekret, Dezernent
perpetuus, a, um	beständig, ununterbrochen	Perpetuum mobile
*exīstimāre	urteilen, meinen	E. to estimate; F. estimer
utrum ... an (-ne ... an; ... an)	ob ... oder	
futūrus, a, um	zukünftig	Futur
*somnium, ī n.	der Traum	F. le songe; I. il sogno
suprā (Präp. m. Akk.)	oberhalb, über, über ... hinaus	Sopran
nūbēs, nūbis f.	die Wolke	
volāre	fliegen, eilen	F. voler; I. volare; S. volar
iungere, iungō, iūnxī	verbinden, vereinigen	
*afficere, afficiō, affēcī	(mit etwas) versehen, behandeln	Affekt
*dubitāre	zögern (mit Infinitiv), zweifeln	E. to doubt; F. douter; I. dubitare
num	ob, ob nicht (indirekte Frage)	
*domī	zu Hause	domus
*manēre, maneō, mānsī	bleiben,warten; erwarten	F. la maison
accedēre, accēdō, accessī	herantreten, hinzukommen	E. to accede; F. accéder; I. accedere
temptāre	versuchen, prüfen; angreifen	E. to attempt; F. tenter; I. tentare
iacēre, iaceō, iacuī	liegen	

J

(cum amīcō) dexteram iungere	(dem Freund) die (rechte) Hand geben
cūrīs afficere	(jemanden) in Sorge versetzen; (jemandem) Sorgen bereiten

Lektion 36

Grammatik

1. Die Konjugation des Verbs im Passiv (Präsensstamm)

F

1.1 Die Formen des Indikativ Präsens:

	a-Konjugation	e-Konjugation	i-Konjugation	kons. Konjugation	
Sg. 1. P.	laud**or**	mone**or**	audi**or**	reg**or**	capi**or**
2. P.	laudā**ris**	monē**ris**	audī**ris**	rege**ris**	cape**ris**
3. P.	laudā**tur**	monē**tur**	audī**tur**	regi**tur**	capi**tur**
Pl. 1. P.	laudā**mur**	monē**mur**	audī**mur**	regi**mur**	capi**mur**
2. P.	laudā**minī**	monē**minī**	audī**minī**	regi**minī**	capi**minī**
3. P.	lauda**ntur**	mone**ntur**	audiu**ntur**	regu**ntur**	capiu**ntur**
Infinitiv	laudārī	monērī	audīrī	regī	capī

1.2 Die Formen des Indikativ Imperfekt:

	a-Konjugation	e-Konjugation	i-Konjugation	kons. Konjugation	
Sg. 1. P.	laudāba**r**	monēba**r**	audiēba**r**	regēba**r**	capiēba**r**
2. P.	laudābā**ris**	monēbā**ris**	audiēbā**ris**	regēbā**ris**	capiēbā**ris**
3. P.	laudābā**tur**	monēbā**tur**	audiēbā**tur**	regēbā**tur**	capiēbā**tur**
Pl. 1. P.	laudābā**mur**	monēbā**mur**	audiēbā**mur**	regēbā**mur**	capiēbā**mur**
2. P.	laudābā**minī**	monēbā**minī**	audiēbā**minī**	regēbā**minī**	capiēbā**minī**
3. P.	laudāba**ntur**	monēba**ntur**	audiēba**ntur**	regēba**ntur**	capiēba**ntur**

1.3 Die Formen des Indikativ Futur:

	a-Konjugation	e-Konjugation	i-Konjugation	kons. Konjugation	
Sg. 1. P.	laudā**bor**	monē**bor**	audi**ar**	reg**ar**	capi**ar**
2. P.	laudā**beris**	monē**beris**	audi**ēris**	reg**ēris**	capi**ēris**
3. P.	laudā**bitur**	monē**bitur**	audi**ētur**	reg**ētur**	capi**ētur**
Pl. 1. P.	laudā**bimur**	monē**bimur**	audi**ēmur**	reg**ēmur**	capi**ēmur**
2. P.	laudā**biminī**	monē**biminī**	audi**ēminī**	reg**ēminī**	capi**ēminī**
3. P.	laudā**buntur**	monē**buntur**	audi**entur**	reg**entur**	capi**entur**

S

2. Aktiv und Passiv: Die Genera verbi (Diathesen)

2.1 Verbformen im **Aktiv** geben an, was das Subjekt tut. Das Subjekt ist also der Handlungsträger:
Cīvēs Rōmānī Augustum laudant. – Die römischen Bürger loben Augustus.
Verbformen im **Passiv** geben an, dass mit dem Subjekt etwas geschieht. Das Subjekt ist also von der Handlung betroffen:
Augustus ā cīvibus Rōmānīs laudātur. – Augustus wird von den römischen Bürgern gelobt.

2.2 Wie der Begriff „Genus" bei den Nomina das Maskulinum, Femininum und Neutrum umfasst (vgl. Lektion 3, F 1.1), so lautet bei den Verben der Oberbegriff für Aktiv und Passiv: „**Genus verbi**" (oder: „**Diathese**").
Für die vollständige Bestimmung einer Verbform benötigst du daher fünf Merkmale: Person, Numerus, Modus, Tempus und Genus verbi, z. B.:
laudantur: 3. Person Plural Indikativ Präsens Passiv.

2.3 Ist der Verursacher des Geschehens eine **Person**, steht er beim Passiv im **Ablativ mit der Präposition ā, ab**. Ist der Verursacher des Geschehens ein **abstrakter Begriff**, steht er beim Passiv **im bloßen Ablativ**.

2.4 Wenn das Subjekt der Handlungsträger ist und zugleich selbst von dieser Handlung betroffen ist, kann das passive lateinische Prädikat im Deutschen mit dem Aktiv eines reflexiven Verbums übersetzt werden:
Cīvēs pāce dēlectantur: Die Bürger werden durch den Frieden erfreut.
= Die Bürger **freuen sich** über den Frieden.

3. Der doppelte Nominativ

Wenn die Verben, nach denen im Lateinischen ein **doppelter Akkusativ** steht (vgl. Lektion 31, S 4.2), **im Passiv** stehen, wird aus dem doppelten Akkusativ ein **doppelter Nominativ**.

Doppelter Akkusativ:

Senātōrēs Octāviānum Augustum appellant. — Die Senatoren nennen Octavian Augustus.

Senātōrēs ⟷ Augustum appellant ↙ Octāviānum

Subjekt ⟷ Vollverb + Prädikatsnomen im Akkusativ = Prädikat ↙ Akkusativ-Objekt

Doppelter Nominativ:

Octāviānus ā senātōribus Augustus appellātur. — Octavian wird von den Senatoren Augustus genannt.

Octāviānus ⟷ Augustus appellātur ↙ ā senātōribus

Subjekt ⟷ Vollverb + Prädikatsnomen im Nominativ = Prädikat ↙ Adverbiale

Vokabeln

pāx – rēs pūblica – licentia – corrumpere – mōs – mūtāre – cīvīlis,e – lībertās

dēlectāre	erfreuen	
praeferre, praeferō, praetulī	vorziehen, lieber mögen als	Präferenz; F. préférer
*opprimere, opprimō, oppressī	unterdrücken, überfallen	E. to oppress
fallere, fallō, fefellī	täuschen, betrügen	
ūnus, a, um (Gen.: ūnīus, Dat.: ūnī)	ein einziger, einer	Unikat; F. un, une
*prīnceps, prīncipis m.	der Erste, Führende; Kaiser	Prinz; I. il principe
necesse est (mit AcI)	es ist notwendig, nötig, unausweichlich	E. necessary
*paulātim (Adv.)	allmählich	
discordia, ae f.	Zwietracht, Uneinigkeit	

*restituere, restituō, restituī	wiederherstellen, zurückgeben	E. restitution
*scelus, sceleris n.	das Verbrechen, der Frevel	
*appellāre	nennen, ansprechen, ernennen zu	Appell; F. appeler
*cōnficere, cōnficiō, cōnfēcī	zustande bringen, vollenden, aufreiben	Konfektion
*tollere, tollō, sustulī	aufheben, erheben, beseitigen	I. togliere

J

nihil nisī	nichts außer; nur
scelus committere	ein Verbrechen begehen
bellum cōnficere	einen Krieg beenden

Lektion 37

Grammatik

F

1. Das Partizip Perfekt Passiv (PPP)

Die meisten lateinischen Verben bilden ein Partizip Perfekt Passiv. Mit diesem wird das Passiv in den Zeiten des Perfektstamms ausgedrückt.

1.1 Die Bildung des Partizip Perfekt Passiv (PPP)

Das **PPP** wird durch das Kennzeichen **-tus, -ta, -tum** oder **-sus, -sa, -sum** gebildet. Dekliniert wird es wie ein Adjektiv der a- und o-Deklination (vgl. Lektion 7, F 2):

a-Konjugation: laudāre → laudātus, a, um
e-Konjugation: delēre → delētus, a, um; monēre → monitus, a, um
i-Konjugation: audīre → audītus, a, um

Die Verben der **konsonantischen Konjugation** bilden das PPP auf unterschiedliche Weise. Daher musst du das PPP jeweils gesondert lernen, z. B.:
dūcere → ductus, a, um; mittere → missus, a, um; scrībere → scrīptus, a, um

1.2 Das Partizip Perfekt Passiv und die Stammformen

Von nun an wird das PPP bei der Durchnahme neuer Verben bei den **Stammformen** mitgelernt. Dabei wird das PPP immer mit der Neutrum-Endung **-um** angegeben.

Die vollständige **Stammformenreihe** besteht nun aus folgenden vier Formen:

Infinitiv Präsens	1. Pers. Sg. Ind. Präs.	1. Pers. Sg. Ind. Perf.	Partizip Perfekt Passiv	deutsche Bedeutung
laudāre	laudō	laudāvī	**laudātum**	loben
monēre	moneō	monuī	**monitum**	ermahnen
audīre	audiō	audīvī	**audītum**	hören
regere	regō	rēxī	**rēctum**	leiten

Die vollständigen Stammformenreihen (einschließlich PPP) der bereits gelernten Verben werden von dieser Lektion an durch „Blaupunktvokabeln" im Wortschatz sowie in einer Liste weiterer Verben am Ende jeder Lektion aufgelistet. So werden von den bekannten Verben die noch nicht bekannten Partizipien des Perfektstammes nach und nach gelernt.

2. Das Passiv im Perfektstamm

2.1 Die Formen des Indikativ Perfekt Passiv

	Singular		Plural	
1. Person	laudātus, a, um **sum**	ich bin gelobt worden/wurde gelobt	laudātī, ae, a **sumus**	wir sind gelobt worden/ wurden gelobt
2. Person	laudātus, a, um **es**	du bist gelobt worden/ wurdest gelobt	laudātī, ae, a **estis**	ihr seid gelobt worden/ wurdet gelobt
3. Person	laudātus, a, um **est**	er/sie/es ist gelobt worden/wurde gelobt	laudātī, ae, a **sunt**	sie sind gelobt worden/ wurden gelobt

Die Formen des Indikativ Perfekt Passiv werden durch das **PPP** in Verbindung mit den **Präsensformen von esse** gebildet. Die Endung des PPP richtet sich dabei nach Kasus, Numerus und Genus seines Bezugsworts (des Subjekts).

2.2 Die Formen des Indikativ Plusquamperfekt Passiv

	Singular		Plural	
1. Person	laudātus, a, um **eram**	ich war gelobt worden	laudātī, ae, a **erāmus**	wir waren gelobt worden
2. Person	laudātus, a, um **erās**	du warst gelobt worden	laudātī, ae, a **erātis**	ihr wart gelobt worden
3. Person	laudātus, a, um **erat**	er/sie/es war gelobt worden	laudātī, ae, a **erant**	sie waren gelobt worden

Das **Plusquamperfekt Passiv** wird durch das **PPP** in Verbindung mit den **Imperfektformen** von esse gebildet. Die Endung des PPP richtet sich dabei nach Kasus, Numerus und Genus seines Bezugsworts (des Subjekts).

2.3 Die Formen des Futur II Passiv

	Singular	Plural
1. Person	laudātus, a, um **erō**	laudātī, ae, a **erimus**
2. Person	laudātus, a, um **eris**	laudātī, ae, a **eritis**
3. Person	laudātus, a, um **erit**	laudātī, ae, a **erunt**

Zur Übersetzung der Formen des Futur II vgl. Lektion 25, F 1.4.

Das **Futur II Passiv** wird durch das **PPP** in Verbindung mit den **Futur-I-Formen von esse** gebildet. Die Endung des PPP richtet sich dabei nach Kasus, Numerus und Genus seines Bezugsworts (des Subjekts).

2.4 Der Infinitiv Perfekt Passiv

Der **Infinitiv Perfekt Passiv** wird durch das **PPP** in Verbindung mit der Form **esse** gebildet. Die Endung des PPP richtet sich dabei nach Numerus und Genus seines Bezugsworts. Da der Infinitiv Perfekt Passiv vor allem im AcI vorkommt, werden die Endungen des PPP hier im Akkusativ angegeben: laudātum, am, um; ōs, ās, a esse: gerufen worden (zu) sein

Wie der Infinitiv Perfekt Aktiv bezeichnet auch der Infinitiv Perfekt Passiv die im Verhältnis zur übergeordneten Handlung bereits abgeschlossene Handlung (Infinitiv der Vorzeitigkeit, vgl. Lektion 19, S 2.4 b). Dies ist bei der Übersetzung durch die korrekte Wahl der deutschen Tempora wiederzugeben. Grundsätzlich gilt folgende Regel:
Steht im übergeordneten deutschen Satz ein Präsens oder Futur I, wird der lateinische Infinitiv Perfekt Passiv mit dem Perfekt übersetzt. Steht im übergeordneten deutschen Satz ein Vergangenheitstempus, wird der lateinische Infinitiv Perfekt Passiv mit dem Plusquamperfekt übersetzt:

Multa templa ab Augustō restitūta esse cōnstat.	**Es steht fest,** dass viele Tempel von Augustus **wiederhergestellt worden sind.**
Templum Apollinis ab Augustō aedificātum esse audīvimus.	Wir **hörten**, dass der Apollotempel von Augustus **errichtet worden war.**

Vokabeln

domus – adesse – dolor – lūx – discēdere – uxor – īnfēstus – tempestās – vexāre – mōs – miser

• movēre, moveō, mōvī, mōtum	bewegen, veranlassen	Motor, Motiv; E. to move, movie
• relinquere, relinquō, relīquī, relictum	verlassen, zurücklassen	Reliquie, Relikt
• iubēre, iubeō, iūssī, iussum (m. Akk.)	(jemandem) befehlen	
• discēdere, discēdō, discessī, discessum	auseinandergehen, weggehen	concedere
*sōlācium, ī n.	der Trost	E. solace
• dare, dō, dedī, datum	geben	Datum; I. dare
exclāmāre	aufschreien; ausrufen	ex, clamare; E. to exclaim
*perterrēre, perterreō, perterruī, perterritum	sehr erschrecken, in Angst versetzen	per, terrere
*lūctus, ūs m.	die Trauer	
hinc (Adv.)	von hier; daher; daraufhin	hic
• abdūcere, abdūcō, abdūxī, abductum	wegführen, abbringen	ab, ducere; E. to abduct
• cōgere, cōgō, coēgī, coāctum	zusammenbringen; zwingen	agere
*īnfēlīx, īnfēlīcis	unglücklich	felix
pietās, pietātis f.	das Pflichtbewusstsein, die Frömmigkeit	E. piety
coniūnx, coniugis m./f.	der Ehemann/die Ehefrau	Konjunktion
• commovēre, commoveō, commōvī, commōtum	bewegen, antreiben, erregen, erschüttern	movere
• agere, agō, ēgī, āctum	handeln, verhandeln; betreiben	Aktion, aktiv
frīgus, frīgoris n.	die Kälte, der Frost	frigid; E. fridge
hiems, hiemis f.	der Winter, die Kälte	F. l'hiver

*scrībere, scrībō, scrīpsī, scrīptum	schreiben	Skript, Schrift
• mittere, mittō, mīsī, missum	schicken	Mission
*error, errōris m.	der Irrtum, die Irrfahrt	E. error
*indūcere, indūcō, indūxī, inductum	hineinführen; verleiten, veranlassen	Induktion

J

ante lūcem	vor Tagesanbruch
in errōrem indūcere	(jemanden) zu einem Fehler verleiten

Stammformen zur Wiederholung

Ab dieser Lektion werden jeweils am Ende einige bekannte Verben aus den Lektionen 1–36 mit ihrer gesamten Stammformenreihe aufgelistet. Nicht aufgeführt sind die regelmäßig gebildeten Stammformen der Verben der a-Konjugation. In der Wiederholungsliste sind die Verben, die in der jeweiligen Lektion im Wortschatz vorgekommen sind und deren gesamte Wortfamilie jetzt zusätzlich wiederholt wird, kursiv gesetzt.

1	*dare, dō, dedī, datum*	*geben*
2	circumdare, circumdō, circumdedī, circumdatum	umgeben, herumlegen
3	*movēre, moveō, mōvī, mōtum*	*bewegen, veranlassen*
4	commovēre, commoveō, commōvī, commōtum	bewegen, antreiben, erregen
5	terrēre, terreō, terruī, territum	erschrecken, in Schrecken versetzen
6	*perterrēre, perterreō, perterruī, perterritum*	*sehr erschrecken, in Angst versetzen*
7	*discēdere, discēdō, discessī, discessum*	*auseinandergehen, weggehen*
8	accēdere, accēdō, accessī, accessum	herantreten, hinzukommen
9	dūcere, dūcō, dūxī, ductum	führen, ziehen; halten für
10	*abdūcere, abdūcō, abdūxī, abductum*	*wegführen, abbringen*
11	ēdūcere, ēdūcō, ēdūxī, ēductum	herausführen, herausziehen
12	*indūcere, indūcō, indūxī, inductum*	*hineinführen, verleiten, veranlassen*
13	*mittere, mittō, mīsī, missum*	*schicken*

14	āmittere, āmittō, āmīsī, āmissum	verlieren
15	committere, committō, commīsī, commissum	zusammenbringen, übergeben, anvertrauen
16	dīmittere, dīmittō, dīmīsī, dīmissum	entsenden, entlassen, aufgeben
17	ōmittere, ōmittō, ōmīsī, ōmissum	aufgeben, beiseite lassen
18	*scrībere, scrībō, scrīpsī, scrīptum*	*schreiben*
19	cōnscrībere, cōnscrībō, cōnscrīpsī, cōnscrīptum	in eine Liste eintragen, verfassen

Lektion 38

Grammatik

1. Das Demonstrativpronomen iste, ista, istud

F

1.1 Die Formen von iste

	Singular			Plural		
	m.	f.	n.	m.	f.	n.
Nom.	iste	ista	**istud**	istī	istae	ista
Gen.	istīus	istīus	istīus	istōrum	istārum	istōrum
Dat.	istī	istī	istī	istīs	istīs	istīs
Akk.	istum	istam	**istud**	istōs	istās	ista
Abl.	istō	istā	istō	istīs	istīs	istīs

1.2 Das Demonstrativpronomen iste zeigt häufig auf Personen oder Dinge, die dem Sprecher zeitlich und räumlich nahe sind (vgl. Lektion 31, S 3). Es hat zuweilen eine abwertende Bedeutung. Übersetzt wird es mit „dieser (da)“.

2. Das Demonstrativpronomen ipse, ipsa, ipsum

2.1 Die Formen von ipse

	Singular			Plural		
	m.	**f.**	**n.**	**m.**	**f.**	**n.**
Nom.	ipse	ipsa	ipsum	ipsī	ipsae	ipsa
Gen.	ipsīus	ipsīus	ipsīus	ipsōrum	ipsārum	ipsōrum
Dat.	ipsī	ipsī	ipsī	ipsīs	ipsīs	ipsīs
Akk.	ipsum	ipsam	ipsum	ipsōs	ipsās	ipsa
Abl.	ipsō	ipsā	ipsō	ipsīs	ipsīs	ipsīs

2.2 Das Demonstrativpronomen ipse dient zur Hervorhebung des Begriffs, auf den es sich bezieht. Es wird meist mit „selbst; persönlich; gerade" übersetzt.

Leō **ipse** praedam dīvīsit. — Der Löwe **selbst/persönlich** verteilte die Beute.

3. Grund- und Ordnungszahlen

Bei den Zahlwörtern unterscheidet man zwischen Grund- und Ordnungszahlen. Als **Grundzahlen** bezeichnet man die Zahlen, mit denen man zählt, also eins, zwei, drei usw. Dagegen geben **Ordnungszahlen** eine Position in einer Reihe an: der erste, zweite, dritte usw.

3.1 Lateinische Zahlwörter

		Grundzahl	Ordnungszahl
1	I	**ūnus, a, um**	prīmus, a, um
2	II	**duo, ae, o**	secundus, a, um
3	III	**trēs, tria**	tertius, a, um
4	IV	quattuor	quārtus, a, um
5	V	quīnque	quīntus, a, um
6	VI	sex	sextus, a, um
7	VII	septem	septimus, a, um
8	VIII	octō	octāvus, a, um
9	IX	novem	nōnus, a, um

10	X	decem	decimus, a, um
11	XI	ūndecim	ūndecimus, a, um
12	XII	duodecim	duodecimus, a, um
13	XIII	trēdecim	tertius decimus, a, um
14	XIV	quattuordecim	quartus decimus, a, um
15	XV	quīndecim	quīntus decimus, a, um
16	XVI	sēdecim	sextus decimus, a, um
17	XVII	septendecim	septimus decimus, a, um
18	XVIII	duodēvīgintī	duodēvīcēsimus, a, um
19	XIX	ūndēvīgintī	ūndēvīcēsimus, a, um
20	XX	vīgintī	vīcēsimus, a, um
30	XXX	trīgintā	trīcēsimus, a, um
100	C	centum	centēsimus, a, um
200	CC	ducentī, ae, a	ducentēsimus, a, um
1000	M	mīlle	mīllēsimus, a, um

3.2 Deklination der Ordnungszahlen

Die Ordnungszahlen werden wie Adjektive der a- und o-Deklination dekliniert (vgl. Lektion 7, F 2).

3.3 Deklination der Grundzahlen

Von den Grundzahlen werden nur 1, 2 und 3 sowie die Hunderterzahlen ab 200 (200, 300, 400 usw.) und der Plural von mīlle (1000) dekliniert. Alle übrigen Grundzahlen werden nicht dekliniert.

ūnus (eins), duo (zwei) und trēs (drei) werden folgendermaßen dekliniert:

	m.	f.	n.	m.	f.	n.
Nom.	ūnus	ūna	ūnum	duo	duae	duo
Gen.	ūnīus	ūnīus	ūnīus	duōrum	duārum	duōrum
Dat.	ūnī	ūnī	ūnī	duōbus	duābus	duōbus
Akk.	ūnum	ūnam	ūnum	duo/duōs	duās	duo
Abl.	ūnō	ūnā	ūnō	duōbus	duābus	duōbus

	m.	f.	n.	n.
Nom.	trēs	trēs	tria	mīlia
Gen.	trium	trium	trium	mīlium
Dat.	tribus	tribus	tribus	mīlibus
Akk.	trēs	trēs	tria	mīlia
Abl.	tribus	tribus	tribus	mīlibus

Der Plural von mīlle lautet mīlia, z. B.: duo mīlia (2000).

Die Hunderterzahlen werden wie Adjektive der a- und o-Deklination im Plural dekliniert; z. B.: ducentī, ae, a (200).

3.4 Lerntipps für die Grundzahlen

- Zahlen mit 8 oder 9 als Einern werden gebildet, indem man von den nächsthöheren Zehnern 1 oder 2 abzieht, z. B.: **duo-dē-vīgintī** („zwei weg von zwanzig"): 18; **ūn-dē-vīgintī** („eins weg von zwanzig"): 19, **vīgintī**: 20.
- Zehnerzahlen enden auf **-gintī** oder **-gintā**; z. B. vīgintī (20), trīgintā (30).
- Hunderterzahlen enden auf **-centī, ae, a** oder **-gentī, ae, a**; z. B. ducentī (200), quadringentī (400).

Vokabeln

sententia – dēmōnstrāre – vērus – mōns – ambulāre – fortis – comes – vester – plūs – praeda

• reperīre, reperiō, repperī, repertum	finden	
ipse, ipsa, ipsum	selbst	
*versus, versūs m.	der Vers, die Zeile	Vers; E. verse
• vertere, vertō, vertī, versum	wenden, drehen	Version
*prūdēns, prūdentis	klug, verständig	I. prudente
*docēre, doceō, docuī, doctum	lehren, unterweisen	Dozent, Doktor
*liber, librī m.	das Buch	Libretto; I. libro
amīcitia, ae f.	die Freundschaft	amare; I. l'amicizia
leō, leōnis m.	der Löwe	E. lion; I. il leone

animal, animālis n., Abl. Sg.: animālī; Nom./Akk. Pl.: animālia, Gen. Pl.: animālium	das Tier, das Lebewesen	animus; E. animal; I. l'animale
silva, ae f.	der Wald	I./S. la selva
valēre, valeō, valuī	stark sein, mächtig sein, gelten	Valenz; E. value
iste, ista, istud	dieser (da)	is, ea, id
• capere, capiō, cēpī, captum	fassen, ergreifen, erobern	kapieren; E. catch; I. capire
*dīvidere, dīvidō, dīvīsī, dīvīsum	trennen, teilen, verteilen	dividieren; E. divide
*pars, partis f.	der Teil	Partei; I. la parte
• facere, faciō, fēcī, factum	machen, tun	Fazit, Faktum; F. faire; I. fare
• tangere, tangō, tetigī, tactum	berühren	Tangente, Kontakt
• interficere, interficiō, interfēcī, interfectum	töten	facere
*improbus, a, um	schlecht, dreist, unständig	I./S. improbo
• auferre, auferō, abstulī, ablātum	wegtragen, wegbringen	Ablativ

J

amīcum mōrēs docēre	den Freund das richtige Verhalten lehren, den Freund im richtigen Verhalten unterweisen
partēs facere	etwas (auf)teilen
plūs valēre	stärker sein, mächtiger sein (als jemand)

Stammformen zur Wiederholung

1	*capere, capiō, cēpī captum*	*fassen, ergreifen, erobern*
2	accipere, accipiō, accēpī, acceptum	annehmen, aufnehmen
3	*facere, faciō, fēcī, factum*	*machen, tun; machen zu*
4	*interficere, interficiō, interfēcī, interfectum*	*töten*
5	afficere, afficiō, affēcī, affectum	(mit etwas) versehen, behandeln
6	cōnficere, cōnficiō, cōnfēcī, cōnfectum	zustande bringen, vollenden, aufreiben
7	ferre, ferō, tulī, lātum	tragen, bringen, ertragen; berichten
8	affere, afferō, attulī, allātum	herbeitragen, hinzufügen

9	*auferre, auferō, abstulī, ablātum*	*wegtragen, wegbringen*
10	dēferre, dēferō, dētulī, dēlātum	hinabtragen, hinabbringen; darbieten
11	īnferre, īnferō, intulī, illātum	hineintragen
12	offerre, offerō, obtulī, oblātum	entgegenbringen, anbieten
13	praeferre, praeferō, praetulī, praelātum	vorziehen, lieber mögen (als etwas)
14	referre, referō, rettulī, relātum	zurückbringen, berichten
15	trānsferre, trānsferō, trānstulī, trānslātum	hinüberbringen

Lektion 39

Grammatik

F

1. Das Partizip Perfekt Passiv (PPP)

Die Bildung des Partizip Perfekt Passiv (PPP) hast du schon in Lektion 37, F 1.1 kennengelernt: Das PPP wird durch das Kennzeichen **-tus**, **-ta**, **-tum** oder **-sus**, **-sa**, **-sum** gebildet und wie ein Adjektiv der a- und o-Deklination dekliniert.

S

2. Das Partizip Perfekt Passiv (PPP) als Participium coniunctum

2.1 Das Partizip Perfekt Passiv (PPP) richtet sich in Kasus, Numerus und Genus nach seinem Bezugswort: prīnceps perterritus, aedificia dēlēta, Christiānī comprehēnsī.
Wenn das Partizip durch zusätzliche Angaben näher bestimmt wird, stehen diese häufig zwischen dem Bezugswort und dem Partizip (sog. geschlossene Wortstellung):
virī poenīs affectī, aedificia incendiō dēlēta, mōrēs ā māiōribus nostrīs trāditī

2.2 Die Verwendung des PPP als Participium coniunctum (P.c.)

Das über KNG-Kongruenz mit seinem Bezugswort verbundene Partizip wird als **Participium coniunctum** (P.c.) bezeichnet. Das P.c., eine typische lateinische Konstruktion, kann adverbial oder attributiv verstanden werden:

a) Das P.c. kann die Satzfunktion eines **Attributs** übernehmen (selten):

Imperātor Nerō **aedificia dēlēta** spectat.	Kaiser Nero betrachtet die zerstörten Gebäude.

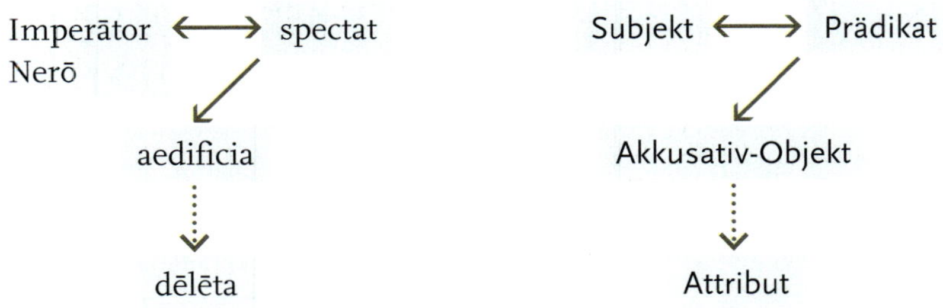

Das PPP als Attribut kann übersetzt werden:

- **wörtlich**: Kaiser Nero betrachtet die **zerstörten** Gebäude.
- mit einem **Relativsatz**: Kaiser Nero betrachtet die Gebäude, **die** zerstört worden sind.

b) Meist übernimmt aber das P.c. die Satzgliedfunktion eines **Adverbiale**:

Prīnceps rūmōre **perterritus** Christiānōs accūsāvit.	Weil der Kaiser über das Gerücht sehr erschreckt (worden) war, klagte er die Christen an.

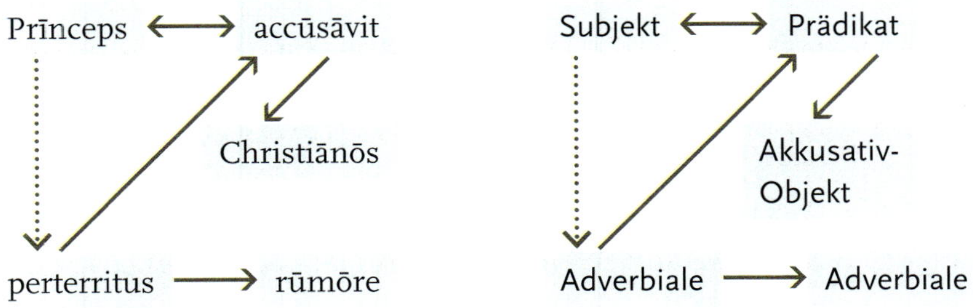

2.3 Das P.c. als Adverbiale bestimmt inhaltlich die Aussage des Satzes näher. Die Wiedergabe im Deutschen kann daher durch einen **adverbialen Gliedsatz** erfolgen. Je nach inhaltlichem Zusammenhang sind bei der Übersetzung eine oder mehrere Sinnrichtungen möglich:

a) **temporaler Sinn:**
Nachdem/als der Kaiser über das Gerücht sehr erschreckt war, klagte er die Christen an.

b) **kausaler Sinn**
Weil der Kaiser über das Gerücht sehr erschreckt war, klagte er die Christen an.

c) **konzessiver Sinn**

Christiānī ā Nerōne incendiī accūsātī tamen urbem nōn incenderant.	Obwohl die Christen von Nero wegen Brandstiftung angeklagt worden waren, hatten sie die Stadt nicht angezündet.

2.4 Das PPP drückt fast immer die **Vorzeitigkeit** zur übergeordneten Verbaussage aus. Dieses **Zeitverhältnis** ist bei der Übersetzung stets zu beachten:

Prīnceps rūmōre perterritus Christiānōs **accūsat**.	Weil der Kaiser über das Gerücht sehr erschreckt (worden) **ist, klagt** er die Christen an.
Princeps rumore perterritus Christianos **accūsāvit**.	Weil der Kaiser über das Gerücht sehr erschreckt (worden) **war, klagte** er die Christen an.

2.5 Da das P.c. als Attribut und als Adverbiale mit einem Nebensatz übersetzt werden kann, gilt auch diese Konstruktion als **satzwertig** (vgl. Lektion 19, S 2.1). In Lektion 41 wirst du noch weitere Möglichkeiten kennenlernen, ein P.c. elegant zu übersetzen.

Vokabeln

ingēns – multitūdō – appellāre – nūper – īnfēstus – mōs – māiōrēs – interesse – fugere

•audīre, audiō, audīvī, audītum	hören	Audiokassette, Auditorium
*iussū (Abl.)	auf Befehl	iubēre
•caedere, caedō, cecīdī, caesum	fällen, niederhauen, töten	occīdere
*poena, ae f.	die Strafe; Buße	E. pain; F. la peine; I. la pena
*crūdēlis, crūdēle	grausam	E. cruel; F. cruel; I. crudele;
probāre	billigen, für gut befinden; prüfen; beweisen	probieren; E. proof; F. (é)prouver; I. la prova; S. la prueba
trādere, trādō, trādidī, trāditum	überliefern; übergeben	Tradition; E. tradition; I. tradire
•neglegere, neglegō, neglēxī, neglectum	vernachlässigen, unbeachtet lassen	intellegere; E. to neglect; F. négliger;
sacrum, ī n.	das Opfer; das Heiligtum	sacer, sacrificāre; sakral; E. sacred
ōdisse, ōdī	hassen	odium; E. odious; F. odieux
•colere, colō, coluī, cultum	bebauen, pflegen, verehren	kultivieren, Kultur
•convenīre, conveniō, convēnī, conventum	zusammenkommen, jemanden treffen	venire; Konvent; I. convenire

quasi (Adv.)	gleichsam, (gleich)wie	
canere, canō, cecinī	singen; ertönen	Kantate; E. to chant; F. chanter
*incendere, incendō, incendī, incēnsum	anzünden, entflammen	incendium
equidem	(ich) allerdings, zumindest	
*incendium, ī n.	der Brand, die Feuersbrunst	incendere
*rūmor, rūmōris m.	das Gerücht, Gerede	rumoren; E. rumour; I. il rumore
• dīcere, dīcō, dīxī, dictum	sagen; sprechen	Diktion; F. dire; I. dire; S. decir
• dēlēre, dēleō, dēlēvī, dēlētum	zerstören, vernichten	E. to delete
at	aber	
*crīmen, crīminis n.	die Anklage, der Vorwurf; das Verbrechen	kriminell; E. crime; F. le crime
repetere, repetō, repetīvī, repetītum	wiederholen; zurückfordern	petere; E. to repeat; F. répéter
*supplicium, ī n.	die Todesstrafe; Hinrichtung	F. le supplice; I. il supplizio
• cupere, cupiō, cupīvī, cupītum	wünschen, begehren	
• quaerere, quaerō, quaesīvī, quaesītum	suchen; fragen	E. to query; question
*comprehendere, comprehendō, comprehendī, comprehēnsum	erfassen, ergreifen, verhaften; begreifen	E. to comprehend; F. comprendre I. comprendere; S. comprender

J

sacra facere	Opfer darbringen, opfern
crīminī dare	(jemandem) etwas zum Vorwurf machen
suppliciō afficere	(jemanden) hinrichten, mit dem Tode bestrafen
incendiī accūsāre	(jemanden) wegen Brandstiftung anklagen

Stammformen zur Wiederholung

1	*convenīre, conveniō, convēnī, conventum*	*zusammenkommen, jemanden treffen*
2	venīre, veniō, vēnī, ventum	kommen
3	invenīre, inveniō, invēnī, inventum	finden, erfinden
4	pervenīre, perveniō, pervēnī, perventum	ankommen, (wohin) gelangen
5	*caedere, caedō, cecīdī, caesum*	*fällen, niederhauen, töten*

6	occīdere, occīdō, occīdī, occīsum	niederhauen, töten
7	*neglegere, neglegō, neglēxī, neglēctum*	*vernachlässigen, unbeachtet lassen*
8	intellegere, intellegō, intellēxī, intellēctum	erkennen, begreifen
9	*trādere, trādō, trādidī, trāditum*	*überliefern; übergeben*
10	addere, addō, addidī, additum	hinzufügen, ergänzen
11	condere, condō, condidī, conditum	gründen, erbauen; aufbewahren, verbergen
12	crēdere, crēdō, crēdidī, crēditum	glauben, (an)vertrauen
13	perdere, perdō, perdidī, perditum	verderben, zugrunde richten; verlieren
14	reddere, reddō, reddidī, redditum	zurückgeben, machen zu
15	vendere, vendō, vendidī, venditum	verkaufen

Lektion 40

Grammatik

F

1. Die Konjugation des Verbs im Konjunktiv Passiv (Präsensstamm)

1.1 Im Präsensstamm sind die **Personalendungen** der Formen im Konjunktiv Passiv dieselben wie bei den Formen des Indikativ Passiv (vgl. Lektion 36, F 1). Die **Moduszeichen** entsprechen denen des Konjunktivs Aktiv (vgl. Lektion 30, F 1; Lektion 27, F 1).

1.2 Die Formen des Konjunktiv Präsens:

		a-Konjugation	e-Konjugation	i-Konjugation	kons. Konjugation	
Sg.	**1. P.**	lauder	monear	audiar	regar	capiar
	2. P.	laudēris	moneāris	audiāris	regāris	capiāris
	3. P.	laudētur	moneātur	audiātur	regātur	capiātur

Pl.	1. P.	laudēmur	moneāmur	audiāmur	regāmur	capiāmur
	2. P.	laudēminī	moneāminī	audiāminī	regāminī	capiāminī
	3. P.	laudentur	moneantur	audiantur	regantur	capiantur

1.3 Die Formen des Konjunktiv Imperfekt:

		a-Konjugation	e-Konjugation	i-Konjugation	kons. Konjugation	
Sg.	1. P.	laudārer	monērer	audīrer	regerer	caperer
	2. P.	laudārēris	monērēris	audīrēris	regerēris	caperēris
	3. P.	laudārētur	monērētur	audīrētur	regerētur	caperētur
Pl.	1. P.	laudārēmur	monērēmur	audīrēmur	regerēmur	caperēmur
	2. P.	laudārēminī	monērēminī	audīrēminī	regerēminī	caperēminī
	3. P.	laudārentur	monērentur	audīrentur	regerentur	caperentur

2. Die Konjugation des Verbs im Konjunktiv Passiv (Perfektstamm)

2.1 Die konjunktivischen Formen des Perfektstammes im Passiv werden gebildet aus dem Partizip Perfekt Passiv (PPP) und den Formen von esse im Konjunktiv (vgl. Lektion 37, F 2.1–2.2; Lektion 30, F 1.3; Lektion 27, F 1).

2.2 Die Formen des Konjunktiv Perfekt und Plusquamperfekt Passiv

		Konjunktiv Perfekt Passiv	Konjunktiv Plusquamperfekt Passiv
Sg.	1. P.	laudātus, a, um sim	laudātus, a, um essem
	2. P.	laudātus, a, um sīs	laudātus, a, um essēs
	3. P.	laudātus, a, um sit	laudātus, a, um esset
Pl.	1. P.	laudātī, ae, a sīmus	laudātī, ae, a essēmus
	2. P.	laudātī, ae, a sītis	laudātī, ae, a essētis
	3. P.	laudātī, ae, a sint	laudātī, ae, a essent

3. Finalsätze

3.1 Finalsätze stehen im Lateinischen wie abhängige Begehrsätze im Konjunktiv. Sie werden eingeleitet mit **ut** (damit; um ... zu m. Inf.) oder, falls verneint, mit **nē** (damit nicht, um nicht ... zu m. Inf.). Finalsätze drücken einen **Zweck** oder eine **Absicht** aus.

Maxentius sē in urbem recēperat, **ut** intrā moenia impetūs Cōnstantīnī arcēret.	Maxentius hatte sich in die Stadt zurückgezogen, **um** innerhalb der Mauern die Angriffe Konstantins abzuwehren.
Maxentius ad pontem Mulvium fūgit, **nē** ab hostibus occīderētur.	Maxentius floh zur Milvischen Brücke, **damit** er **nicht** von den Feinden getötet werde/wurde.

3.2 Finalsätze haben im Lateinischen die Satzgliedfunktion eines Adverbiale:

Maxentius ⟷ fūgit,
↙
nē ab hostibus occīderētur.

Subjekt ⟷ Prädikat
↙
Adverbiale

4. Konsekutivsätze

4.1 Auch Konsekutivsätze stehen im Lateinischen mit dem Konjunktiv. Sie werden eingeleitet mit **ut** (dass; sodass) oder, falls verneint, mit **ut non** (dass nicht, sodass nicht). Konsekutivsätze drücken eine **Folge** aus. Sie stehen häufig nach Wörtern, die im übergeordneten Satz das Ausmaß eines Vorgangs oder einer Eigenschaft ausdrücken, welches eine genannte Folge nach sich zieht, z. B.: ita: so (... dass); tantus, a, um: so groß (... dass).

Mīlitēs **tantā** fortitūdine pūgnāvērunt, **ut** hostēs vincerent.	Die Soldaten kämpften mit so großer Tapferkeit, dass sie die Feinde besiegten.

4.2 Auch Konsekutivsätze haben die Satzgliedfunktion eines Adverbiale:

Mīlitēs ⟷ pūgnāvērunt,
↙ ↙
tantā fortitūdine | **ut** hostēs vincerent.

Subjekt ⟷ Prädikat
↙ ↙
Adverbiale | Adverbiale

5. Explikativsätze

Explikativsätze sind Erläuterungssätze. Nach bestimmten unpersönlichen Ausdrücken wie accidit (es ereignet sich), contingit (es glückt), multum abest (es fehlt viel daran), füllt der mit ut (und Konjunktiv) eingeleitete Gliedsatz den unpersönlichen Ausdruck mit Inhalt. Explikativsätze haben meist die Satzfunkton eines Subjekts.

Vokabeln

scrībere – facere – scīre – quōmodo – bellum gerere – arcēre – castra – impetus – exercitus – vōx

• petere, petō, petīvī, petītum	erstreben, (er)bitten; eilen, angreifen	Petition
ut (mit Konjunktiv)	dass; damit; sodass	
*accidere, accidit, accidit	geschehen, sich ereignen	E. accident; F. accident
• comperīre, comperiō, comperī, compertum	erfahren	
• gerere, gerō, gessī, gestum	ausführen, führen, tragen	Geste, gestikulieren
*expellere, expellō, expulī, expulsum	vertreiben, verbannen	E. to expel; F. expulser; I. espellere; S. expulsar
*recipere, recipiō, recēpī, receptum	zurücknehmen, aufnehmen, wiedergewinnen	capere; Rezeption; E. to receive F. recevoir; I. ricevere
*sē recipere	sich zurückziehen	
intrā (Präp. mit Akk.)	innerhalb (von)	intrāre; intravenös; I. entro
*moenia, moenium n.	die (Stadt-)Mauern	
*collocāre	aufstellen, errichten	I. collocare; S. collocar
*contingere, contingit, contigit	gelingen, zuteil werden	
*dīvīnus, a, um	göttlich	E. divine; F. divin; I. divino
• monēre, moneō, monuī, monitum	mahnen, ermahnen, erinnern	
scūtum, ī n.	der Schild	
cūrāre	besorgen, sorgen für	cūra; kurieren; E. to cure
cōnfirmāre	stärken, (be)festigen; (fest) versichern	Konfirmation; E. to confirm
aciēs, aciēī f.	Schlacht(reihe); Schärfe	ācer
īnstruere, īnstruō, īnstrūxī, īnstrūctum	aufstellen; ausrüsten; unterrichten	Instruktion; E. to instruct; F. instruire; I. istruire
• vincere, vincō, vīcī, victum	(be)siegen, übertreffen	victōria; F. vaincre; I. vincere
premere, premō, pressī, pressum	(unter)drücken, bedrängen	Presse, Depression; E. to press; F. presser; I. premere

castra collocāre	ein Lager aufstellen, errichten
proelium committere	eine Schlacht beginnen
aciem īnstruere	eine Schlachtreihe aufstellen

J

Stammformen zur Wiederholung

1	habēre, habeō, habuī, habitum	haben, halten; mit dopp. Akk.: (jemanden) halten für
2	adhibēre, adhibeō, adhibuī, adhibitum	anwenden, hinzuziehen
3	prohibēre, prohibeō, prohibuī, prohibitum	(etwas von jemandem) abhalten, (jemanden an etwas) hindern
4	dēbēre, dēbeō, dēbuī, dēbitum	müssen
5	*monēre, moneō, monuī, monitum*	*ermahnen, erinnern*
6	obtinēre, obtineō, obtinuī, obtentum	besitzen, verwalten
7	impedīre, impediō, impedīvī, impedītum	hindern, verhindern
8	aperīre, aperiō, aperuī, apertum	öffnen, aufdecken
9	sentīre, sentiō, sēnsī, sēnsum	fühlen, meinen
10	*comperīre, comperiō, comperī, compertum*	*erfahren*
11	*petere, petō, petīvī, petītum*	*erstreben, (er)bitten, eilen; angreifen*
12	*gerere, gerō, gessī, gestum*	*tragen, ausführen*
13	*vincere, vincō, vīcī, victum*	*siegen, besiegen*

Grammatik

1. Das Partizip Präsens Aktiv (PPA)

F

1.1 Die Deklination des PPA

	Singular		Plural	
Nom.	laudā**ns**	laudā**ns**	lauda**ntēs**	lauda**ntia**
Gen.	lauda**ntis**		lauda**ntium**	
Dat.	lauda**ntī**		lauda**ntibus**	
Akk.	lauda**ntem**	laudā**ns**	lauda**ntēs**	lauda**ntia**
Abl.	lauda**nte**		lauda**ntibus**	

Die übrigen Konjugationsklassen bilden das PPA entsprechend:

monēre	audīre	regere	capere
monē**ns**, mone**ntis**	audiē**ns**, audie**ntis**	regē**ns**, rege**ntis**	capiē**ns**, capie**ntis**

1.2 Das PPA bildet man aus dem Präsensstamm, dem Kennzeichen **-nt-** und den Endungen der Adjektive der 3. Deklination (vgl. Lektion 20, F 2.2; Lektion 22, F 2.3). Achtung: Im Ablativ Singular endet das PPA auf **-e**!

2. Das Partizip Präsens Aktiv (PPA) als Participium coniunctum (P.c.)

S

2.1 Wie beim PPP (Vgl. Lektion 39, S 2.1) gelten KNG-Kongruenz und die sog. geschlossene Wortstellung auch für das Participium coniunctum mit PPA.

2.2 Wie das PPP kann das PPA als Participium coniunctum folgende Funktionen im Satz übernehmen:

a) **Attribut** (selten):

Rōmānī impetū Eburōnum māgnā virtūte pūgnantium perterritī sunt.	Die Römer wurden von dem Angriff der Eburonen, **die** mit großer Tapferkeit kämpften, sehr erschreckt.

b) **Adverbiale** (meist):

Eburōnēs impetum in mīlitēs Rōmānōs castra relinquentēs fēcērunt.	Die Eburonen griffen die römischen Soldaten an, **als** sie ihr Lager verließen.

2.3 Das logische Verhältnis zwischen dem P.c. als Adverbiale und dem restlichen Satz ergibt sich aus dem inhaltlichen Zusammenhang (vgl. Lektion 39, S 2.3):

Eburōnēs impetum in mīlitēs Rōmānōs castra relinquentēs fēcērunt.	Die Eburonen griffen die römischen Soldaten an, **als** sie ihr Lager verließen. (**temporale** Sinnrichtung)
Gallī plūrima tēla in ōrdinēs Rōmānōrum conicientēs multōs mīlitēs occidērunt.	**Indem** die Gallier zahlreiche Speere in die Reihen der Römer schleuderten, töteten sie viele Soldaten. (**modale** Sinnrichtung)

2.4 Das PPA drückt die **Gleichzeitigkeit** zur übergeordneten Verbaussage aus.

2.5 Da auch das Participium coniunctum mit PPA in seiner Funktion als Attribut mit einem Relativsatz oder in seiner Funktion als Adverbiale mit einem Adverbialsatz übersetzt wird, ist es eine **satzwertige Konstruktion** (vgl. Lektion 39, S 2.5).

2.6 Neben der Übersetzung durch Unterordnung (vgl. Lektion 39, F 2.3) gibt es für das Participium coniunctum mit PPP und PPA noch weitere Möglichkeiten: die **Beiordnung** und den **Präpositionalausdruck**. Die folgende Tabelle gibt einen Überblick über die verschiedenen Übersetzungsmöglichkeiten:

Sinnrichtung	Frage	Unterordnung	Beiordnung	Präpositional-ausdruck
temporal	Wann?	während; als; nachdem	und dabei; und danach	während; nach
kausal	Warum?	weil; da	und deshalb; und daher	wegen
konditional	Unter welcher Bedingung?	wenn, falls	und in dem Fall	im Falle
konzessiv	Trotz welchen Umstandes?	obwohl	aber dennoch; aber trotzdem	trotz
modal	Wie?	indem; dadurch, dass; wobei	und dadurch; und so	mit

Beispiel für die Übersetzung bei **temporaler** Sinnrichtung:

	Cotta **pūgnāns** ab hostibus circumventus est.
a) Unterordnung (Adverbialsatz)	**Während/Als** Cotta kämpfte, wurde er von den Feinden umzingelt.
b) Beiordnung	Cotta kämpfte und wurde **dabei** von den Feinden umzingelt.
c) Präpositionalausdruck	**Während** seines Kampfes wurde Cotta von den Feinden umzingelt.

Beispiel für die Übersetzung bei **konzessiver** Sinnrichtung:

	Cotta magnā virtūte **pūgnāns tamen** ab hostibus interfectus est.
a) Unterordnung (Adverbialsatz)	**Obwohl** Cotta mit großer Tapferkeit kämpfte, wurde er trotzdem von den Feinden getötet.
b) Beiordnung	Cotta kämpfte mit großer Tapferkeit, wurde **aber trotzdem** von den Feinden getötet.
c) Präpositionalausdruck	**Trotz** seines tapferen Kampfes wurde Cotta von den Feinden getötet.

Vokabeln

īnsidiae – exspectāre – agmen – ostendere – ante (Adv.) – perterrēre – inīre – excitāre – precēs

*animadvertere, animadvertō, animadvertī, animadversum	wahrnehmen, bemerken	animus; vertere
adventus, adventūs m.	die Ankunft	venīre; Advent
dēscendere, dēscendō, dēscendī	herabsteigen	
*undique (adv.)	von allen Seiten, überall	
demum (Adv.)	endlich; erst	
prōvidēre, prōvideō, prōvīdī, prōvīsum	vorhersehen; Vorsorge treffen	vidēre; Provision; E. to provide
*cohors, cohortis f.	die Kohorte (10. Teil einer Legion)	Kohorte
*incipere, incipiō, coepī, inceptum	anfangen, beginnen	capere

• contendere, contendō, contendī, contentum	sich anstrengen; eilen; kämpfen	E. to contend
*conicere, coniciō, coniēcī, coniectum	schleudern, werfen; vermuten	
urgēre, urgeō, ursī	bedrängen	E. urgent; F. urgent
*parcere, parcō, pepercī (m. Dat.)	(jemanden) (ver)schonen; (etw.) sparen	
• respondēre, respondeō, respondī, respōnsum	antworten, erwidern	Korrespondenz; E. to respond; F. répondre
sermō, sermōnis m.	die Unterhaltung, das Gespräch	E. sermon; F. le sermon
abicere, abiciō, abiēcī, abiectum	wegwerfen, niederlegen	conicere
• trahere, trahō, trāxī, tractum	ziehen, schleppen	Traktor
*circumvenīre, circumveniō, circumvēnī, circumventum	umzingeln; umgeben	venīre
*ōrdō, ōrdinis m.	die Reihe, Ordnung, der Stand	Orden; E. order; F. l'ordre, I. l'ordine
occāsiō, occāsiōnis f.	die Gelegenheit	E. occasion; F. l'occasion; I. l'occasione

J

hostibus parcere	die Feinde verschonen
sermōnem cum amīcō habēre	ein Gespräch mit dem Freund führen, sich mit dem Freund unterhalten
sermōnem trahere	ein Gespräch in die Länge ziehen

Stammformen zur Wiederholung

1	complēre, compleō, complēvī, complētum	anfüllen, erfüllen, vollenden
2	flēre, fleō, flēvī, flētum	weinen, beweinen
3	augēre, augeō, auxī, auctum	vermehren, vergrößern, fördern
4	rīdēre, rīdeō, rīsī, rīsum	(über etwas) lachen
5	vidēre, videō, vīdī, vīsum	sehen
6	arcessere, arcessō, arcessīvī, arcessītum	(jemanden) herbeiholen, herbeikommen lassen
7	dēcernere, dēcernō, dēcrēvī, dēcrētum	entscheiden, beschließen

8	lacessere, lacessō, lacessīvī, lacessītum	reizen, herausfordern
9	pōnere, pōnō, posuī, positum	setzen, stellen, legen
10	dēpōnere, dēpōnō, dēposuī, dēpositum	niederlegen, aufgeben
11	expōnere, expōnō, exposuī, expositum	aussetzen, ausstellen

Lektion 42

Grammatik

1. Die Bildung von Adverbien aus Adjektiven

F

1.1 Neben Wörtern, die von sich aus zur Wortart Adverb gehören (z. B. diū, saepe), können Adverbien auch von Adjektiven gebildet werden. Diese Adverbien erkennt man an ihrer Form:

a) Bei den Adjektiven der **a- und o-Deklination** wird an den Wortstock die Endung **-ē** gesetzt (callidus → callidē).

b) Bei den Adjektiven der **3. Deklination** wird an den Wortstock die Endung **-iter** angefügt (fortis → fortiter). Adjektive, deren Stamm auf **-nt-** endet, erhalten die Endung **-er** (vehemēns → vehementer).

1.2 Die Übersicht:

a-/o-Deklination		3. Deklination	
Adjektiv	**Adverb**	**Adjektiv**	**Adverb**
molestus, a, um	molest**ē**	brevis, breve	brev**iter**
miser, misera, miserum	miser**ē**	ācer, ācris, ācre	ācr**iter**
pulcher, pulchra, pulchrum	pulchr**ē**	prūdēns, prūdentis	prūden**ter**

1.3 Die Adverbien der folgenden Adjektive stellen eine **Ausnahme** dar:
bonus → bene; rārus → rārō; facilis → facile

S

2. Das Adverb

Das Adverb hat als Adverbiale die Funktion, Verbalaussagen z. B. nach Ort, Zeit oder Art und Weise näher zu bestimmen (vgl. Lektion 1, S 3):

Caesar Helvētiōs **celeriter** oppressit. Caesar überfiel die Helvetier **schnell**.

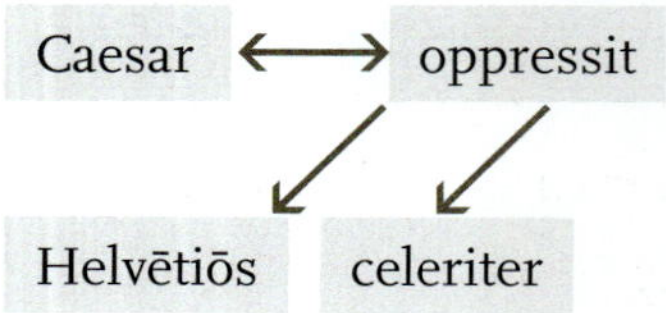

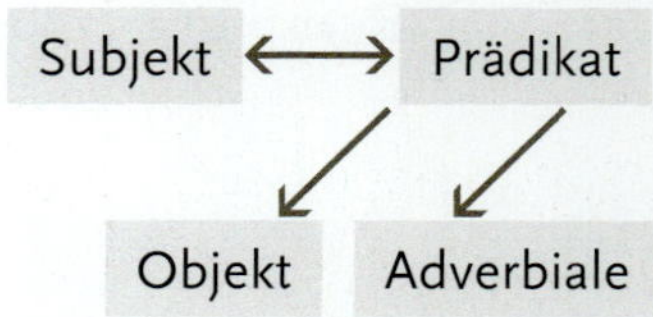

3. Adjektive und Substantive als Prädikativum

3.1 Manche lateinischen Adjektive, die in KNG-Kongruenz zu ihrem Bezugswort stehen, können weder als Prädikatsnomen noch als Attribut verstanden werden. Sie machen stattdessen eine zusätzliche Aussage über ihr Bezugswort und werden daher als **Prädikativum** bezeichnet:

Mīlitēs incolumēs in castra rediērunt. — Die Soldaten kehrten ins Lager zurück und dabei waren sie unverletzt.

zusätzliche Aussage über das Bezugswort

→ Die Soldaten kehrten **unverletzt** ins Lager zurück.

3.2 Bei den Adjektiven, die als Prädikativa verwendet werden, handelt es sich vor allem um solche, die einen körperlichen oder seelischen Zustand, eine Reihenfolge oder eine Mengenangabe bezeichnen:

Caesar **prīmus** omnium imperātōrum Rōmānōrum Rhēnum trānsiit. — Caesar überschritt **als erster** von allen römischen Feldherren den Rhein.

3.3 Als substantivische Prädikativa werden Begriffe verwendet, die ein Lebensalter oder ein Amt bezeichnen:

Vārus **imperātor** trium legiōnum cecidit. — Varus fiel **als Feldherr** von drei Legionen.

3.4 Das Prädikativum kannst du im Deutschen oft mit dem Wort „als“ übersetzen.

Vokabeln

vincere – animadvertere – aciēs – sē recipere – arcēre – īnstāre – putāre – dubitāre – subicere – parēre

*loca, ōrum n.	die Orte; die Gegend	locus
incolumis, incolume	wohlbehalten, unverletzt	

*palūs palūdis f.	der Sumpf	
modo ... modo (Adv.)	bald ... bald	
*dēficere, dēficiō, dēfēcī, dēfectum	abnehmen, fehlen; abfallen	facere; Defizit, Defekt
*caedēs, caedis f.	das Morden, das Blutbad	caedere
salvus, a, um	gesund, wohlbehalten, unverletzt	F. sauf, sauve
*effugere, effugiō, effūgī	entfliehen, entkommen	fugere
• cōgnōscere, cōgnōscō, cōgnōvī, cōgnitum	kennenlernen, erkennen	kognitiv
facilis, facile	leicht, mühelos	F. facile
*dēcipere, dēcipiō, dēcēpī, dēceptum	täuschen, betrügen, hintergehen	capere; E. deception
*sēcūrus, a, um	sorglos, unbesorgt	E. security
• subicere, subiciō, subiēcī, subiectum	unterwerfen	Subjekt
turpis, turpe	hässlich, schändlich	
ops, opis f.	die Kraft, Macht	opulent
Pl.: opēs, opum f.	die Streitkräfte, der Reichtum, Einfluss	
tolerāre	ertragen, aushalten	Toleranz
persuādēre, persuādeō, persuāsī, persuāsum (mit Dat.)	(mit ut) überreden, (mit AcI) überzeugen	E. to persuade; F. persuader

J

*animō dēficere	den Mut sinken lassen, mutlos werden
vim sibi afferre	Selbstmord begehen
*bene facere, quod	gut daran tun, dass
Germānīs persuādēre, ut	die Germanen (dazu) überreden, dass

Stammformen zur Wiederholung

1	ascendere, ascendō, ascendī, ascēnsum	besteigen; hinaufsteigen, emporsteigen
2	cōnstituere, cōnstituō, cōnstituī, cōnstitūtum	festsetzen, beschließen
3	restituere, restituō, restituī, restitūtum	wiederherstellen, zurückgeben
4	dēfendere, dēfendō, dēfendī, dēfēnsum	verteidigen

5	solvere, solvō, solvī, solūtum	lösen
6	flectere, flectō, flexī, flexum	biegen, beugen, umstimmen
7	iungere, iungō, iūnxī, iūnctum	verbinden, vereinigen
8	lūdere, lūdō, lūsī, lūsum	spielen
9	regere, regō, rēxī, rēctum	lenken, leiten
10	tollere, tollō, sustulī, sublātum	aufheben, erheben, beseitigen

Lektion 43

Grammatik

S

Der Ablativus absolutus (Ablativ mit Partizip)

1. Der Ablativus absolutus ist die Bezeichnung für eine häufige lateinische **Konstruktion**, die aus einem Nomen im Ablativ und aus einem Partizip im Ablativ besteht. Das Partizip steht zum Nomen in KNG-Kongruenz. Diese Konstruktion ist syntaktisch nicht mit dem restlichen Satz verknüpft und wird daher als „absolut" („losgelöst") bezeichnet.

2. Der Ablativus absolutus ist eine **satzwertige Konstruktion**. Er hat immer die Satzgliedfunktion eines **Adverbiale**.

3. Das Tempus, das für die Übersetzung des Ablativus absolutus gewählt wird, richtet sich nach dem Tempus des Prädikats im restlichen Satz: Da das **PPP** die **Vorzeitigkeit** ausdrückt, muss nach einem Präsens/Futur für den Ablativus absolutus ein Perfekt gewählt werden, nach einem Vergangenheitstempus das Plusquamperfekt.

4.1 Die **Sinnrichtung** des Ablativus absolutus richtet sich dabei nach dem Zusammenhang des Textes. Für die Übersetzung gibt es dieselben Möglichkeiten wie beim Participium coniunctum (vgl. Lektion 41, S 2.6). Es wird empfohlen, den Ablativus absolutus zunächst als eigenständigen Aussagesatz zu übersetzen und ihn dann mit dem restlichen Satz gedanklich zu verbinden:

Hostibus proeliō victīs Rōmānī veniam nōn dant.

Rōmānī ⟷ non dant

↙ veniam ↙ hostibus … victīs

Subjekt ⟷ Prädikat

↙ Akkusativ-Objekt ↙ Adverbiale

4.2 1. **Schritt**: Übersetzung durch einen Aussagesatz

Hostibus proeliō victīs	Rōmānī veniam nōn dant.
Die Feinde sind in der Schlacht besiegt worden.	Die Römer gewähren keine Gnade.

2. Schritt: Übersetzung mit Sinnrichtung

a) **Unterordnung (adverbialer Gliedsatz):**
Nachdem/Weil die Feinde in der Schlacht besiegt sind, gewähren die Römer keine Gnade.

b) **Beiordnung (Hauptsatz) mit logischer Verknüpfung:**
Die Feinde sind in der Schlacht besiegt worden **und dann/und deswegen** gewähren die Römer keine Gnade.

c) **Präpositionalausdruck:**
Nach dem Sieg über die Feinde in der Schlacht gewähren die Römer keine Gnade.

Vokabeln

flūmen – rīpa – cōnsistere – oculus – āmittere – accipere – comes – abdūcere – quaerere

*vulnus, vulneris n.	die Verletzung, die Wunde	
*facultās, facultātis f.	die Fähigkeit; die Möglichkeit	facere; Fakultät
*ōs, ōris n.	der Mund, das Gesicht	Ōstia; oral
respōnsum, ī n.	die Antwort	respondēre; E. response
*praemium, ī n.	die Belohnung, der Preis	Prämie; I. il premio
*mīlitāris, mīlitāre	militärisch, soldatisch	mīles
pretium, ī n.	der Preis, der Wert	Pretiose; E. price; F. le prix
*praedicāre	ausrufen; rühmen, preisen	predigen
dēdere, dēdō, dēdidī, dēditum	übergeben, ausliefern	dare
• dēserere, dēserō, dēseruī, dēsertum	verlassen, im Stich lassen	desertieren

nēve (nach ut, nē)	und nicht	
prōdere, prōdō, prōdidī, prōditum	überliefern; verraten	dare
ambō, ambae, ambō	beide (zusammen)	
retinēre, retineō, retinuī, retentum	zurückhalten, festhalten	tenere; F. retenir; I. ritenere

J

sermōnem cum frātre habēre	sich mit dem Bruder unterhalten
facultātem dare	(jemandem) die Möglichkeit geben
sē dēdere	sich ergeben, kapitulieren

Stammformen zur Wiederholung

1	adiuvāre, adiuvō, adiūvī, adiūtum	(jemanden) unterstützen, (jemandem) helfen
2	cōnsulere, cōnsulō, cōnsuluī, cōnsultum	(jemanden) um Rat fragen; (für jemanden) sorgen
3	corrumpere, corrumpō, corrūpī, corruptum	verderben, bestechen
4	dēvincere, dēvincō, dēvīcī, dēvictum	(völlig) besiegen
5	emere, emō, ēmī, emptum	kaufen
6	tendere, tendō, tetendī, tentum	ausstrecken
7	ēripere, ēripiō, ēripuī, ēreptum	entreißen
8	parere, pariō, peperī, partum	hervorbringen, gebären

Lektion 44

Grammatik

S

1. Der Ablativus absolutus mit PPA

1.1 Wie beim Participium coniunctum (vgl. Lektion 41, S 2.4) drückt das PPA im Ablativus absolutus die **Gleichzeitigkeit** zum Prädikat des Satzes aus.
Das Tempus, das dabei für die Übersetzung des Ablativus absolutus gewählt wird, richtet sich nach dem Tempus des Prädikats im restlichen Satz: Nach

einem Präsens/Futur muss für den Ablativus absolutus ein Präsens gewählt werden, nach einem Vergangenheitstempus das Präteritum:

Cīvitās nostra nōn iam tūta **erit** legiōnibus Rōmānīs redeuntibus.	Unsere Stadt **wird** nicht mehr sicher sein, wenn die römischen Legionen **zurückkehren**.
Mīlitibus Rōmānīs fortiter pūgnantibus Batāvī castra **expūgnāvērunt**.	Die Bataver **eroberten** das Lager, obwohl die römischen Soldaten tapfer **kämpften**.

1.2 Für die Übersetzung gibt es dieselben Möglichkeiten wie beim Ablativus absolutus mit PPP (vgl. Lektion 43, S 4.1 und 4.2).

2. Der nominale Ablativus absolutus

2.1 Der Ablativus absolutus kann auch ohne Partizip nur aus zwei **Nomina**, die aufeinander bezogen sind, gebildet werden (**nominaler Ablativus absolutus**). Der nominale Ablativus absolutus drückt immer die Gleichzeitigkeit aus.

2.2 Der nominale Ablativus absolutus steht besonders nach Nomina, die
a) eine handelnde Person bezeichnen,
b) eine Altersangabe machen,
c) eine Amtsbezeichnung angeben
d) und nach einigen Adjektiven in KNG-Kongruenz zum Bezugswort.

Merke folgende Wendungen:

a)	Cīvīlī duce:	unter der Führung des Civilis
b)	mē puerō:	in meiner Kindheit
	Caesare adulēscente:	In Cäsars Jugend
c)	Cicerōne cōnsule:	unter dem Konsulat Ciceros
	Catōne praetōre:	während Catos Prätur
	Caesare imperātōre:	unter Cäsar als Feldherrn
d)	salvīs amīcīs:	ohne Schaden für die Freunde

Vokabeln

incendium – nūntiāre – crēdere – īgnis – dīvinus – dēficere – persuadēre – dēvincere – foedus

*prīncipātus, prīncipātūs m.	die erste Stelle, der Vorrang	prīnceps
difficilis, difficile	schwierig, schwer (zu tun)	facilis
*coniūrātiō, coniūrātiōnis f.	die Verschwörung	
*situs, a, um	gelegen, liegend	
prīmō (Adv.)	zuerst	
līber, lībera, līberum	frei	līberāre

pōstulāre	fordern, verlangen	Postulat
occidere, occidō, occidī	untergehen, umkommen	
sēdēs, sēdis f.	der Platz, Sitz; Wohnsitz	sedēre
*coniungere, coniungō, coniūnxī, coniūnctum	verbinden, vereinigen	iungere, coniūnx; Konjunktion

J

*novīs rēbus studēre	einen Umsturz vorbereiten; sich um eine Veränderung der bestehenden Verhältnisse bemühen
foedus facere	ein Bündnis schließen

Lektion 45

Grammatik

F

1. Adjektive der dritten Deklination: dīves, vetus, pauper

1.1 Du kennst bereits die Adjektive der dritten Deklination (vgl. Lektion 20, F 2; Lektion 22, F 2). Einige wenige aus dieser Gruppe von Adjektiven werden wie Substantive der konsonantischen Deklination dekliniert. Sie sind einendig und bilden
den **Ablativ Singular** auf **-e**,
den **Nominativ und Akkusativ Plural neutrum** auf **-a**,
und den **Genitiv Plural** auf **-um**.
Diese Adjektive sind: vetus, veteris: alt; pauper, pauperis: arm; dīves, dīvitis: reich.

1.2 Die Formen

	Singular		Plural	
	m./f.	**n.**	**m./f.**	**n.**
Nominativ	vetus	vetus	veterēs	veter**a**
Genitiv	veteris	veteris	veter**um**	veter**um**
Dativ	veterī	veterī	veteribus	veteribus
Akkusativ	veterem	vetus	veterēs	veter**a**
Ablativ	veter**e**	veter**e**	veteribus	veteribus

S

2. Der genitivus subiectivus und der genitivus obiectivus

2.1 Der genitivus subiectivus/obiectivus steht vor allem bei Substantiven, die eine Verbalaussage enthalten, z. B.: timor → timēre, amor → amāre. In Verbindung mit solchen Substantiven kann der Genitiv die Person bezeichnen, die logisch die Verbalhandlung ausführt (= **genitivus subiectivus**):
Amor patris: die Liebe des Vaters – Frage: Wer liebt? – Der Vater (= Subjekt) liebt.

2.2 Der Genitiv kann aber auch die Person bezeichnen, welche logisch von der Verbalhandlung betroffen ist (= **genitivus obiectivus**):
Amor patriae: die Liebe zum Vaterland – Frage: Wen liebt jemand? – Jemand liebt das Vaterland (= Objekt).

2.3 In beiden Fällen hat der Genitiv die Funktion eines Attributs. Welcher der beiden Genitive vorliegt, ergibt sich aus der kombinierten Bedeutung der beiden Substantive oder aus dem Kontext:
timor mortis: die Furcht **vor** dem Tod, die Todesfurcht, aber nicht: die Furcht des Todes;
timor Rōmānōrum: die Furcht **der** Römer, oder, je nach Kontext: die Furcht **vor** den Römern.

3. Der Genitiv der Beschaffenheit (genitivus qualitatis)

Ähnlich wie der ablativus qualitatis (vgl. Lektion 32, S 2) gibt der genitivus qualitatis die Beschaffenheit oder Eigenschaft seines Bezugswort an. Dabei kann er die Funktion eines **Attributs** und – in Verbindung mit einer Form von esse – die eines **Prädikatsnomens** übernehmen. Auch nach dem genitivus qualitatis fragt man: **Von welcher Art? Wie beschaffen?**

Calgācus, vir māgnae virtūtis, ōrātiōnem habuit.	Calgacus, ein Mann von großer Tapferkeit/ein sehr tapferer Mann, hielt eine Rede.
Calgācus māgnae virtūtis fuit.	Calgacus war von großer Tapferkeit/war sehr tapfer.

In den meisten Fällen kannst du den genitivus qualitatis erst mit „von …“ übersetzen, bevor du im Deutschen dann eine elegante Übersetzung mit einem Adjektiv wählst.

Vokabeln

virtūs – multitūdō – pōscere – proelium – occupāre – superbia – effugere – subicere – licentia – auferre

*genus, generis n.	die Abstammung, Art; das Geschlecht	gēns; generell; F. le genre; I. il genere
*praestāre, praestō, praestitī (mit Dat.)	(jemanden) übertreffen	I. prestare; S. prestar
apud (mit Akk.)	bei; vor (jemandem)	
cupidus, a, um (mit Gen.)	(be)gierig (nach etwas)	cupere; F. cupide; I. cupido
initium, ī n.	der Anfang, Beginn	inīre; Initiative
orbis, orbis m.	der Kreis, Kreislauf	Orbit; E. orbit; F. l'orbite
orbis terrārum	der Erdkreis, die Welt	
*avāritia, ae f.	die Habgier, der Geiz	E. avarice; F. l'avarice; I. l'avarizia
*possidēre, possideō, possēdī, possessum	besitzen	Possessiv-Pronomen
*dīves, dīvitis	reich	dīvitiae
*pauper, pauperis	arm	E. poor; F. pauvre; I. povero
rapere, rapiō, rapuī, raptum	an sich reißen, rauben	raptāre; I. rapire; S. raptar
falsus, a, um	falsch	fallere; E. false; F. faux; I. falso
*reprehendere, reprehendō, reprehendī, reprehēnsum	zurückhalten; kritisieren, tadeln	E. to reprehend; F. reprendre; I. riprendere
īgnārus, a, um (mit Gen.)	ohne Kenntnis (von etwas), unwissend (in etwas)	īgnōrāre; ignorant; E. ignorant; F. ignare
vetus, veteris	alt	Veteran
memor, memoris (mit Gen.)	sich erinnernd, in Erinnerung (an etwas)	commemorāre; Memory
posterī, posterōrum m.	die Nachkommen	post, postrēmō

J

omnibus virtūte praestāre	alle an Tapferkeit übertreffen
cupidus proeliī	kampfeswütig
īgnārus terrae	ohne Kenntnis des Landes
Este memorēs māiōrum!	Denkt an eure Vorfahren!

Lektion 46

Grammatik

1. Die Indefinitpronomina (I)

F

1.1 Das Indefinitpronomen aliquis, aliquid (substantivisch)

	substantivisch	
	m./f.	n.
Nominativ	aliquis	aliquid
Genitiv	alicuius	alicuius reī
Dativ	alicui	alicui reī
Akkusativ	aliquem	aliquid
Ablativ	aliquō	aliquā rē

1.2 Das Indefinitpronomen aliquī, aliqua, aliquod (adjektivisch)

	Singular			Plural		
	m.	f.	n.	m.	f.	n.
Nominativ	aliquī	**aliqua**	aliquod	aliquī	aliquae	**aliqua**
Genitiv	alicuius	alicuius	alicuius	aliquōrum	aliquārum	aliquōrum
Dativ	alicui	alicui	alicui	aliquibus	aliquibus	aliquibus
Akkusativ	aliquem	aliquam	aliquod	aliquōs	aliquās	**aliqua**
Ablativ	aliquō	aliquā	aliquō	aliquibus	aliquibus	aliquibus

1.2.1 Abgesehen von den fettgedruckten Formen wird das Indefinitpronomen aliquī dekliniert wie das Relativpronomen (vgl. Lektion 23, F 1) mit dem Präfix: ali-.

1.2.2 Beachte: Nach Wörtern wie: si, nisī, nē, num „fällt das ali- um“.
Das heißt: Nach diesen Wörtern steht die Form ohne das Präfix ali-.

1.3 Das Indefinitpronomen quīdam, quaedam, quiddam/quoddam

	substantivisch			adjektivisch		
	Singular			Singular		
	m.	f.	n.	m.	f.	n.
Nominativ	quīdam	quaedam	**quiddam**	quīdam	quaedam	**quoddam**
Genitiv	cuiusdam	cuiusdam	cuiusdam	cuiusdam	cuiusdam	cuiusdam
Dativ	cuidam	cuidam	cuidam	cuidam	cuidam	cuidam
Akkusativ	quendam	quandam	**quiddam**	quendam	quandam	**quoddam**
Ablativ	quōdam	quādam	quōdam	quōdam	quādam	quōdam

	substantivisch			adjektivisch		
	Plural			Plural		
	m.	f.	n.	m.	f.	n.
Nominativ	quīdam	quaedam	quaedam	quīdam	quaedam	quaedam
Genitiv	quōrundam	quārundam	quōrundam	quōrundam	quārundam	quōrundam
Dativ	quibusdam	quibusdam	quibusdam	quibusdam	quibusdam	quibusdam
Akkusativ	quōsdam	quāsdam	quaedam	quōsdam	quāsdam	quaedam
Ablativ	quibusdam	quibusdam	quibusdam	quibusdam	quibusdam	quibusdam

1.3.1 Das Indefinitpronomen quīdam wird dekliniert wie das Relativpronomen (vgl. Lektion 23, F 1), mit dem Suffix: -dam. Im Akkusativ Singular und im Genitiv Plural wird das auslautende –m vor –d zu –n.

2. Die Verwendung des Indefinitpronomens quīdam

Das Pronomen quīdam wird verwendet, wenn der Sprecher eine genauere Festlegung einer Person oder einer Sache vermeiden will:

Quīdam frātrēs putāvērunt leōnem asinum dēvorāvisse.	Gewisse (Manche) Brüder glaubten, der Löwe habe den Esel gefressen.

S

3. Der Nominativ mit Infinitiv (NcI)

3.1 Wenn bestimmte Verben, von denen im Aktiv der AcI abhängig ist, im Passiv verwendet werden, tritt an die Stelle des Akkusativs der Nominativ (NcI: Nominativus cum Infinitivo).
Der NcI ist wie der AcI eine satzwertige Konstruktion, d. h.: Auch diese Konstruktion kann im Deutschen mit einem Gliedsatz wiedergegeben werden (vgl. Lektion 19, S 2.1).

AcI: Iacōbus leōnem mercātōrēs clāmōre fugāvisse trādit.	Jakobus überliefert, dass der Löwe durch sein Gebrüll die Kaufleute in die Flucht geschlagen hat.
NcI: Leo mercātōrēs clāmōre fugāvisse trāditur.	Es wird überliefert/man überliefert, dass der Löwe durch sein Gebrüll die Kaufleute in die Flucht geschlagen hat./ Der Löwe soll durch sein Gebrüll die Kaufleute in die Flucht geschlagen haben.

3.2 Im NcI muss auch das Prädikatsnomen im Nominativ stehen:

AcI: Scriptōrēs trādunt **leōnem vulnerātum** esse. — Die Schriftsteller überliefern, dass der Löwe verletzt war.

NcI: **Leō vulnerātus** esse trāditur. — Der Löwe soll verletzt gewesen sein.

3.3 Der NcI kann in allen Personen vor allem bei den folgenden Verben stehen:

videor	man sieht, dass ich; ich scheine
dīcor	man sagt, dass ich; ich soll
putor / existimor	man glaubt, dass ich; ich soll
iubeor	man befiehlt, dass ich
fertur/trāditur	man berichtet/überliefert, dass er, sie, es; er, sie, es soll

3.4 Für das **Zeitverhältnis** gelten beim NcI dieselben Regeln wie beim AcI (vgl. Lektion 19, S 2.4).

Vokabeln

trādere – dūcere – mercātor – rapere – quaerere – invenīre – frāter – mandāre – cōgnōscere

*sanctus, a, um	geweiht, heilig	
*quīdam, quaedam, quoddam (Adj.)	ein gewisser, eine gewisse, ein gewisses	
quīdam (Subst. Pl.)	einige, manche	
auctor, auctōris m.	der Urheber, der Ratgeber, der Schriftsteller	augēre, auctōritās; E. author; F. l'auteur; I. l'autore
*somnus, ī m.	der Schlaf	somnium; I. il sonno
*aliquī, aliqua, aliquod (Adj.)	(irgend)einer, (irgend)eine, (irgend)ein	quis
*aliquis, aliquid (Subst.)	(irgend)einer, (irgend)etwas	
*praeterīre, praetereō, praeteriī, praeteritum (mit Akk.)	vorübergehen (an)	praeter, ire; Präteritum
famēs, famis f.	der Hunger	F. la faim; I. la fame
*officium, ī n.	der Dienst, die Pflicht	offiziell; E. Office; I. l'ufficio
excēdere, excēdō, excessī, excessum	hinausgehen, weggehen, vergehen	cēdere; E. to exceed; F. excéder; I. eccedere

Lektion 46

J

*somnō sē dare	sich schlafen legen
leōnem praeterīre	an dem Löwen vorübergehen
*somnō excitārī (Pass.)	aus dem Schlaf geweckt werden, aufwachen
merx māgnī pretiī	eine Ware von großem Wert, eine kostbare Ware (vgl. L. 45, S 3)
ē vītā excēdere	aus dem Leben gehen, sterben

Lektion 47

Grammatik

F

1. Die Steigerung der Adjektive (1)

1.1 Es gibt im Lateinischen wie im Deutschen bei den Adjektiven drei Steigerungsstufen:
den **Positiv** (die Grundstufe): hoch
den **Komparativ** (die Vergleichsstufe): höher
den **Superlativ** (die Höchststufe): der höchste.

1.2 Komparativ und Superlativ werden folgendermaßen gebildet:
Die meisten Adjektive bilden den Komparativ mit dem Suffix -ior (masc., fem.) bzw. -ius (neutr.) und den Superlativ mit dem Suffix -issimus, a, um.
Die Adjektive der o-Deklination auf -er bilden den Superlativ mit dem Suffix -rimus, a, um; einige Adjektive auf -lis bilden den Superlativ auf -limus, a, um.

Positiv	Komparativ	Superlativ
altus, alta, altum	alt**ior**, alt**ius**	alt**issimus, a, um**
trīstis, trīste	trīst**ior**, trīst**ius**	trīst**issimus, a, um**
audāx, audācis	audāc**ior**, audāc**ius**	audāc**issimus, a, um**
prūdēns, prūdentis	prūdent**ior**, prūdent**ius**	prūdent**issimus, a um**
pulcher, pulchra, pulchrum	pulchr**ior**, pulchr**ius**	pulcher**rimus, a, um**
asper, aspera, asperum	asper**ior**, asper**ius**	asper**rimus, a, um**
facilis, facile	facil**ior**, facil**ius**	facil**limus, a, um**

2. Die Deklination des Komparativs und des Superlativs

2.1 Die Deklination des Komparativs ist identisch mit der Deklination der Substantive der 3. Deklination (Konsonantenstämme; vgl. Lektion 12, F 1.2). Im Unterschied zu den Adjektiven der 3. Deklination (vgl. Lektion 20, F 2.1 – 2.2; Lektion 22, F 2.2) lauten daher die Ausgänge

> im Ablativ Singular: **-e**
> im Nominativ / Akkusativ Plural Neutrum: **-a**
> im Genitiv Plural: **-um**

	Singular			**Plural**		
Nom.	altior	altior	altius	altiōrēs	altiōrēs	altiōra
Gen.		altiōris			altiōrum	
Dat.		altiōrī			altiōribus	
Akk.	altiōrem	altiōrem	altius	altiōrēs	altiōrēs	altiōra
Abl.		altiōre			altiōribus	

2.2 Die Deklination des Superlativs entspricht der Deklination der Adjektive der a- und o-Deklination (vgl. Lektion 7, F 2, bzw. Lektion 9, F 2.2).

3. Die Übersetzung des Komparativs und des Superlativs

S

3.1 Der **Komparativ**
Die Person oder die Sache, mit der jemand oder etwas verglichen wird, kann durch **quam** angefügt oder durch den **Ablativ des Vergleichs** (ablativus comparationis) ausgedrückt werden:

Mīlitēs Francōrum fortiōrēs **quam mīlitēs Rōmānī** sunt. Mīlitēs Francōrum fortiōrēs **mīlitibus Rōmānīs** sunt.	Die Soldaten der Franken sind **tapferer als** die römischen Soldaten.

3.2 Der **Superlativ**
bezeichnet die höchste Stufe der Steigerung:

Carolus cōnsilium nōbilissimōrum Francōrum convocāvit.	Karl rief eine Versammlung der adligsten Franken zusammen.

3.3 Er dient oft aber auch dazu, eine sehr hohe Stufe zu bezeichnen (**Elativ**: Hervorhebungsstufe):

Condiciō Leōnis pontificis miserrima fuit.	Die Lage des Papstes Leo war sehr/äußerst elend.
Facillimum erit inimīcōs superāre.	Es wird sehr leicht sein, die Feinde zu besiegen.

Der Elativ wird oft im Deutschen freier wiedergegeben: mōns altissimus: ein riesengroßer Berg – fēmina pulcherrima: eine wunderschöne Frau

Vokabeln

crūdēlis – miser – honōs – turpis – scelus – inimīcus – mīles – contendere

*pontifex, pontificis m.	der Priester; der Papst	pōns; Pontifikat
*laedere, laedō, laesī, laesum	verletzen, beschädigen	lädieren
*vinculum, ī n.	das Band, die Fessel; Plur.: das Gefängnis	I. il vincolo
*scelerātus, a, um	verbrecherisch; Subst.: der Verbrecher	scelus
*flāgitium, ī n.	die Schandtat; die Gemeinheit	
*sapiēns, sapientis	weise, vernünftig	sapientia
sōlus, a, um (Gen.: sōlīus, Dat.: sōlī)	einzig, allein	Solo, Solist
*suscipere, suscipiō, suscēpī, susceptum	etwas auf sich nehmen; jemanden aufnehmen; etwas unternehmen	
*proximus, a, um	der nächste, folgende	E. proximate; I. prossimo
absolvere, absolvō, absolvī, absolūtum	jemanden loslösen, freisprechen	solvere; Absolution; E. to absolve; Sp. absolver
caput, capitis n.	der Kopf; die Hauptstadt	E. capital; F. la capitale; I. la capitale
impōnere, impōnō, imposuī, impositum	auferlegen, einsetzen	ponere; imponieren; E. to impose; I. imporre
pius, a, um	gewissenhaft, pflichtbewusst, fromm	pietas; Pius; I. pio

J

pontifice auctōre (Abl. abs.)	auf Veranlassung des Papstes
in vincula conicere	(jemanden) ins Gefängnis werfen, in Ketten legen
amīco auxiliō venīre	dem Freund zu Hilfe kommen (vgl. L. 29, S 2)
crīminibus absolvere	(jemanden) von den Vorwürfen freisprechen

Lektion 48

Grammatik

1. Die Steigerung der Adjektive (2)

F

Einige wenige Wörter bilden ihre Steigerungsreihe mit einem veränderten Stamm

Positiv	Komparativ	Superlativ
bonus, a, um – gut	melior, melius – besser	optimus, a, um – der beste
malus, a, um – schlecht	peior, peius – schlechter	pessimus, a, um – der schlechteste
magnus, a, um – groß	māior, maius – größer	maximus, a, um – der größte
parvus, a, um – klein	minor, minus – kleiner	minimus, a, um – der kleinste
multum – viel	plūs – mehr	plūrimum – am meisten
multī, ae, a – viele	plūrēs, plūra – mehr(ere) Gen.: plūrium	plūrimī, ae, a – die meisten

2. Die Übersetzung des Komparativs ohne ausdrücklichen Vergleich

S

Wenn bei einem lateinischen Komparativ die Sache oder die Person, die verglichen wird, nicht durch quam oder den Ablativus comparationis ausgedrückt wird (vgl. Lektion 47, S 4.1), übersetzt man dem Komparativ mit: „ziemlich, recht, zu“:

Hoc flūmen altius est quam alia flūmina (aliīs flūminibus).	Dieser Fluss ist tiefer als andere Flüsse.
Hoc flūmen altius est.	Dieser Fluss ist ziemlich (recht; zu) tief.

Vokabeln

occurrere – quaerere – perniciēs – potestās – terrēre – fugere – praedicāre – īnstruere – perīre – apparēre – rogāre, ut (+Konj.) – altera rīpa – umerus – nōn sōlum ... sed etiam

legere, legō, lēgī, lēctum	lesen; sammeln, auswählen	Lektüre; Lektion; I. leggere; F. lire
forte (Adv.)	zufällig; etwa	
*servīre, serviō, servīvī, servītum	dienen	servus; F. servir
pergere, pergō, perrēxī, perrēctum	weitergehen, (etwas) fortsetzen	
*crux, crucis f.	das Kreuz	F. la croix; S. la cruz
multō (mit Komparativ)	um vieles, viel	
habitāre	wohnen, bewohnen	F. habiter; I. abitare; S. habitar
*trādūcere, trādūcō, trādūxī, trāductum	hinüberführen	F. traduire; I. tradurre
*onus, oneris n.	das Gewicht, die Last	
quō ... eō (mit Komparativ)	je ... desto ...	
magis (Adv.)	mehr	S. más
prōcēdere, prōcēdō, prōcessī, prōcessum	vorwärtsgehen, fortschreiten, vorrücken	E. to proceed; I. procedere
*mundus, ī m.	die Welt	F. le monde; S. el mundo
*opus, operis n.	die Arbeit, das Werk	Opus, Oper

J

plūs potestātis	mehr Macht
iter pergere	den Weg, die Reise fortsetzen
summō timōre afficī	von größter Furcht befallen werden; sich sehr fürchten
quō minus ... eō melius	je weniger ... desto besser

Lektion 49

Grammatik

1. Das Gerundium

F

1.1 Die Formen

	a-Konjugation	e- Konjugation	i-Konjugation	Konsonantische Konjugation	
Nom.	laudāre	habēre	audīre	agere	capere
Gen.	lauda**ndī**	habe**ndī**	audie**ndī**	age**ndī**	capie**ndī**
Dat.	lauda**ndō**	habe**ndō**	audie**ndō**	age**ndō**	capie**ndō**
Akk.	ad lauda**ndum**	ad habe**ndum**	ad audie**ndum**	ad age**ndum**	ad capie**ndum**
Abl.	lauda**ndō**	habe**ndō**	audie**ndō**	age**ndō**	capie**ndō**

1.2 Das Gerundium wird gebildet aus dem Verbstamm, gegebenenfalls mit dem Bindevokal -e-, dem Suffix -nd- und den Kasusendungen der o-Deklination neutrum im Singular.
Der Akkusativ des Gerundiums steht nur nach Präposition, meistens nach ad.
Der Gebrauch des Dativs ist selten.

1.3 Das Gerundium von **īre** lautet: eundī, eundō, ad eundum, eundō.

2. Ortsangaben

2.1 Der Ablativ des Ortes (ablativus loci)
Der ablativus loci steht **ohne** Präposition auf die Frage **„Wo?“:**

2.1.1 bei Namen von Städten und kleineren Inseln:

Carthāgine	in Karthago
Athēnīs	in Athen
Delphīs	in Delphi

2.1.2 bei Verbindungen mit locus und bei tōtus:

eō locō	an diesem Ort
locō idōneō	an einem geeigneten Ort
multīs locīs	an vielen Orten
tōtā urbe	in der ganzen Stadt
tōtō orbe terrārum	auf dem ganzen Erdkreis
Merke: terrā marīque	zu Land und zu Wasser

2.2 Der Lokativ

Bei Namen von Städten und kleinen Inseln, die auf -us, -a oder -um enden, und bei einigen anderen Wörtern endet die Ortsangabe auf -ī, z. B.:

Corinthī	in Korinth
Rōmae (< Roma-ī)	in Rom
domī	zu Hause
rūrī	auf dem Land
Merke: domī bellīque	im Krieg und im Frieden

S

2.3 Der Ablativ des Ortes und der Lokativ haben die Funktion eines Ortsadverbiales:

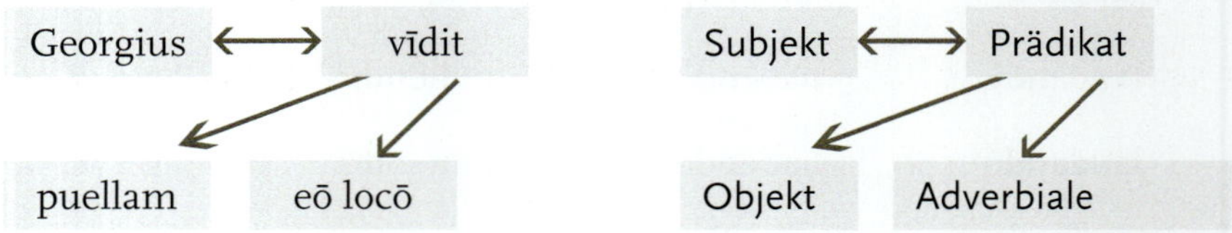

3. Das Gerundium: Verwendung und Übersetzung

3.1 Mit den Formen des Gerundiums kann der lateinische Infinitiv im Neutrum Singular dekliniert werden. (Der Infinitiv ist als Genus Neutrum, vgl.: Errāre hūmān**um** est).

3.2 Das Gerundium ist also ein Verbalsubstantiv, das nur im Singular auftritt.

3.3 Wegen seiner Herkunft von einem Verbum kann das Gerundium erweitert werden durch ein Adverbiale oder durch ein Objekt:

Georgius **fortiter** pugnandō cīvitātem servāvit.	Georg hat die Stadt durch einen tapferen Kampf gerettet.
Georgiō facultās dāta est **cīvēs** servandī.	Georg wurde die Möglichkeit gegeben, die Bürger zu retten.

3.4 Die Übersetzung des Gerundiums erfolgt in der Regel durch einen Infinitiv oder einen Präpositionalausdruck:

Georgiō facultās dāta est cīvēs **servandī**.	Georg wurde die Möglichkeit gegeben, die Bürger **zu retten**. – Georg wurde die Möglichkeit **zur Rettung** der Bürger gegeben.

Wenn das Gerundium im Ablativ auftritt, kann es auch mit einem modalen Gliedsatz wiedergegeben werden:

Georgius fortiter **pugnandō** cīvitātem servāvit.	Georg hat die Stadt **durch einen** tapferen **Kampf** gerettet. – Georg hat die Stadt gerettet, **indem er** tapfer **kämpfte**.

Vokabeln

cupidus – interficere – crūdēlis – lacessere – cōnstituere – dīmittere – potestās – exspectāre – apparēre – stupēre

*saevus, a, um	schrecklich, wild	E. savage; F. sauvage
*singulī, ae, a	je ein; einzelne	Singular
*bestia, ae f.	das wilde Tier	Bestie
*furor, furōris m.	die Wut, die Raserei	E. fury; I. il furore
nimis (Adv.)	(all) zu sehr	
*sors, sortis f.	das Los; der Orakelspruch; das Schicksal	F. le sort; S. la suerte
amor, amōris m.	die Liebe	amāre
*dulcis, dulce	süß; angenehm	I. dolce; S. dulce
necessitās, necessitātis f.	die Notwendigkeit, der Zwang	E. necessary
tribūnus, ī m.	der Tribun; der Offizier	E. tribune; I. il tribuno
mūnīre, mūniō, mūnīvī, mūnītum	(Mauern) bauen; befestigen; schützen	
tantum (Adv.)	nur	

J

amīcum ā bestiā dēfendere	den Freund vor dem wilden Tier verteidigen
impetum in bestiam facere	das wilde Tier angreifen
in Chrīstum crēdere	an Christus glauben

Lektion 50

Grammatik

F

1. Die Konjugation von fierī

1.1 Die Formen

	Indikativ	Konjunktiv	Infinitiv
Präsens	fīō, fīs, fit, fīmus, fītis, fīunt	fīam, fīās, fīat fīāmus, fīātis, fīant	fierī
Imperfekt	fīēbam, fīēbās, fīēbat, fīēbāmus, fīēbātis, fīēbant	fierem, fierēs, fieret, fierēmus, fierētis, fierent	
Futur	fīam, fīēs, fīet, fīēmus, fīētis, fīent		

1.2 Die Formen von fierī bilden im Präsensstamm das Passiv zu facere.

2. Die Steigerung der Adverbien

2.1 Auch bei den Adverbien gibt es drei Steigerungsstufen (vgl. Lektion 47, F 1).

2.2 Der **Komparativ** aller Adverbien, die von Adjektiven gebildet werden, entspricht dem Akkusativ Singular Neutrum des Komparativs der Adjektive (vgl. Lektion 47, F 2), z. B.: iūstē → iūst**ius**, prudenter → prudent**ius**, ācriter → ācr**ius**.

2.3 Der **Superlativ** aller Adverbien, die von Adjektiven gebildet werden, entspricht den Formen des Superlativs mit der bekannten Endung des Adverbs -e (vgl. Lektion 42, F 1), z. B.: iūstē → iūst**issimē**, prūdenter → prūdent**issimē**, ācriter → ācer**rimē**, facile → facil**limē**.

Auch das Adverb diū kann gesteigert werden: diū, diūtius, diūtissimē.

S

3. Der genitivus totius

(Genitiv des geteilten Ganzen; auch: genitivus partitivus)

3.1 Der genitivus totius bezeichnet das Ganze, von dem sein Bezugswort einen Teil angibt:

Croesus divitissimus omnium hominum erat.	Croesus war der reichste aller Menschen.

3.2 Der genitivus totius nimmt im Satz die Funktion eines Attributs ein.

Vokabeln

dīves – dīvitiae – convīvium – adventus – convenīre – putāre – nōmināre – contingit – ūsuī esse

*hospes, hospitis m.	der Gast, der Gastfreund	Hospiz; I. l'ospite
*rēgius, a, um	königlich	rēx, regere
dīligēns, dīligentis	gewissenhaft, sorgfältig	
*beātus, a, um	glücklich; reich	Beate; F. béat; I. beato
*propter (Präp. mit Akk.)	wegen	
quīn (mit Konj.)	dass nicht; dass	
nōn dubitāre, quīn (mit Konj.)	nicht zweifeln, dass	
minimē (Adv.)	keineswegs; überhaupt nicht	minimus
quam (mit Superlativ)	möglichst	
fēlīx, fēlīcis	glücklich	īnfēlīx; Felix; I. felix; S. feliz
cupiditās, cupiditātis f.	die Begierde, das Verlangen	cupere, cupidus; F. la cupidité; I. la cupidità
spatium, ī n.	die Strecke; der (Zeit)Raum	E. space; F. l'espace; I. lo spazio
fierī, fīō, factus sum	gemacht werden; geschehen; entstehen; werden	facere
omnīnō (Adv.)	insgesamt; völlig	omnis
*fātum, ī n.	der Götterwille; das Schicksal	fatal; E. fate; I. il fato
*aestimāre	(ein)schätzen, beurteilen	aes; E. estimate; F. estimer
*parvī (māgnī) aestimāre	gering (hoch) schätzen	

amicum ad convīvium adhibēre	den Freund zu einem Gastmahl einladen
dīvitiās parvī aestimāre	Reichtum geringschätzen

J

Lektion 51

Grammatik

S

1. Der Konjunktiv im Hauptsatz (1)

1.1 Der Konjunktiv im Hauptsatz bezeichnet eine Möglichkeit. Als Aussagemodus kann er eine **Aufforderung** (Hortativ, Jussiv) oder ein **Verbot** (Prohibitiv) darstellen.

1.2 Der Hortativ

Der **Konjunktiv Präsens der 1. Person Plural** bezeichnet eine **Aufforderung** (von: hortāri: ermutigen, auffordern), die der Sprecher an eine Gruppe richtet, zu der er selbst gehört. Verneint wird der Hortativ mit **nē**.
Im Deutschen kann man den Hortativ mit der Umschreibung „**Lasst uns ...!**" wiedergeben.

Incipiāmus!	Lasst uns beginnen!/Wollen wir beginnen!
Nē dēspērēmus!	Lasst uns nicht verzweifeln!/Wollen wir nicht verzweifeln!

1.3 Der Jussiv

Der **Konjunktiv Präsens der 3. Person Singular** und **Plural** bezeichnet eine **Aufforderung** (von: iubēre: befehlen) an die dritte Person. Verneint wird der Jussiv mit **nē**.
Im Deutschen wird der Jussiv mit **„er/sie/es soll/sie sollen"** wiedergeben.

Iste vir taceat!	Dieser Mann soll schweigen!
Nē Athēniēnsēs haec dīcant!	Dies sollen die Athener nicht sagen!

1.4 Der Prohibitiv

Der **Konjunktiv Perfekt der 2. Person Singular** und **Plural** eingeleitet durch die Negation **nē** bezeichnet ein **Verbot** (von: prohibēre: abhalten) **in der Gegenwart.** Daher übersetzt man den Konjunktiv Perfekt immer auch als **verneinten Befehl** mit dem Imperativ Präsens.
Anstelle von nē können auch andere negative Wörter wie **nēmō**, **nihil**, **numquam** treten.

Nē mē rīseritis!	Lacht mich nicht aus!
Numquam amīcum dēserueris!	Lass niemals einen Freund im Stich!

Ein Verbot kann im Lateinischen auch durch die Kombination von **nōlī/nōlīte und Infinitiv** ausgedrückt werden:
Nōlī amīcum dēserere!
Nōlīte mē rīdēre!

Lektion 51

Vokabeln

dēfendere – modus – rīdēre – sapiēns – commovēre – ostendere – praeesse – quaerere – scīre

* obicere, obiciō, obiēcī, obiectum	jemandem etwas vorwerfen	Objekt; E. to object
efficere, efficiō, effēcī, effectum	bewirken, herstellen	facere; Effekt
testis, testis m.	der Zeuge	Testament
inquam (eingeschoben)	sag(t)e ich	inquit
* pertinēre, pertineō, pertinuī (ad mit Akk.)	sich auf etwas beziehen; zu etw. gehören; sich erstrecken (bis zu)	tenēre
* dēsinere, dēsinō, dēsiī	(mit etw.) aufhören	sinere
* vitium, ī n.	der Fehler; die schlechte Eigenschaft	F. le vice; I. il vizio

J

ā puerō	von Kindheit an
sapientis est	es ist Kennzeichen/Eigenschaft eines Weisen
rē vērā	in Wahrheit
*quā dē causā	aus diesem Grund, daher
*Sōcratēs cīvibus odiō est.	Sokrates wird von den Bürgern gehasst (vgl. L. 29, S 2.5)

Lektion 52

Grammatik

S

1. Der Konjunktiv im Hauptsatz (2): Optativ (erfüllbare und unerfüllbare Wunschsätze)

1.1 Der Konjunktiv im Hauptsatz drückt häufig ein **Begehren** aus. Neben den in Lektion 51 genannten Aussagemodi des Konjunktivs als Aufforderung **(Hortativ, Jussiv)** oder Verbot **(Prohibitiv)** gibt es auch den Aussagemodus des **Optativs**, durch den ein **Wunsch** geäußert wird. Dabei wird zwischen **Wünschen**, die als **erfüllbar** gedacht werden, und solchen, die als **unerfüllbar** gedacht werden, unterschieden. Auch können sowohl Wünsche für die **Gegenwart** als auch für die **Vergangenheit** formuliert werden.

1.2 Häufig steht bei lateinischen Optativen zur Verstärkung **utinam** (bei Verneinungen: **utinam nē**). Ins Deutsche werden erfüllbare Wünsche zumeist mit „hoffentlich" (mit deutschem Indikativ) übersetzt, unerfüllbare Wünsche mit „wenn doch".

1.3 Für die Verwendung der Tempora des Konjunktivs gilt:

Konjunktiv Präsens	erfüllbarer Wunsch	Gegenwart	Utinam amīcus **veniat**! Hoffentlich kommt der Freund!
Konjunktiv Perfekt	erfüllbarer Wunsch	Vergangenheit	Utinam amīcus **vēnerit**! Hoffentlich ist der Freund gekommen!
Konjunktiv Imperfekt	unerfüllbarer Wunsch	Gegenwart	Utinam amīcus **venīret**! Wenn der Freund doch käme!
Konjunktiv Plusquamperfekt	unerfüllbarer Wunsch	Vergangenheit	Utinam amīcus **vēnisset**! Wenn der Freund doch gekommen wäre!

Anstelle von **utinam (nē)** können auch Konjunktivformen von velle, nōlle und mālle den Wunsch im Optativ einleiten (erfüllbar: **velim, nōlim, mālim** bzw. unerfüllbar: **vellem, nōllem, māllem**).

Vokabeln

adīre – cōnsilium capere – odisse – dīves – pauper – dīmittere – comes – vehemēns

utinam (m. Konj.)	hoffentlich; wenn doch	
*rēgnāre	König sein, herrschen	regere, rēx, rēgnum
*vīsere, vīsō, vīsī	(genau) ansehen, besichtigen; besuchen	vidēre, vīsitāre
aetās, aetātis f.	das Lebensalter, Zeitalter, die Zeit	E. age; I. l'età
utinam nē (m. Konj.)	wenn doch nicht; hoffentlich nicht	
*lūxuria, ae f.	die Üppigkeit, Genusssucht	Luxus
*palam (Adv.)	offen, öffentlich	
*diūtius (Adv.)	länger	diū

*canis, canis m.	der Hund	F. le chien; I. il cane
cōnspicere, cōnspiciō, cōnspēxī, cōnspectum	erblicken, ansehen	spectāre
paulum (Adv.)	ein wenig	paulō post
*tālis, tāle	so (beschaffen), derartig	I. tale
quālis, quāle	wie (beschaffen)	I. quale

J

Diogenem virtūte superāre	Diogenes an Tugend übertreffen

Lektion 53

Grammatik

S

1. Der Konjunktiv im Hauptsatz (3)

1.1 Der **Potentialis** als Aussagemodus im Hauptsatz schwächt eine Aussage ab und stellt ihren Inhalt als möglich dar. Der Potentialis wird im Lateinischen ohne Unterschied durch den **Konjunktiv Präsens** oder **Konjunktiv Perfekt** ausgedrückt. Er wird durch nōn verneint.
In der deutschen Übersetzung wird die Möglichkeit durch „dürfte/könnte“ oder die Adverbien „wohl/vielleicht“ zum Ausdruck gebracht:

Quīdam exīstiment/exīstimāverint multās cīvitātēs iniūstissimē regī.	Manche glauben wohl, dass viele Staaten sehr ungerecht regiert werden.
Dīcat/Dīxerit aliquis hoc vērum esse.	Es könnte einer sagen, dass dies wahr ist.

1.2 Der **Deliberativ** als Aussagemodus im direkten Fragesatz bringt eine unentschlossene Überlegung des Sprechers zum Ausdruck. Er wird im lateinischen Hauptsatz durch den **Konjunktiv Präsens** ausgedrückt. In der deutschen Übersetzung wird die Überlegung durch „sollen“ zum Ausdruck gebracht.

Quid nunc faciam?	Was soll ich jetzt tun?

2. Potentialis und Deliberativ im Gliedsatz

2.1 Der Potentialis kann auch in Konditionalsätzen verwendet werden:

Sī vērus gubernātor nautīs dēmōnstret eōs cursum tenēre nōn posse, nautae eum reprehendant.	Wenn der wahre Steuermann den Matrosen **nachweist (nachweisen sollte)**, dass sie den Kurs nicht halten können, **dürften** die Matrosen ihn tadeln.

2.2 Der Deliberativ kann auch in indirekten Fragesätzen verwendet werden:

Platō sēcum cōgitat, quid faciat.	Platon überlegt bei sich, was er tun soll.

Vokabeln

celer – licet – cīvitās – praeesse – perdere – perniciēs – cōgitāre – quālis – difficilis – condiciō

optāre	wünschen	
administrāre	verwalten, leiten	
*contendere, contendō, contendī, contentum	behaupten; sich anstrengen; eilen; kämpfen	
*iuvenis, iuvenis m.	der junge Mann	
*iūstus, a, um	gerecht	iūs, iūstitia
*sūmere, sūmō, sūmpsī, sūmptum	nehmen	
*iniūstus, a, um	ungerecht	iūstus, iniūria
*ars, artis f.	die Kunst, Fertigkeit	Artist
*discere, discō, didicī	lernen	discipulus
ventus, ī m.	der Wind	Ventilator
sīdus, sideris n.	der Stern, das Sternbild	
vel ... vel	entweder ... oder	

J

ad rem pūblicam accēdere	sich politisch betätigen
nōn multum āfuit, quīn (mit Konj.)	es hätte nicht viel daran gefehlt, dass ...
supplicium sumere dē Sōcrate	Sokrates hinrichten (lassen)
rem pūblicam gerere	einen Staat regieren, leiten
cursum tenēre	den Kurs halten

Grammatik

1. Das Gerundivum

S

1.1 Außer dem **Gerundium** (vgl. Lektion 49, F 1) gibt es im Lateinischen noch eine weitere Form, die mit dem Präsensstamm der Verben, gegebenenfalls mit dem Bindevokal -e-, dem Suffix **-nd-** und einer angefügten Endung gebildet wird: das **Gerundivum**.

laudare	**monere**	**audire**	**regere**	**capere**
lauda-**nd**-us	mone-**nd**-us	audi-**e**-**nd**-us	reg-**e**-**nd**-us	capi-**e**-**nd**-us

Auch das Gerundivum von **īre** und **ferre** wird genauso gebildet wie das Gerundium: īre: eundus – ferre: ferendus

1.2 Das **Gerundium** ist ein **Verbalsubstantiv**, mit dem man den substantivierten Infinitiv deklinieren kann (vgl. Lektion 49, S 3).
Das **Gerundivum** dagegen wird wie ein Adjektiv gebraucht. Weil es von einem Verb abgeleitet ist, bezeichnet man es auch als **Verbaldadjektiv**. Anders als das Gerundium, das nur die Formen im Singular Neutrum bildet, kann das Gerundivum in allen drei Genera und im Singular und Plural auftreten. Es hat denselben Formenbestand wie ein Adjektiv der a- und o-Deklination (vgl. Lektion 7, F 2: bonus, a, um), laudand**us**, laudand**a**, laudand**um**.

		Singular			**Plural**	
Nominativ	laudandus	laudanda	laudandum	laudandī	laudandae	laudanda
Genitiv	laudandī	laudandae	laudandī	laudandōrum	laudandārum	laudandōrum
		usw.			*usw.*	

2. Das Gerundivum als Prädikatsnomen

S

2.1 Das prädikative Gerundivum mit einer Form von esse
Das Gerundiv wird häufig als Teil des Prädikats verwendet (**prädikative Verwendung**). Häufig steht es als **Prädikatsnomen** bei einer Form von **esse**. Es richtet sich dann in KNG nach dem Subjekt (vgl. Lektion 7, S 5). Das prädikative Gerundivum hat eine passive Bedeutung und drückt eine Notwendigkeit aus. Es bezeichnet also **etwas, das getan werden muss**:

Discipulus **laudandus est.**	Der Schüler **muss gelobt werden.** („Der Schüler ist zu loben.“)
Discipulus **laudandus erat.**	Der Schüler **musste gelobt werden.** („Der Schüler war zu loben.“)

In der **Verneinung** drückt das prädikative Gerundivum aus, dass etwas **nicht getan werden darf** (vgl. im Englischen: „must“ – „muss“ und „must not“ – „darf nicht“):

Verba magistrī **neglegenda nōn sunt.**	Die Worte des Lehrers **dürfen nicht vernachlässigt werden.**

Möglich ist auch eine deutsche Übersetzung mit „man“ und einem Verb im Aktiv:

Discipulus laudandus est.	**Man muss** den Schüler **loben.**
Verba magistrī neglegenda nōn sunt.	**Man darf** die Worte des Lehrers nicht **vernachlässigen.**

2.2 Der dativus auctoris beim prädikativen Gerundivum

In Wendungen mit einem prädikativen Gerundivum steht die **handelnde Person** (also die Person, von der etwas getan werden muss/nicht getan werden darf) zumeist im **Dativ des Urhebers (dativus auctoris)**. Häufig ist die Übersetzung des prädikativen Gerundivums mit dativus auctoris im Deutschen mit dem Aktiv vorzuziehen:

Discipulus **magistrō** laudandus est.	Der Schüler muss **vom Lehrer** gelobt werden./**Der Lehrer** muss den Schüler loben.
Verba magistrī **discipulīs** neglegenda nōn sunt.	Die Worte des Lehrers dürfen **von den Schülern** nicht vernachlässigt werden./ **Die Schüler** dürfen die Worte des Lehrers nicht vernachlässigen.

2.3 Das prädikative Gerundivum in unpersönlichen Wendungen

Das prädikative Gerundivum kann auch von **intransitiven Verben** (Verben, die kein Akkusativobjekt bei sich haben) gebildet werden. Dann kommt es allein **in unpersönlichen Wendungen** vor und hat die Endung des Neutrum Singular **-um**:

Magistrō **parendum** est.	Es muss dem Lehrer gehorcht werden./ Man muss dem Lehrer gehorchen.
Hostibus **parcendum** est.	Die Feinde müssen geschont werden./ Man muss die Feinde schonen.
Nōbīs **eundum** est.	Wir müssen gehen.

Beim prädikativen Gerundivum in unpersönlichen Wendungen musst du aus dem Textzusammenhang heraus prüfen, ob es sich bei dem Dativ um ein Dativobjekt oder den dativus auctoris handelt.

2.4 Das Gerundivum bei Verben des Gebens, Nehmens und Besorgens

In diesem Fall drückt das Gerundivum einen Zweck oder eine Handlung, die noch durchgeführt werden muss, aus:

Līberī magistrō **īnstruendī dantur/ traduntur (mittuntur/committuntur).**	Die Kinder werden dem Lehrer „als noch zu Unterrichtende“ übergeben (geschickt/anvertraut) = Die Kinder werden dem Lehrer **zum Unterrichten übergeben (geschickt/anvertraut)**.

Die Verbindung von prädikativem Gerundiv und dem Verb cūrāre wird mit „lassen“ übersetzt:

Caesar pontem **faciendum cūrat**.	Caesar sorgt für eine Brücke „als eine noch zu bauende“ = Caesar **lässt** eine Brücke **bauen**.

Vokabeln

nūper – relinquere – iūcundus – parentēs – parātus – pecūnia – cūrāre – cessāre – sermō – convenīre

*oculus, ī m.	das Auge	Okular
sūmptus, sūmptūs m.	der Aufwand, die Kosten	
*īnstituere, īnstituō, īnstituī, īnstitūtum	anfangen; errichten; unterrichten	Institut, Institution
*suādēre, suādeō, suāsī, suāsum	etwas raten, empfehlen	persuadēre
nātus, a, um	geboren, alt	Nation
*cōnferre, cōnferō, cōntulī, collatum	zusammentragen; vergleichen	ferre
condūcere, condūco, condūxī, conductum	zusammenführen; anwerben, mieten	dūcere
*nōndum (Adv.)	noch nicht	
idōneus, a, um	geeignet, fähig	I. idoneo
dēligere, dēligō, dēlēgī, dēlēctum	auswählen	legere
aliēnus, a, um	fremd, ausländisch	Alien
*studium, ī n.	der Eifer, die Beschäftigung, das Studium	studēre
*exercēre, exerceō, exercuī	üben, betreiben; quälen	exercitus; E. exercise
hūmānus, a, um	menschlich, gebildet	homo; human
proinde (Adv.)	deshalb; ebenso	

J

pecūniam cōnferre	Geld sammeln
studia exercēre	seinen Studien nachgehen
dīligenter referre	genau berichten

Lektion 55

Grammatik

1. Das Partizip Futur Aktiv (PFA)

1.1 Die Formen

Das PFA wird gebildet aus dem Perfekt-Passiv-Stamm (vgl. Lektion 37, F 1) und dem Suffix **-urus**, **-ura**, **-urum**, z.B.:
laudāre → laudātus, laudāta, laudātum → laudāt**ūrus**, laudāt**ūra**, laudāt**ūrum**
monēre → monitus, monita, monitum → monit**ūrus**, monit**ūra**, monit**ūrum**
audīre → audītus, audīta, audītum → audīt**ūrus**, audīt**ūra**, audīt**ūrum**
regere → rēctus, rēcta, rēctum → rēct**ūrus**, rēct**ūra**, rēct**ūrum**

1.2 Die Deklination des PFA erfolgt wie bei den Adjektiven der a- und o-Deklination (vgl. Lektion 7, F 2, Lektion 55, F 1).

F

2. Der Infinitiv Futur Aktiv: Die Formen

a-Konjugation	e-Konjugation	i-Konjugation	konsonantische Konjugation
laudatūrum, am, um esse	monitūrum, am, um esse	audītūrum, am, um esse	rēctūrum, am, um esse

Der Infinitiv Futur Aktiv wird gebildet aus dem Akkusativ des Partizip Futur Aktiv (PFA) und esse.
Der Infinitiv Futur Aktiv zu esse heißt: futurum, am, um/futurōs, ās, a esse; all diese Formen können gelegentlich auch durch die Form fore ersetzt werden.

S

2. Das Zeitverhältnis der Nachzeitigkeit

Der Infinitiv Futur Aktiv drückt immer die Nachzeitigkeit zur Aussage des übergeordneten Prädikats aus. Er kommt nur im AcI vor. Die Formen des Infinitivs stehen dabei immer in KNG-Kongruenz zum Akkusativ des AcI:

Rēx spērāvit līberōs linguam Latīnam cognitūrōs esse.	Der König hoffte, dass die Kinder die lateinische Sprache lernen werden (würden).

Vokabeln

oculus – studium – neglegere – cōnsulere – īnstruere – mandāre – cōnscrībere – recitāre

interīre, intereō, interiī, interitum	untergehen, zugrunde gehen, umkommen	īre
*litterae, ārum f.	der Brief; die Wissenschaft(en); die Literatur	Literatur
*doctus, a, um	gelehrt, gebildet	docere; Doktor
spērāre	hoffen	spēs
lingua, ae f.	die Rede, die Sprache	Linguistik; E. language
*praecipere, praecipiō, praecēpī, praeceptum	vorschreiben, befehlen, lehren	capere
honestus, a, um	angesehen, ehrenwert	honōs; E. honest; I. onesto
• favēre, faveō, favī, fautūrum (mit Dat.)	(jemanden) begünstigen, (jemanden) fördern	
prōmittere, prōmittō, prōmīsī, prōmissum	versprechen	mittere; E. to promise
*mūnus, mūneris n.	die Leistung; Aufgabe, das Amt; Geschenk	
*convertere, convertō, convertī, conversus	umdrehen, (hin)wenden	vertere; konvertieren; E. to convert; I. convertire
*praeceptum, ī n.	die Vorschrift, der Befehl, die Lehre	praecipere; E. precept
nōbilitās, nōbilitātis f.	die Berühmtheit, der Adel, adeliger Stand	nōbilis; Nobilität
vultus, vultūs m.	die Miene, das Gesicht, Aussehen	I. il volto

J

linguam Latīnam cōgnōscere	die lateinische Sprache erfassen, erlernen
*mihī persuāsum est (mit AcI)	ich bin überzeugt (, dass)
magistrātum gerere	ein Amt bekleiden

Lektion 56

Grammatik

F

1. Das Pronomen idem, eadem, idem

	Singular			Plural		
	m.	**f.**	**n.**	**m.**	**f.**	**n.**
Nominativ	īdem	eadem	idem	iīdem	eaedem	eadem
Genitiv	eiusdem	eiusdem	eiusdem	eōru**nd**em	eāru**nd**em	eōru**nd**em
Dativ	eidem	eidem	eidem	iīsdem	iīsdem	iīsdem
Akkusativ	eu**nd**em	ea**nd**em	idem	eōsdem	eāsdem	eadem
Ablativ	eōdem	eādem	eōdem	iīsdem	iīsdem	iīsdem

S

2. Das Gerundivum als Attribut

Die Formen des Gerundivums hast du schon kennengelernt (vgl. Lektion 54, F 1.1 – 1.2). Das Gerundivum kann als Prädikatsnomen mit einer Form von esse verwendet werden (vgl. Lektion 54, S 2), es kann aber auch ein Attribut sein. Da es ein Verbaladjektiv ist, richtet sich das Gerundivum als **Attribut** in **KNG** nach seinem Bezugswort.

2.1 Zusammen mit einem Bezugswort entspricht das adjektivische Gerundivum oft der Konstruktion des substantivischen Gerundiums mit einem Akkusativobjekt und wird dann genauso übersetzt:

cōnsilium linguam Latīnam **cōgnōscendī** (Gerundium mit Akkusativobjekt)	der Beschluss Latein zu lernen
cōnsilium lingu**ae** Latīn**ae** **cōgnōscendae** (Gerundivum als Attribut in KNG-Kongruenz)	
Asinus clāmat sē **labōrēs suscipiendō** quasi necārī. (Gerundium mit Akkusativ-Objekt)	Der Esel schreit, dass er durch die Übernahme von Mühen (... indem er Mühen auf sich nimmt) gleichsam getötet wird.
Asinus clāmat sē **labōribus suscipiendīs** quasi necārī. (Gerundivum als Attribut in KNG-Kongruenz)	

2.2 Die Übersetzung des Gerundivums als Attribut erfolgt meist durch ein Verbalsubstantiv („... durch die Übernahme von Mühen") oder einen Gliedsatz („... indem er Mühen auf sich nimmt"). Steht das Gerundivum im Genitiv, kann es durch einen Infinitiv übersetzt werden („... Latein zu lernen").
Gelegentlich steht das Gerundivum als Attribut im Nominativ. Dann wird es mit einem Adjektiv auf „-lich" oder „-wert" wiedergegeben:

studium laudandum	ein lobens*werter* Eifer
rēs nōn ferenda	eine unerträg*liche* Angelegenheit

Vokabeln

labor – suscipere – dolor – accipere – malum – perferre – docēre – comperīre – condiciō

*necāre	töten	
*umquam	jemals	numquam
*tot ... quot	so viele ... wie viele	
*dūrus, a, um	hart	Dur; I./S. duro
domō (Abl.)	von zu Hause	domus
ēiusmodī	derartig	modus
īdem, eadem, idem	derselbe, dieselbe, dasselbe	
dum (mit Konjunktiv)	solange, bis	
invītus, a, um	ungern, gegen den Willen	velle
haerēre, haereō, haesī	hängen bleiben	kohärent
*ubi prīmum (mit Ind. Perfekt)	sobald	
*sponte meā, tuā, suā	freiwillig; von mir (dir, sich) aus	
*stultus, a, um	dumm	
saxum, ī n.	der Felsen, große Stein	I. il sasso
volvere, volvō, volvī, volūtum	wälzen, rollen; überlegen	Evolution
*inānis, ināne	wertlos, leer	
*negōtium, ī n.	die Aufgabe, Beschäftigung	otium; I. il negozio

Lektion 57

Grammatik

S

Das PFA kann verwendet werden

1. als **Prädikatsnomen** in Verbindung mit einer Form von esse, um eine unmittelbar bevorstehende Handlung auszudrücken:

Petrarca iter commodum quaesītūrus erat.	Petrarca war im Begriff, einen angenehmen Weg zu suchen/wollte gerade einen angenehmen Weg suchen.

2. als **Participium coniunctum**. Dabei drückt das PFA das **Zeitverhältnis** der **Nachzeitigkeit** zur Aussage des übergeordneten Prädikats aus. Als Participium coniunctum übernimmt das PFA die Satzgliedfunktion eines Adverbiale und hat eine **finale Sinnrichtung**:

Petrarca per vallēs errāvit iter commodum quaesītūrus.	Petrarca irrte durch die Täler, um einen angenehmen Weg zu suchen.

Vokabeln

altus – mōns – sōlus – cupiditās – ascendere – iter facere – discēdere – difficilis – cōgitāre

*insīgnis, e	kennzeichnend, auffallend	sīgnum; F./I./S. insigne
altitūdō, altitūdinis f.	die Höhe, die Tiefe	altus; I. l'altitudine
addūcere, addūcō, addūxī, adductum	heranführen, veranlassen	dūcere
inde (Adv.)	von dort; darauf; deshalb	
praeter (Präp. mit Akk.)	außer; an ... vorbei	
*vallis, vallis f.	das Tal	E. valley; F. le val
*commodus, a, um	angemessen, günstig, angenehm	modus; F. commode
angustus, a, um	eng, schwierig	
collis, collis m.	der Hügel	I. il colle
*quiēscere, quiēscō, quiēvī, quiētum	(aus)ruhen, schlafen	

mēns, mentis f.	der Geist, der Sinn, der Verstand, die Gesinnung	Mentalität, mental; E. mind; I./S. mente
propius (Adv.)	näher	
pectus, pectoris n.	die Brust, das Herz, das Gemüt	Angina pectoris

J

*summus mōns	der Gipfel des Berges
in mentem venīre	in den Sinn kommen
tantum labōris	so viel Arbeit (vgl. Lektion 50, S 3)

Lektion 58

Grammatik

Deponentien

F

1. Deponentien sind Verben, die nur passive Formen bilden, die aber aktiv übersetzt werden. Sie haben ihre passive Bedeutung sozusagen „abgelegt" (von: dēpōnere = ablegen).

2. **Die Formen**
   Die Konjugation der Deponentien ist identisch mit den bekannten Passivformen (vgl. Lektion 36, F 1; Lektion 37, F 2; Lektion 40, F 1–2).

Der Präsensstamm

	Indikativ Präsens				
	a-Konjugation	e- Konjugation	i-Konjugation	konsonantische Konjugation	
Sg. 1. P.	hortor ich ermahne	vereor ich fürchte	potior ich erlange	loquor ich spreche	morior ich sterbe
2. P.	hortāris	verēris	potīris	loqueris	moreris
3. P.	hortātur	verētur	potītur	loquitur	moritur
Pl. 1. P.	hortāmur	verēmur	potīmur	loquimur	morimur
2. P.	hortāminī	verēminī	potīminī	loquiminī	moriminī
3. P.	hortantur	verentur	potiuntur	loquuntur	moriuntur

	Konjunktiv Präsens				
	a-Konjugation	e- Konjugation	i-Konjugation	konsonantische Konjugation	
Sg. 1. P.	horter	verear	potiar	loquar	moriar
2. P.	hortēris	vereāris	potiāris	loquāris	moriāris
3. P.	hortētur	vereātur	potiātur	loquātur	moriātur
	usw.	*usw.*	*usw.*	*usw.*	*usw.*

	Indikativ Imperfekt				
	a-Konjugation	e- Konjugation	i-Konjugation	konsonantische Konjugation	
Sg. 1. P.	hortābar ich mahnte	verēbar ich fürchtete	potiēbar ich erlangte	loquēbar ich sprach	moriēbar ich starb
2. P.	hortābāris	verēbāris	potiēbāris	loquēbāris	moriēbāris
3. P.	hortābātur	verēbātur	potiēbātur	loquēbātur	moriēbātur
Pl. 1. P.	hortābāmur	verēbāmur	potiēbāmur	loquēbāmur	moriēbāmur
2. P.	hortābāminī	verēbāminī	potiēbāminī	loquēbāminī	moriēbāminī
3. P.	hortābantur	verēbantur	potiēbantur	loquēbantur	moriēbantur

Konjunktiv Imperfekt

	a-Konjugation	e- Konjugation	i-Konjugation	konsonantische Konjugation	
Sg. 1. P.	hortārer	verērer	potīrer	loquerer	morerer
2. P.	hortārēris	verērēris	potīrēris	loquerēris	morerēris
3. P.	hortārētur	verērētur	potīrētur	loquerētur	morerētur
	usw.	*usw.*	*usw.*	*usw.*	*usw.*

Futur I

	a-Konjugation	e- Konjugation	i-Konjugation	konsonantische Konjugation	
Sg. 1. P.	hortābor ich werde mahnen	verēbor ich werde fürchten	potiar ich werde erlangen	loquar ich werde sprechen	moriar ich werde sterben
2. P.	hortāberis	verēberis	potiēris	loquēris	moriēris
3. P.	hortābitur	verēbitur	potiētur	loquētur	moriētur
Pl. 1. P.	hortābimur	verēbimur	potiēmur	loquēmur	moriēmur
2. P.	hortābiminī	verēbiminī	potiēminī	loquēminī	moriēminī
3. P.	hortābuntur	verēbuntur	potientur	loquentur	morientur

Der Perfektstamm

Indikativ Perfekt

	a-Konjugation	e- Konjugation	i-Konjugation	konsonantische Konjugation	
Sg. 1. P.	hortātus sum ich mahnte/ habe gemahnt	veritus sum ich fürchtete/ habe gefürchtet	potītus sum ich erlangte/ habe erlangt	locūtus sum ich sprach/habe gesprochen	mortuus sum ich starb/bin gestorben
2. P.	hortātus es	veritus es	potītus es	locūtus es	mortuus es
3. P.	hortātus est	veritus est	potītus est	locūtus est	mortuus est
Pl. 1. P.	hortātī sumus	veritī sumus	potītī sumus	locūtī sumus	mortuī sumus
2. P.	hortātī estis	veritī estis	potītī estis	locūtī estis	mortuī estis
3. P.	hortātī sunt	veritī sunt	potītī sunt	locūtī sunt	mortuī sunt

	Konjunktiv Perfekt				
	a-Konjugation	**e- Konjugation**	**i-Konjugation**	**konsonantische Konjugation**	
Sg. 1. P.	hortātus sim	veritus sim	potītus sim	locūtus sim	mortuus sim
2. P.	hortātus sīs	veritus sīs	potītus sīs	locūtus sīs	mortuus sīs
3. P.	hortātus sit	veritus sit	potītus sit	locūtus sit	mortuus sit
	usw.	*usw.*	*usw.*	*usw.*	*usw.*

	Indikativ Plusquamperfekt				
	a-Konjugation	**e- Konjugation**	**i-Konjugation**	**konsonantische Konjugation**	
Sg. 1. P.	hortātus eram ich hatte gemahnt	veritus eram ich hatte gefürchtet	potītus eram ich hatte erlangt	locūtus eram ich hatte gesprochen	mortuus eram ich war gestorben
2. P.	hortātus erās	veritus erās	potītus erās	locūtus erās	mortuus erās
3. P.	hortātus erat	veritus erat	potītus erat	locūtus erat	mortuus erat
	usw.	*usw.*	*usw.*	*usw.*	*usw.*

	Konjunktiv Plusquamperfekt				
	a-Konjugation	**e- Konjugation**	**i-Konjugation**	**konsonantische Konjugation**	
Sg. 1. P.	hortātus essem	veritus essem	potītus essem	locūtus essem	mortuus essem
2. P.	hortātus essēs	veritus essēs	potītus essēs	locūtus essēs	mortuus essēs
3. P.	hortātus esset	veritus esset	potītus esset	locūtus esset	mortuus esset
	usw.	*usw.*	*usw.*	*usw.*	*usw.*

	Futur II				
	a-Konjugation	**e- Konjugation**	**i-Konjugation**	**konsonantische Konjugation**	
Sg. 1. P.	hortātus erō	veritus erō	potītus erō	locūtus erō	mortuus erō
2. P.	hortātus eris	veritus eris	potītus eris	locūtus eris	mortuus eris
3. P.	hortātus erit	veritus erit	potītus erit	locūtus erit	mortuus erit
	usw.	*usw.*	*usw.*	*usw.*	*usw.*

Infinitive					
	a-Konjugation	e- Konjugation	i-Konjugation	konsonantische Konjugation	
Präsens	hortārī	verērī	potīrī	loquī	morī
Perfekt	hortātum esse	veritum esse	potītum esse	locūtum esse	mortuum esse
Futur	hortātūrum esse	veritūrum esse	potītūrum esse	locūtūrum esse	moritūrum esse

Imperative					
	a-Konjugation	e- Konjugation	i-Konjugation	konsonantische Konjugation	
Singular	hortāre! mahne!	verēre! fürchte!	potīre! erlange!	loquere! sprich!	morere! stirb!
Plural	hortāminī! mahnt!	verēminī! fürchtet!	potīminī! erlangt!	loquiminī! sprecht!	moriminī! sterbt!

Achtung: Der Imperativ Singular eines Deponens sieht aus wie der Infinitiv aktiver Verben. Achte daher gut auf die Satzzeichen!

Vokabeln

regiō – pervenīre – forma – mulier – adīre – canis – dēfendere – hiems – asper

proficīscī, proficīscor, profectus sum	aufbrechen, reisen, marschieren	
mīrārī, mīror, mīrātus sum	sich wundern, bewundern	E. to admire; F. admirer
interrogāre	fragen	rogāre; Interrogativpronomen
versārī, versor, versātus sum	sich aufhalten, sich befinden	
loquī, loquor, locūtus sum	sprechen, reden	eloquentia; Kolloquium
quicumque, quaecumque, quodcumque	wer auch immer; jeder, der	quī, quae, quod
nāscī, nāscor, nātus sum	geboren werden, enstehen	I. nascere
potīrī, potior, potītus sum (m. Abl.)	sich (einer Sache) bemächtigen, etw. erlangen	potens, potestās
resistere, resistō, restitī	Widerstand leisten; stehen bleiben	E. to resist; F. resister
tegere, tegō, tēxī, tectum	(be)decken, schützen	E. to protect

aggredī, aggredior, agressus sum	herangehen, angreifen	aggressiv; I. aggredire
*hortārī, hortor, hortātus sum	ermahnen, ermuntern	Hortativ
*verērī, vereor, veritus sum	sich fürchten, scheuen; verehren	
iactāre	werfen, schleudern	
tamquam	wie wenn; als ob	
*cōnsequī, cōnsequor, cōnsecutus sum	erreichen, einholen	konsequent
morī, morior, mortuus sum	sterben	mors; F. mourir; I. morire
*morārī, moror, morātus sum	(sich) aufhalten	

J

regiōne potīrī	eine Gegend erobern

Lektion 59

Grammatik

F

Semideponentien

1. In Lektion 58 hast du die **Deponentien** kennengelernt: Verben, die nur passive Formen bilden, die aber aktiv übersetzt werden. Daneben gibt es auch einige Verben, die nur in einem Tempusstamm ihre Formen passivisch bilden, während die Formen des anderen Tempusstammes aktiv gebildet werden. In beiden Fällen ist die Bedeutung dieser Verben stets aktivisch. Diese Verben nennt man **Semideponentien** („Halbdeponentien").
   Zu den Semideponentien gehört zum Beispiel das dir bereits bekannte Verb **gaudēre** („sich freuen"). Es hat die folgenden Stammformen: gaudēre, gaudeō, **gāvīsus sum**.
   Du erkennst, dass die Formen des Präsensstamms aktiv gebildet werden. Im Perfektstamm bildet das Verb hingegen wie die Deponentien eine passive Form mit Partizip Perfekt (gāvīsus) und einer Form von esse, die jedoch aktiv übersetzt wird (gāvīsus sum – „ich habe mich gefreut"). Weitere Verben, die allein im Perfektstamm passive Formen (mit aktiver Bedeutung) bilden, sind:

audēre, audeō, **ausus sum** – wagen
cōnfīdere, cōnfīdō, **cōnfīsus sum** – vertrauen
solēre, soleō, **solitus sum** – gewohnt sein.
Dagegen bildet das Semideponens revertī („zurückkehren") im Präsensstamm passive Formen und im Perfektstamm aktive Formen. Es hat also die folgende Stammformenreihe:
revertī, **revertor**, revertī
Von revertī gibt es außerdem das Partizip Perfekt **reversus** („zurückgekehrt").

2. Die Formen

Die Konjugation der Semideponentien im Präsensstamm (bzw. bei revertī im Perfektstamm) ist identisch mit den bekannten Passivformen (vgl. Lektion 36, F 1; Lektion 37, F 2; Lektion 40, F 1–2), bzw. den Formen der Deponentien (Lektion 58, F 2). Im Präsensstamm (bzw. bei revertī im Perfektstamm) bilden die Semideponentien die üblichen Aktivformen.

3. Vergleich mit anderen Verbgruppen

Die Formen und Bedeutung der Semideponentien lassen sich am besten überblicken, wenn man einen Vergleich mit den „normalen" Verben und den Deponentien anstellt:

	Formen des Präsensstamms		Formen des Perfektstamms	
	Infinitiv Präsens	**1. Pers. Sg. Präs.**	**1. Pers. Sg. Perf.**	**Partizip Perfekt (Passiv)**
Verb (kein Deponens)	vocāre („rufen")	vocō („ich rufe")	vocāvī („ich habe gerufen")	vocātum („gerufen")
Deponens	hortārī („ermahnen")	hortor („ich ermahne")	hortātus sum („ich habe ermahnt")	
Semideponentien	gaudēre („sich freuen")	gaudeō („ich freue mich")	gāvīsus sum („ich habe mich gefreut")	
	revertī („zurückkehren")	revertor („ich kehre zurück")	revertī („ich bin zurückgekehrt")	reversus („zurückgekehrt")

Vokabeln

ōrātiōnem habēre – opēs – litus – dēesse – pervenīre – occidere – reperīre – paucī – pecūnia – comes

*cōnfīdere, cōnfīdō, cōnfīsus sum	vertrauen	fīdus, fidēs
• gaudēre, gaudeō, gāvīsus sum	sich freuen	gaudium
sequī, sequor, secūtus sum (mit Akk.)	(jmd.) folgen	Sequenz
*audēre, audeō, ausus sum	wagen	
nūdus, a, um	nackt	Nudist
placidus, a, um	sanft, friedlich, ruhig	
ūtī, ūtor, ūsus sum (mit Abl.)	(etw.) benutzen, gebrauchen	ūsus; E. to use; F. user
avis, is f.	der Vogel	
vērō (Adv.)	wirklich; aber	
grandis, grande	groß, bedeutend	
colligere, colligō, collēgī, collectum	sammeln	legere; Kollekte; E. to collect
solēre, soleō, solitus sum	gewohnt sein, (etw.) gewöhnlicherweise tun	
ferrum, ī n.	das Eisen; die Waffe	F. le fer; I. il ferro
aurum, ī n.	das Gold	F. l'or; I. l'óro
pollicērī, polliceor, pollicitus sum	(etw.) versprechen	
*revertī, revertor, revertī, reversus	zurückkehren, umkehren	vertere
incola, ae **m.**	der Bewohner, Einwohner	colere
ōra, ae f.	die Küste	

J

occidentem sōlem sequī	nach Westen fahren
ingentis māgnitūdinis esse	sehr groß sein (vgl. Lektion 45, S 3)
amīcitiam foedusque inīre	ein Freundschaftsbündnis schließen
brevī tempore revertī	nach (in) kurzer Zeit zurückkehren
proximō annō	im folgenden Jahr

Lektion 60

Grammatik

Partizip Perfekt der Deponentien: Verwendung

S

1. Das Partizip Perfekt bezeichnet auch bei den Deponentien die **Vorzeitigkeit** zur Aussage des übergeordneten Prädikats. Zur Wiedergabe im Deutschen vgl. Lektion 39, S 2.

Cortēsius in templum ingressus imāginēs deōrum dēlērī iussit.	Cortes ging in den Tempel und ließ dann die Götterbilder zerstören. Nachdem Cortes in den Tempel gegangen war, ließ er die Götterbilder zerstören.

2. Das Partizip Perfekt der Deponentien kann auch die Gleichzeitigkeit ausdrücken. Es wird dann in der Regel durch einen Präpositionalausdruck übersetzt.

Mutezūma deīs suīs cōnfīsus Cortēsium ōrāvit, nē deos violāret.	Im Vertrauen auf seine Götter bat Montezuma Cortes, die Götter nicht zu beleidigen.

Vokabeln

magis – ornāre – imāgō – sacrificāre – conficere – afficere – ēripere – offerre – honōs

*frequēns, frequentis	zahlreich, häufig besucht	frequentieren
*venerārī, veneror, venerātus sum	verehren, anbeten	
*sanguis, sanguinis m.	das Blut, der Mord	
*cor, cordis n.	das Herz, das Gemüt, die Seele	F. le cœur
ingredī, ingredior, ingressus sum	hineingehen, betreten	
violāre	verletzen, schänden, entweihen	
offendere, offendō, offendī, offēnsum	anstoßen, verletzen, beleidgen	Offensive
patī, patior, passus sum	erleiden, zulassen	Passiv, Passion
oblīvīscī, oblīvīscor, oblītus sum (mit Gen.)	(etwas) vergessen	

Formenlehre

1. Verben

1.1 Indikativ Aktiv

Präsensstamm

Präsens

		a-Konjugation	e-Konjugation	i-Konjugation	kons. Konjugation	
Sg.	1. P.	laudō	moneō	audiō	regō	capiō
	2. P.	laudās	monēs	audīs	regis	capis
	3. P.	laudat	monet	audit	regit	capit
Pl.	1. P.	laudāmus	monēmus	audīmus	regimus	capimus
	2. P.	laudātis	monētis	audītis	regitis	capitis
	3. P.	laudant	monent	audiunt	regunt	capiunt

Imperfekt

		a-Konjugation	e-Konjugation	i-Konjugation	kons. Konjugation	
Sg.	1. P.	laudābam	monēbam	audiēbam	regēbam	capiēbam
	2. P.	laudābās	monēbās	audiēbās	regēbās	capiēbās
	3. P.	laudābat	monēbat	audiēbat	regēbat	capiēbat
Pl.	1. P.	laudābāmus	monēbāmus	audiēbāmus	regēbāmus	capiēbāmus
	2. P.	laudābātis	monēbātis	audiēbātis	regēbātis	capiēbātis
	3. P.	laudābant	monēbant	audiēbant	regēbant	capiēbant

Futur I

		a-Konjugation	e-Konjugation	i-Konjugation	kons. Konjugation	
Sg.	1. P.	laudābō	monēbō	audiam	regam	capiam
	2. P.	laudābis	monēbis	audiēs	regēs	capiēs
	3. P.	laudābit	monēbit	audiet	reget	capiet
Pl.	1. P.	laudābimus	monēbimus	audiēmus	regēmus	capiēmus
	2. P.	laudābitis	monēbitis	audiētis	regētis	capiētis
	3. P.	laudābunt	monēbunt	audient	regent	capient

Imperativ

	a-Konjugation	e-Konjugation	i-Konjugation	kons. Konjugation	
Singular	laudā!	monē!	audī!	rege!	cape!
Plural	laudāte!	monēte!	audīte!	regite!	capite!

Perfektstamm

Perfekt

		a-Konjugation	e-Konjugation	i-Konjugation	kons. Konjugation
Sg.	**1. P.**	laudāvī	monuī	audīvī	rēxī
	2. P.	laudāvistī	monuistī	audīvistī	rēxistī
	3. P.	laudāvit	monuit	audīvit	rēxit
Pl.	**1. P.**	laudāvimus	monuimus	audīvimus	rēximus
	2. P.	laudāvistis	monuistis	audīvistis	rēxistis
	3. P.	laudāvērunt	monuērunt	audīvērunt	rēxērunt

Plusquamperfekt

		a-Konjugation	e-Konjugation	i-Konjugation	kons. Konjugation
Sg.	**1. P.**	laudāveram	monueram	audīveram	rēxeram
	2. P.	laudāverās	monuerās	audīverās	rēxerās
	3. P.	laudāverat	monuerat	audīverat	rēxerat
Pl.	**1. P.**	laudāverāmus	monuerāmus	audīverāmus	rēxerāmus
	2. P.	laudāverātis	monuerātis	audīverātis	rēxerātis
	3. P.	laudāverant	monuerant	audīverant	rēxerant

Futur II

		a-Konjugation	e-Konjugation	i-Konjugation	kons. Konjugation
Sg.	**1. P.**	laudāverō	monuerō	audīverō	rēxerō
	2. P.	laudāveris	monueris	audīveris	rēxeris
	3. P.	laudāverit	monuerit	audīverit	rēxerit
Pl.	**1. P.**	laudāverimus	monuerimus	audīverimus	rēxerimus
	2. P.	laudāveritis	monueritis	audīveritis	rēxeritis
	3. P.	laudāverint	monuerint	audīverint	rēxerint

1.2 Indikativ Passiv

Präsensstamm

Präsens

		a-Konjugation	e-Konjugation	i-Konjugation	kons. Konjugation	
Sg.	**1. P.**	laudor	moneor	audior	regor	capior
	2. P.	laudāris	monēris	audīris	regeris	caperis
	3. P.	laudātur	monētur	audītur	regitur	capitur
Pl.	**1. P.**	laudāmur	monēmur	audīmur	regimur	capimur
	2. P.	laudāminī	monēminī	audīminī	regiminī	capiminī
	3. P.	laudantur	monentur	audiuntur	reguntur	capiuntur

Imperfekt

		a-Konjugation	e-Konjugation	i-Konjugation	kons. Konjugation	
Sg.	**1. P.**	laudābar	monēbar	audiēbar	regēbar	capiēbar
	2. P.	laudābāris	monēbāris	audiēbāris	regēbāris	capiēbāris
	3. P.	laudābātur	monēbātur	audiēbātur	regēbātur	capiēbātur
Pl.	**1. P.**	laudābāmur	monēbāmur	audiēbāmur	regēbāmur	capiēbāmur
	2. P.	laudābāminī	monēbāminī	audiēbāminī	regēbāminī	capiēbāminī
	3. P.	laudābantur	monēbantur	audiēbantur	regēbantur	capiēbantur

Futur I

		a-Konjugation	e-Konjugation	i-Konjugation	kons. Konjugation	
Sg.	**1. P.**	laudābor	monēbor	audiar	regar	capiar
	2. P.	laudāberis	monēberis	audiēris	regēris	capiēris
	3. P.	laudābitur	monēbitur	audiētur	regētur	capiētur
Pl.	**1. P.**	laudābimur	monēbimur	audiēmur	regēmur	capiēmur
	2. P.	laudābiminī	monēbiminī	audiēminī	regēminī	capiēminī
	3. P.	laudābuntur	monēbuntur	audientur	regentur	capientur

Imperative der Deponentien

Singular	hortāre	verēre!	potīre!	loquere!	morere!
Plural	hortāminī!	verēminī!	potīminī!	loquiminī!	moriminī!

Perfektstamm

Perfekt

		a-Konjugation	e-Konjugation	i-Konjugation	kons. Konjugation
Sg.	**1. P.**	laudātus, a, um sum	monitus, a, um sum	audītus, a, um sum	rēctus, a, um sum
	2. P.	laudātus, a, um es	monitus, a, um es	audītus, a, um es	rēctus, a, um es
	3. P.	laudātus, a, um est	monitus, a, um est	audītus, a, um est	rēctus, a, um est
Pl.	**1. P.**	laudātī, ae, a sumus	monitī, ae, a sumus	audītī, ae, a sumus	rēctī, ae, a sumus
	2. P.	laudātī, ae, a estis	monitī, ae, a estis	audītī, ae, a estis	rēctī, ae, a estis
	3. P.	laudātī, ae, a sunt	monitī, ae, a sunt	audītī, ae, a sunt	rēctī, ae, a sunt

Plusquamperfekt

		a-Konjugation	e-Konjugation	i-Konjugation	kons. Konjugation
Sg.	**1. P.**	laudātus, a, um eram	monitus, a, um eram	audītus, a, um eram	rēctus, a, um eram
	2. P.	laudātus, a, um erās	monitus, a, um erās	audītus, a, um erās	rēctus, a, um erās
	3. P.	laudātus, a, um erat	monitus, a, um erat	audītus, a, um erat	rēctus, a, um erat
Pl.	**1. P.**	laudātī, ae, a erāmus	monitī, ae, a erāmus	audītī, ae, a erāmus	rēctī, ae, a erāmus
	2. P.	laudātī, ae, a erātis	monitī, ae, a erātis	audītī, ae, a erātis	rēctī, ae, a erātis
	3. P.	laudātī, ae, a erant	monitī, ae, a erant	audītī, ae, a erant	rēctī, ae, a erant

Futur II

		a-Konjugation	e-Konjugation	i-Konjugation	kons. Konjugation
Sg.	**1. P.**	laudātus, a, um erō	monitus, a, um erō	audītus, a, um erō	rēctus, a, um erō
	2. P.	laudātus, a, um eris	monitus, a, um eris	audītus, a, um eris	rēctus, a, um eris
	3. P.	laudātus, a, um erit	monitus, a, um erit	audītus, a, um erit	rēctus, a, um erit
Pl.	**1. P.**	laudātī, ae, a erimus	monitī, ae, a erimus	audītī, ae, a erimus	rēctī, ae, a erimus
	2. P.	laudātī, ae, a eritis	monitī, ae, a eritis	audītī, ae, a eritis	rēctī, ae, a eritis
	3. P.	laudātī, ae, a erunt	monitī, ae, a erunt	audītī, ae, a erunt	rēctī, ae, a erunt

1.3 Die Nominalformen

Infinitiv

Präsens Aktiv	laudāre	monēre	audīre	regere	capere
Präsens Passiv	laudārī	monerī	audīrī	regī	capī
Perfekt Aktiv	laudāvisse	monuisse	audīvisse	rēxisse	cēpisse
Perfekt Passiv	laudātum esse	monitum esse	audītum esse	rēctum esse	captum esse
Futur Aktiv	laudātūrum esse	monitūrum esse	audītūrum esse	rēctūrum esse	captūrum esse

Partizip

Präsens Aktiv	laudāns laudantis	monēns monentis	audīens audientis	regēns regentis	capiēns capientis
Perfekt Passiv	laudātus, a, um	monitus, a, um	audītus, a, um	rēctus, a, um	captus, a, um
Futur Aktiv	laudātūrus, a, um	monitūrus, a, um	audītūrus, a, um	rēctūrus, a, um	captūrus, a, um

nd-Form: Gerundivum

laudandus, a, um	monendus, a, um	audiendus, a, um	regendus, a, um	capiendus, a, um

1.4 Konjunktiv Aktiv

Präsensstamm

Präsens

		a-Konjugation	e-Konjugation	i-Konjugation	kons. Konjugation	
Sg.	**1. P.**	laudem	moneam	audiam	regam	capiam
	2. P.	laudēs	moneās	audiās	regās	capiās
	3. P.	laudet	moneat	audiat	regat	capiat
Pl.	**1. P.**	laudēmus	moneāmus	audiāmus	regāmus	capiāmus
	2. P.	laudētis	moneātis	audiātis	regātis	capiātis
	3. P.	laudent	moneant	audiant	regant	capiant

Imperfekt

		a-Konjugation	e-Konjugation	i-Konjugation	kons. Konjugation	
Sg.	**1. P.**	laudārem	monērem	audīrem	regerem	caperem
	2. P.	laudārēs	monērēs	audīrēs	regerēs	caperēs
	3. P.	laudāret	monēret	audīret	regeret	caperet
Pl.	**1. P.**	laudārēmus	monērēmus	audīrēmus	regerēmus	caperēmus
	2. P.	laudārētis	monērētis	audīrētis	regerētis	caperētis
	3. P.	laudārent	monērent	audīrent	regerent	caperent

Perfektstamm

Perfekt

		a-Konjugation	e-Konjugation	i-Konjugation	kons. Konjugation
Sg.	**1. P.**	laudāverim	monuerim	audīverim	rēxerim
	2. P.	laudāveris	monueris	audīveris	rēxeris
	3. P.	laudāverit	monuerit	audīverit	rēxerit
Pl.	**1. P.**	laudāverimus	monerimus	audīverimus	rēxerimus
	2. P.	laudāveritis	monueritis	audīveritis	rēxeritis
	3. P.	laudāverint	monuerint	audīverint	rēxerint

Plusquamperfekt

		a-Konjugation	e-Konjugation	i-Konjugation	kons. Konjugation
Sg.	**1. P.**	laudāvissem	monuissem	audīvissem	rēxissem
	2. P.	laudāvissēs	monuissēs	audīvissēs	rēxissēs
	3. P.	laudāvisset	monuisset	audīvisset	rēxisset
Pl.	**1. P.**	laudāvissēmus	monuissēmus	audīvissēmus	rēxissēmus
	2. P.	laudāvissētis	monuissētis	audīvissētis	rēxissētis
	3. P.	laudāvissent	monuissent	audīvissent	rēxissent

1.5 Konjunktiv Passiv

Präsensstamm

Präsens

		a-Konjugation	e-Konjugation	i-Konjugation	kons.Konjugation	
Sg.	**1. P.**	lauder	monear	audiar	regar	capiar
	2. P.	laudēris	moneāris	audiāris	regāris	capiāris
	3. P.	laudētur	moneātur	audiātur	regātur	capiātur
Pl.	**1. P.**	laudēmur	moneāmur	audiāmur	regāmur	capiāmur
	2. P.	laudēminī	moneāminī	audiāminī	regāminī	capiāminī
	3. P.	laudentur	moneantur	audiantur	regantur	capiantur

Imperfekt

		a-Konjugation	e-Konjugation	i-Konjugation	kons.Konjugation	
Sg.	**1. P.**	laudārer	monērer	audīrer	regerer	caperer
	2. P.	laudārēris	monērēris	audīrēris	regerēris	caperēris
	3. P.	laudārētur	monērētur	audīrētur	regerētur	caperētur
Pl.	**1. P.**	laudārēmur	monērēmur	audīrēmur	regerēmur	caperēmur
	2. P.	laudārēminī	monērēminī	audīrēminī	regerēminī	caperēminī
	3. P.	laudārentur	monērentur	audīrentur	regerentur	caperentur

Perfektstamm

Perfekt

		a-Konjugation	e-Konjugation	i-Konjugation	kons. Konjugation
Sg.	**1. P.**	laudātus, a, um sim	monitus, a, um sim	audītus, a, um sim	rēctus, a, um sim
	2. P.	laudātus, a, um sīs	monitus, a, um sīs	audītus, a, um sīs	rēctus, a, um sīs
	3. P.	laudātus, a, um sit	monitus, a, um sit	audītus, a, um sit	rēctus, a, um sit
Pl.	**1. P.**	laudātī, ae, a sīmus	monitī, ae, a sīmus	audītī, ae, a sīmus	rēctī, ae, a sīmus
	2. P.	laudātī, ae, a sītis	monitī, ae, a sītis	audītī, ae, a sītis	rēctī, ae, a sitīs
	3. P.	laudātī, ae, a sint	monitī, ae, a sint	audītī, ae, a sint	rēctī, ae, a sint

Plusquamperfekt

		a-Konjugation	e-Konjugation	i-Konjugation	kons.Konjugation
Sg.	**1. P.**	laudātus, a, um essem	monitus, a, um essem	audītus, a, um essem	rēctus, a, um essem
	2. P.	laudātus, a, um essēs	monitus, a, um essēs	audītus, a, um essēs	rēctus, a, um essēs
	3. P.	laudātus, a, um esset	monitus, a, um esset	audītus, a, um esset	rēctus, a, um esset
Pl.	**1. P.**	laudātī, ae, a essēmus	monitī, ae, a essēmus	audītī, ae, a essēmus	rēctī, ae, a essēmus
	2. P.	laudātī, ae, a essētis	monitī, ae, a essētis	audītī, ae, a essētis	rēctī, ae, a essētis
	3. P.	laudātī, ae, a essent	monitī, ae, a essent	audītī, ae, a essent	rēctī, ae, a essent

1.6 esse

Indikativ – Präsensstamm

		Präsens	Imperfekt	Futur I
Sg.	**1. P.**	sum	eram	erō
	2. P.	es	erās	eris
	3. P.	est	erat	erit
Pl.	**1. P.**	sumus	erāmus	erimus
	2. P.	estis	erātis	eritis
	3. P.	sunt	erant	erunt

	Imperativ
Sg.	es!
Pl.	este!

Indikativ – Perfektstamm

		Perfekt	Plusquamperfekt	Futur II
Sg.	**1. P.**	fuī	fueram	fuerō
	2. P.	fuistī	fuerās	fueris
	3. P.	fuit	fuerat	fuerit
Pl.	**1. P.**	fuimus	fuerāmus	fuerimus
	2. P.	fuistis	fuerātis	fueritis
	3. P.	fuērunt	fuerant	fuerint

Infinitiv	
Perfekt Aktiv	**Futur Aktiv**
fuisse	futūrum esse (fore)

Konjunktiv

		Präsens	Imperfekt	Perfekt	Plusquamperfekt
Sg.	1. P.	sīm	essem	fuerim	fuissem
	2. P.	sīs	essēs	fueris	fuissēs
	3. P.	sit	esset	fuerit	fuisset
Pl.	1. P.	sīmus	essēmus	fuerimus	fuissēmus
	2. P.	sītis	essētis	fueritis	fuissētis
	3. P.	sint	essent	fuerint	fuissent

1.7 īre

Indikativ – Präsensstamm

		Präsens	Imperfekt	Futur I
Sg.	1. P.	eō	ībam	ībō
	2. P.	īs	ībās	ībis
	3. P.	it	ībat	ībit
Pl.	1. P.	īmus	ībāmus	ībimus
	2. P.	ītis	ībātis	ībitis
	3. P.	eunt	ībant	ībunt

	Imperativ
Sg.	ī!
Pl.	īte!

Partizip Präsens Aktiv	Gerundivum
iēns, euntis	eundus, a um

Indikativ – Perfektstamm

		Perfekt	Plusquamperfekt	Futur II
Sg.	1. P.	iī	ieram	ierō
	2. P.	īstī	ierās	ieris
	3. P.	iit	ierat	ierit
Pl.	1. P.	iimus	ierāmus	ierimus
	2. P.	īstis	ierātis	ieritis
	3. P.	iērunt	ierant	ierint

Infinitiv	
Perfekt Aktiv	Futur Aktiv
īsse	itūrum esse

Konjunktiv

		Präsens	Imperfekt	Perfekt	Plusquamperfekt
Sg.	**1. P.**	eam	īrem	ierim	īssem
	2. P.	eās	īrēs	ieris	īssēs
	3. P.	eat	īret	ierit	īsset
Pl.	**1. P.**	eāmus	īrēmus	ierimus	īssēmus
	2. P.	eātis	īrētis	ieritis	īssētis
	3. P.	eant	īrent	ierint	īssent

1.8 velle, nōlle, mālle

Indikativ – Präsensstamm

		Präsens	Imperfekt	Futur I
Sg.	**1. P.**	volō	volēbam	volam
	2. P.	vīs	volēbās	volēs
	3. P.	vult	volēbat	volet
Pl.	**1. P.**	volumus	volēbāmus	volēmus
	2. P.	vultis	volēbātis	volētis
	3. P.	volunt	volēbant	volent

		Präsens	Imperfekt	Futur I
Sg.	**1. P.**	nōlō/mālō	nōlēbam/mālēbam	nōlam/mālam
	2. P.	nōn vīs/māvīs	nōlēbas/mālēbās	nōlēs/mālēs
	3. P.	nōn vult/māvult	nōlēbat/mālēbat	nōlet/mālet
Pl.	**1. P.**	nōlumus/mālumus	nōlēbāmus/mālēbāmus	nōlēmus/mālēmus
	2. P.	nōn vultis/māvultis	nōlēbātis/mālēbātis	nōlētis/mālētis
	3. P.	nōlunt/mālunt	nōlēbant/mālēbant	nōlent/mālent

Partizip Präsens Aktiv (PPA)

volēns, volentis nolēns, nolentis

Perfektstamm

		Perfekt	Plusquamperfekt	Futur II
Sg.	1. P.	voluī	volueram	voluerō
	2. P.	voluistī	voluerās	volueris
	3. P.	voluit	voluerat	voluerit
Pl.	1. P.	voluimus	voluerāmus	voluerimus
	2. P.	voluistis	voluerātis	volueritis
	3. P.	voluērunt	voluerant	voluerint

Die Verben nōlle und mālle werden im Perfektstamm wie velle gebildet.

Konjunktiv

		Präsens	Imperfekt	Perfekt	Plusquamperfekt
Sg.	1. P.	velim	vellem	voluerim	voluissem
	2. P.	velīs	vellēs	volueris	voluissēs
	3. P.	velit	vellet	voluerit	voluisset
Pl.	1. P.	velīmus	vellēmus	voluerimus	voluissēmus
	2. P.	velītis	vellētis	volueritis	voluissētis
	3. P.	velint	vellent	voluerint	voluissent

Die Verben nōlle und mālle werden im Konjunktiv entsprechend gebildet.

1.9 ferre

Aktiv

		Präsens		Imperfekt		Futur I
		Indikativ	**Konjunktiv**	**Indikativ**	**Konjunktiv**	**Indikativ**
Sg.	**1. P.**	ferō	feram	ferēbam	ferrem	feram
	2. P.	fers	ferās	ferēbās	ferrēs	ferēs
	3. P.	fert	ferat	ferēbat	ferret	feret
Pl.	**1. P.**	ferimus	ferāmus	ferēbāmus	ferrēmus	ferēmus
	2. P.	fertis	ferātis	ferēbātis	ferrētis	ferētis
	3. P.	ferunt	ferant	ferēbant	ferrent	ferent

Imperativ: fer! ferte! Partizip Präsens Aktiv: ferēns, ferentis

		Perfekt		Plusquamperfekt		Futur II
		Indikativ	**Konjunktiv**	**Indikativ**	**Konjunktiv**	**Indikativ**
Sg.	**1. P.**	tulī	tulerim	tuleram	tulissem	tulerō
	2. P.	tulistī	tuleris	tulerās	tulissēs	tuleris
	3. P.	tulit	tulerit	tulerat	tulisset	tulerit
Pl.	**1. P.**	tulimus	tulerimus	tulerāmus	tulissēmus	tulerimus
	2. P.	tulistis	tuleritis	tulerātis	tulissētis	tuleritis
	3. P.	tulērunt	tulerint	tulerant	tulissent	tulerint

Partizip Perfekt Passiv: lātus, a, um

Passiv

		Präsens		Imperfekt		Futur I
		Indikativ	**Konjunktiv**	**Indikativ**	**Konjunktiv**	**Indikativ**
Sg.	**1. P.**	feror	ferar	ferēbar	ferrer	ferar
	2. P.	ferris	ferāris	ferēbāris	ferrēris	ferēris
	3. P.	fertur	ferātur	ferēbātur	ferrētur	ferētur
Pl.	**1. P.**	ferimur	ferāmur	ferēbāmur	ferrēmur	ferēmur
	2. P.	feriminī	ferāminī	ferēbāminī	ferrēminī	ferēminī
	3. P.	feruntur	ferantur	ferēbantur	ferrentur	ferentur

		Perfekt		Plusquamperfekt		Futur II
		Indikativ	Konjunktiv	Indikativ	Konjunktiv	Indikativ
Sg.	**1. P.**	lātus sum	lātus sim	lātus eram	lātus essem	lātus erō
	2. P.	lātus es	lātus sīs	lātus erās	lātus essēs	lātus eris
	3. P.	lātus est	lātus sit	lātus erat	lātus esset	lātus erit
Pl.	**1. P.**	lāti sumus	lāti sīmus	lāti erāmus	lāti essēmus	lāti erimus
	2. P.	lāti estis	lāti sītis	lāti erātis	lāti essētis	lāti eritis
	3. P.	lāti sunt	lāti sint	lāti erant	lāti essent	lāti erunt

1.10 fierī

	Indikativ	Konjunktiv
Präsens	fīō, fīs, fit, fīmus, fītis, fīunt	fīam, fīās, fīat, fīamus, fīatis, fīant
Imperfekt	fīēbam, fīēbās, fīēbat, fīēbāmus, fīēbātis, fīēbant	fierem, fierēs, fieret, fierēmus, fierētis, fierent
Futur I	fīam, fīēs, fīet, fīēmus, fīētis, fīent	

2. Substantive

2.1 a-Deklination

	Singular	Plural
Nominativ	domina	dominae
Genitiv	dominae	dominārum
Dativ	dominae	dominīs
Akkusativ	dominam	dominās
Ablativ	dominā	dominīs
Vokativ	domina	dominae

2.2 o-Deklination

o-Deklination masculinum

	Singular	Plural	Singular	Plural
Nom.	dominus	dominī	puer	puerī
Gen.	dominī	dominōrum	puerī	puerōrum
Dat.	dominō	dominīs	puerō	puerīs
Akk.	dominum	dominōs	puerum	puerōs
Abl.	dominō	dominīs	puerō	puerīs
Vok.	domine	dominī	puer	puerī

o-Deklination neutrum

Singular	Plural
templum	templa
templī	templōrum
templō	templīs
templum	templa
templō	templīs

2.3 Dritte Deklination

	Singular	Plural	Singular	Plural	Singular	Plural
Nominativ	rēx	rēgēs	māter	mātrēs	urbs	urbēs
Genitiv	rēgis	rēgum	mātris	mātrum	urbis	urbium
Dativ	rēgī	rēgibus	mātrī	mātribus	urbī	urbibus
Akkusativ	rēgem	rēgēs	mātrem	mātrēs	urbem	urbēs
Ablativ	rēge	rēgibus	mātre	mātribus	urbe	urbibus
Vokativ	rēx	rēgēs	māter	mātrēs		

Dritte Deklination: Neutra

	Singular	Plural	Singular	Plural
Nominativ	tempus	tempora	mare	maria
Genitiv	temporis	temporum	maris	marium
Dativ	temporī	temporibus	marī	maribus
Akkusativ	tempus	tempora	mare	maria
Ablativ	tempore	temporibus	marī	maribus

2.4 e-Deklination

	Singular	Plural
Nominativ	rēs	rēs
Genitiv	reī	rērum
Dativ	reī	rēbus
Akkusativ	rem	rēs
Ablativ	rē	rēbus

2.5 u-Deklination

	Singular	Plural
Nominativ	magistrātus	magistrātūs
Genitiv	magistrātūs	magistrātuum
Dativ	magistrātuī	magistrātibūs
Akkusativ	magistrātūm	magistrātūs
Ablativ	magistrātū	magistrātibūs

3. Adjektive

3.1 a- und o-Deklination

	Singular			Plural		
	m.	**f.**	**n.**	**m.**	**f.**	**n.**
Nominativ	bonus	bona	bonum	bonī	bonae	bona
Genitiv	bonī	bonae	bonī	bonōrum	bonārum	bonōrum
Dativ	bonō	bonae	bonō	bonīs	bonīs	bonīs
Akkusativ	bonum	bonam	bonum	bonōs	bonās	bona
Ablativ	bonō	bonā	bonō	bonīs	bonīs	bonīs

3.2 Dritte Deklination

	Singular			Plural		
	m.	**f.**	**n.**	**m.**	**f.**	**n.**
Nominativ	ācer	ācris	ācre	ācrēs	ācrēs	ācria
Genitiv	ācris	ācris	ācris	ācri**um**	ācri**um**	ācri**um**
Dativ	ācrī	ācrī	ācrī	ācribus	ācribus	ācribus
Akkusativ	ācrem	ācrem	ācre	ācrēs	ācrēs	ācria
Ablativ	ācrī	ācrī	ācrī	ācribus	ācribus	ācribus

3.3 Der Komparativ der Adjektive

	Singular			Plural		
	m.	f.	n.	m.	f.	n.
Nominativ	altior	altior	altius	altiōrēs	altiōrēs	altiōr**a**
Genitiv	altiōris	altiōris	altiōris	altiōr**um**	altiōr**um**	altiōr**um**
Dativ	altiōrī	altiōrī	altiōrī	altiōribus	altiōribus	altiōribus
Akkusativ	altiōrem	altiōrem	altius	altiōrēs	altiōrēs	altiōr**a**
Ablativ	altiōr**e**	altiōr**e**	altiōr**e**	altiōribus	altiōribus	altiōribus

4. Pronomina

4.1 Personalpronomen

	Singular		Plural	
	1. Person	2. Person	1. Person	2. Person
Nominativ	ego	tū	nōs	vōs
Genitiv	meī	tuī	nōstrī/nostrum	vestrī/vestrum
Dativ	mihi	tibi	nōbīs	vōbīs
Akkusativ	mē	tē	nōs	vōs
Ablativ	ā mē; mēcum	ā tē; tēcum	ā nōbīs; nōbīscum	ā vōbīs; vōbīscum

4.2 Reflexivpronomen

	Singular	Plural
Genitiv	suī	suī
Dativ	sibī	sibī
Akkusativ	sē	sē
Ablativ	ā sē; sēcum	ā sē; sēcum

4.3 Relativpronomen

	Singular			Plural		
	m.	f.	n.	m.	f.	n.
Nominativ	quī	quae	quod	quī	quae	quae
Genitiv	cuius	cuius	cuius	quōrum	quārum	quōrum
Dativ	cui	cui	cui	quibus	quibus	quibus
Akkusativ	quem	quam	quod	quōs	quās	quae
Ablativ	quō	quā	quō	quibus	quibus	quibus

4.4 Interrogativpronomen

substantivisch

Nominativ	quis? quid?
Genitiv	cuius?
Dativ	cui?
Akkusativ	quem? quid?
Ablativ	ā quō? quōcum?

adjektivisch

	Singular		
	m.	f.	n.
Nominativ	quī	quae	quod

Die Deklination entspricht der des Relativpronomens (4.3).

4.5 Demonstrativpronomina

	Singular			Plural		
	m.	f.	n.	m.	f.	n.
Nominativ	hic	haec	hoc	hī	hae	haec
Genitiv	huius	huius	huius	hōrum	hārum	hōrum
Dativ	huic	huic	huic	hīs	hīs	hīs
Akkusativ	hunc	hanc	hoc	hōs	hās	haec
Ablativ	hōc	hāc	hōc	hīs	hīs	hīs

	Singular			Plural		
	m.	f.	n.	m.	f.	n.
Nominativ	ille	illa	illud	illī	illae	illa
Genitiv	illīus	illīus	illīus	illōrum	illārum	illōrum
Dativ	illī	illī	illī	illīs	illīs	illīs
Akkusativ	illum	illam	illud	illōs	illās	illa
Ablativ	illō	illā	illō	illīs	illīs	illīs

	Singular			Plural		
	m.	f.	n.	m.	f.	n.
Nominativ	is	ea	id	iī (eī)	eae	ea
Genitiv	eius	eius	eius	eōrum	eārum	eōrum
Dativ	eī	eī	eī	iīs (eīs)	iīs (eīs)	iīs (eīs)
Akkusativ	eum	eam	id	eōs	eās	ea
Ablativ	eō	eā	eō	iīs (eīs)	iīs (eīs)	iīs (eīs)

	Singular			Plural		
	m.	f.	n.	m.	f.	n.
Nominativ	īdem	eadem	idem	iīdem	eaedem	eadem
Genitiv	eiusdem	eiusdem	eiusdem	eōrundem	eārundem	eōrundem
Dativ	eīdem	eīdem	eīdem	iīsdem	iīsdem	iīsdem
Akkusativ	eundem	eandem	idem	eōsdem	eāsdem	eadem
Ablativ	eōdem	eādem	eōdem	iīsdem	iīsdem	iīsdem

	Singular			Plural		
	m.	f.	n.	m.	f.	n.
Nominativ	iste	ista	istud	istī	istae	ista
Genitiv	istīus	istīus	istīus	istōrum	istārum	istōrum
Dativ	istī	istī	istī	istīs	istīs	istīs
Akkusativ	istum	istam	istud	istōs	istās	ista
Ablativ	istō	istā	istō	istīs	istīs	istīs

	Singular			Plural		
	m.	f.	n.	m.	f.	n.
Nominativ	ipse	ipsa	ipsum	ipsī	ipsae	ipsa
Genitiv	ipsīus	ipsīus	ipsīus	ipsōrum	ipsārum	ipsōrum
Dativ	ipsī	ipsī	ipsī	ipsīs	ipsīs	ipsīs
Akkusativ	ipsum	ipsam	ipsum	ipsōs	ipsās	ipsa
Ablativ	ipsō	ipsā	ipsō	ipsīs	ipsīs	ipsīs

4.6 Indefinitpronomina

	substantivisch		adjektivisch		
	Singular		Plural		
	m./f.	n.	m.	f.	n.
Nominativ	aliquis	aliquid	aliquī	**aliqua**	aliquod
Genitiv	alicuius	alicuius reī	alicuius	alicuius	alicuius
Dativ	alicui	alicui reī	alicui	alicui	alicui
Akkusativ	aliquem	aliquid	aliquem	aliquem	aliquod
Ablativ	aliquō	aliquā rē	aliquō	alīquā	aliquō

	Plural		
	m.	f.	n.
Nominativ	aliquī	aliquae	**aliqua**
Genitiv	aliquōrum	aliquārum	alīquōrum
Dativ	aliquibus	aliquibus	aliquibus
Akkusativ	aliquōs	aliquās	**aliqua**
Ablativ	aliquibus	aliquibus	aliquibus

	substantivisch			adjektivisch		
	Singular			Singular		
	m.	f.	n.	m.	f.	n.
Nominativ	quīdam	quaedam	**quiddam**	quīdam	quaedam	**quoddam**
Genitiv	cuiusdam	cuiusdam	cuiusdam	cuiusdam	cuiusdam	cuiusdam
Dativ	cuidam	cuidam	cuidam	cuidam	cuidam	cuidam
Akkusativ	que**n**dam	qua**n**dam	**quiddam**	que**n**dam	qua**n**dam	**quoddam**
Ablativ	quōdam	quādam	quōdam	quōdam	quādam	quōdam

	Plural			Plural		
	m.	f.	n.	m.	f.	n.
Nominativ	quīdam	quaedam	quaedam	quīdam	quaedam	quaedam
Genitiv	quōru**n**dam	quāru**n**dam	quōru**n**dam	quōru**n**dam	quāru**n**dam	quōru**n**dam
Dativ	quibusdam	quibusdam	quibusdam	quibusdam	quibusdam	quibusdam
Akkusativ	quōsdam	quāsdam	quaedam	quōsdam	quāsdam	quaedam
Ablativ	quibusdam	quibusdam	quibusdam	quibusdam	quibusdam	quibusdam

5. Präpositionen

	mit dem Ablativ		mit dem Akkusativ
ā, ab: von, von ... her, von ... an	Ā forō ad Capitōlium properō. Ich eile *vom* Marktplatz zum Kapitol.	ad: zu, bis ... zu, bei	Ad thermās properō. Ich eile *zu* den Thermen. Ad thermās amīcōs videō. *Bei* den Thermen sehe ich meine Freunde.
cum: mit, zusammen mit	Cum amīcīs ad forum properō. *Zusammen mit* den Freunden eile ich zum Marktplatz.	ante: vor	Dāvus ante templum est. Davus befindet sich *vor* dem Tempel.
		apud: bei; vor (jemandem)	Calgācus apud mīlitēs ōrātiōnem habuit. Calgacus hielt vor seinen Soldaten eine Rede.
dē: von, von ... herab, über	Dē Capitōliō monumenta forī spectō. Ich betrachte *vom* Kapitol herab die Denkmäler des Marktplatzes. Dāvus dē summō deō nārrat. Davus erzählt *vom* (*über den*) höchsten Gott.	contrā: gegen	Rōmānī contrā hostēs pūgnant. Die Römer kämpfen *gegen* die Feinde.
ē, ex: aus, aus ... heraus	Dominus ē vīllā exit. Der Herr tritt *aus* dem Landhaus *heraus*. Nāvēs frūmentum ē Siciliā apportant. Die Schiffe bringen Getreide *aus* Sizilien herbei.	in: nach, in (wohin?)	In theātrum properō. Ich eile *in* das Theater. Fīliī rēgis in Graeciam properant. Die Söhne des Königs eilen *nach* Griechenland.
in: in, an, auf (wo?)	In forō sum. Ich bin *auf* dem Marktplatz. In theātrō sum. Ich bin *im* Theater.	inter: zwischen, unter, während	Inter templum et statuās āra est. *Zwischen* dem Tempel und den Statuen befindet sich ein Altar. Inter amīcōs etiam Quīntus est. *Unter* den Freunden befindet sich auch Quintus. Inter cēnam Dāvus fābulam recitat. *Während* des Essens liest Davus eine Geschichte vor.

	mit dem Ablativ		mit dem Akkusativ
		intrā: innerhalb (von)	Māxentius intrā moenia urbis impetūs Cōnstantīnī exspectāvit. Maxentius erwartete innerhalb der Stadtmauern die Angriffe des Konstantin.
prō: für, vor, anstelle von	Plebeiī parātī nōn sunt prō patriā pūgnāre. Die Plebejer sind nicht bereit, *für* das Vaterland zu kämpfen.	per: durch (... hindurch)	Per forum ad Capitōlium properō. Ich eile *über* (durch) den Marktplatz (hindurch) zum Kapitol.
sine: ohne	Quīntus sine amīcīs in thermās properat. Quintus eilt *ohne* seine Freunde in die Thermen.	post: hinter, nach	Dāvus post templum est. Davus befindet sich *hinter* dem Tempel.
		praeter: außer; an ... vorbei	Pāstor dīxit sē nihil retulisse praeter labōrem. Der Hirte sagte, er habe (von dem Aufstieg auf den Berg) nichts außer Mühe davongetragen.
		suprā: oberhalb, über, über ... hinaus	Caesar in somniō vīderat sē suprā nūbēs volāre. Caesar hatte im Traum gesehen, dass er *über* den Wolken schwebte.
		usque ad: bis zu	Caesar Galliam ūsque ad Ōceanum subiēcit. Caesar unterwarf Gallien *bis zum* Atlantik.

Grammatisches Register der Lektionen 1 – 60

(Angegeben ist jeweils die Lektion, in der das Phänomen erstmals auftritt.)

Eigennamenverzeichnis (Lektionen 1–60)

(Hinweis: P15 = Plateaulektion nach Lektion 15 etc.)

Achāia, ae f.	Landschaft im Norden der Peloponnes; seit 146 v. Chr. Bezeichnung der Römer für die Provinz Griechenland	P 53
Achilles, Achillis m.	Achill, Sohn der Nymphe Thetis und des sterblichen Königs Peleus. Stärkster Kämpfer der Griechen vor → Trōia; tötet → Hector, den Sohn des trojanischen Königs Priamos.	30
Actium ī n.	Hafenstadt am Golf von Ambrakia, nördlich der griechischen Landschaft Arkananien. Hier besiegte Octaviānus, der spätere Kaiser → Augustus, im Jahr 31 v. Chr. in einer Seeschlacht → M. Antōnius.	36
Aenēas, Aenēae m. (Vokativ: Aenēa)	Sohn des → Anchīses und Vater des → Ascanius, mit denen er aus dem brennenden Troja flieht. Der Sage nach hatte ihn dazu seine Mutter, die Göttin → Venus aufgefordert. Nach langer Flucht gelangt er nach Italien, wo er sich in Latium niederlässt; gilt als Ahnherr der Römer.	P 15, 30, P 30
Aesōpus, ī m.	Äsop, griechischer Dichter, der Legende nach ein freigelassener Sklave von der Insel Samos; er erfand die literarische Gattung der Fabel. Zahlreiche Motive seiner Fabeln wurden in Rom von → Phaedrus in die lateinische Sprache übernommen.	38; 56
Africa, ae f.	seit 146 v. Chr. römische Provinz im Gebiet des eroberten und zerstörten → Carthāgō	23
Agēnōr, Agēnōris m.	Vater der → Europa und König der phönizischen Stadt Tyros	26
Agricola, ae m.	römischer Senator und Heerführer (40–93 n. Chr.); 77–84 Statthalter in Britannien, wo er in erfolgreichen Kämpfen gegen die Britannier die römische Herrschaft nach Norden erweiterte.	45
Alba Longa, ae f.	Stadt in → Latium am Albanersee (heute Albano). Der Sage nach gegründet von → Ascanius (Iūlus), dem Sohn des → Aenēas.	30
Alexander Māgnus	Alexander der Große (356–323 v. Chr.), König der Makedonen ab 336 v. Chr.; zog 334 v. Chr. mit seinen Truppen nach Kleinasien (→ Asia) und besiegte dort bei Issos (333 v. Chr.) und Gaugamela (331 v. Chr.) die Truppen des persischen Großkönigs Dareios III.; zog dann mit seinem Heer bis nach Indien, bis ihn eine Meuterei seiner Soldaten zur Rückkehr zwang.	34, 52
Allia, ae f.	Nebenfluss des Tiber in Mittelitalien; dort vernichteten im Jahr 387 v. Chr. die Gallier ein römisches Heer.	10

Alpēs, ium f.	die Alpen	23
Ambiorix, Ambiorīgis m.	Fürst des gallischen Stammes der → Eburonen; vernichtete im Jahr 54 v. Chr. bei einem Überfall auf die Truppen der römischen Legaten → Cotta und → Sabīnus 15 Kohorten.	41
Anchīses, Anchīsis m.	Ehemann der Göttin → Venus und Vater des → Aenēas. Flieht mit ihm zusammen aus dem brennenden Troja.	30
M. Antōnius, ī m.	Marcus Antonius (82–30 v. Chr.), Offizier im Heer → Caesars, mit dem er im Jahr 44 v. Chr. gemeinsam Konsul war. Verbündete sich nach Caesars Tod mit Lepidus und → Octaviānus zum Triumvirat gegen die Caesarmörder. Wurde 31 v. Chr. bei → Actium von den Truppen des Octaviānus besiegt und beging kurz darauf Selbstmord.	36
Apollō, Apollinis m.	Apoll; Gott der Weissagung und Dichtkunst	13, 27
Aristaeus, ī m.	Hirte, der sich in → Eurydicē, die Ehefrau des → Orpheus verliebt hatte	28
Armīnius, ī m.	Fürst des germanischen Stammes der → Cherusker (ca. 17 v.–21 n. Chr.). Er diente unter Kaiser → Tiberius zunächst im römischen Heer; vernichtete im Jahr 9 n. Chr. mit seinen Truppen die drei Legionen des römischen Statthalters → P. Quintīlius Vārus im Teutoburger Wald.	42, 43
Ascanius, ī m.	Sohn des → Aenēas; wird später auch Iūlus genannt. Er flieht mit seinem Vater aus Troja und gründet später in → Latium die Stadt → Alba Longa. Aus seinem Geschlecht stammen später die Zwillinge Romulus und Remus ab.	30
Asia, ae f.	Kleinasien; seit 129 v. Chr. römische Provinz	34
Athēnae, ārum	Athen	P 53
Athēniēnsis, Athēniēnsis m.	der Athener, Einwohner der Stadt Athen	50, 51
Augustus, ī m.	eigentlich: C. Octāvius (63 v. Chr.–14 n. Chr.). Großneffe des C. Iūlius → Caesar, von dem er mit 18 Jahren adoptiert wurde. Seit dieser Zeit nannte er sich C. Iūlius Caesar Octaviānus. Nach dem Tod Caesars verbündete sich Octaviānus zunächst mit → M. Antōnius und besiegte mit dessen Unterstützung im Jahr 42 v. Chr. die Caesarmörder. Nach dem Sieg über Antōnius bei Actium 31 v. Chr. war Octaviānus unumschränkter Alleinherrscher (princeps). 27 v. Chr. verlieh ihm der Senat den Ehrentitel Augustus (der „Erhabene").	36, 37
Aventīnus, ī m.	der Aventin; einer der sieben Hügel Roms	11

Batāvī, ōrum m.	die Bataver, germanischer Volksstamm, der in der Nähe der Rheinmündung siedelte. Unter ihrem Anführer → Iūlius Civīlis erhoben sich die Bataver im Jahr 69 n. Chr. gegen die römischen Legionen am Rhein. Der Aufstand wurde jedoch bald niedergeschlagen.	44
Bithȳnia, ae f.	Bithynien, Königreich im nordwestlichen Kleinasien, seit 74 v. Chr. römische Provinz	34
Bovillae, ae f.	kleine Stadt in Latium, an der Via Appia, etwa 12 römische Meilen (18 km) von Rom entfernt	33
Britannia, ae f.	Britannien, seit dem 1. Jahrhundert n. Chr. römische Provinz	45
Brūtus, ī m.	Lūcius Iūnius Brūtus, legendärer Begründer der römischen Republik und des Konsulats im Jahr 509 v. Chr.	13
C. Fabrīcius, i m.	Konsul 282 v. Chr.; Zensor 275 v. Chr. Er galt als römisches Beispiel für Unbestechlichkeit und Unerschrockenheit.	22
Caesar, Caesaris m.	Cāius Iūlius Caesar (100–44 v. Chr.); römischer Politiker aus dem patrizischen Geschlecht der Julier, die sich auf → Ascanius (Iūlus), den Sohn des → Aenēas zurückführten. Konsul 59 v. Chr.; er eroberte als Proconsul 58–51 v. Chr. Gallien (→ Gallia). Im Bürgerkrieg (49–45 v. Chr.) besiegte er → Pompēius und wurde dadurch gleichsam Alleinherrscher in Rom. Im Februar 44 v. Chr. wurde er zum Diktator auf Lebenszeit ernannt, am 15. März des Jahres dann aber von einer Opposition des Senats unter der Führung des C. Cassius und M. Iūnius Brūtus ermordet.	34
Calgacus, ī m.	Anführer des britischen Stammes der Kaledonier. Er wurde im Jahr 84 n. Chr. vom römischen Feldherrn → Agricola in der Schlacht am Mons Graupius im Norden Britanniens besiegt.	44
Cambodūnum, ī n.	römische Siedlung im Gebiet der heutigen Stadt Kempten im Allgäu	P 45
Campānia, ae f.	Kampanien; fruchtbare Landschaft in Mittelitalien	20
Campus Mārtius m.	das Marsfeld; Bezeichnung für die Ebene zwischen dem Tiber und dem Kapitol, in der ursprünglich die Heeresversammlungen stattfanden	35, 40
Cannae, ārum, f.	Dorf in Apulien, wo → Hannibal 216 v. Chr. in einer Schlacht dem römischen Heer eine vernichtende Niederlage zufügte	23
Capitōlium, ī n.	das Kapitol, einer der sieben Hügel Roms, mit einer befestigten Burg und dem Tempel für die römische Göttertrias → Iupiter, → Iūnō, → Minerva	9, 10, 18, 44
Carneadēs, is m.	Philosoph aus Kyrene (ca. 214–129 v. Chr.), lehrte in Athen, nahm im Jahr 155 v. Chr. an der Gesandtschaft griechischer Philosophen nach Rom teil.	25

Carthāgō, inis f.	Stadt in Nordafrika; Hauptstadt der Karthager (→ Poenī)	23, 24, P 30
Catilīna, ae m.	Lūcius Sergius Catilīna, (108 – 62 v. Chr.), Senator aus einer alten patrizischen Familie. 66 v. Chr. Proprätor in der Provinz Africa, die er ausbeutete. Nach zwei gescheiterten Versuchen, zum Konsul gewählt zu werden, versuchte er im Jahr 63 v. Chr. durch die Ermordung des Konsuls → Cicerō, einen Umsturz herbeizuführen und so an die Macht zu kommen. Nach seiner Flucht nach Etrurien ist er dort im Kampf gegen die römischen Truppen 62 v. Chr. gefallen.	P 35
Catō, Catōnis m.	Marcus Porcius Catō (234 – 149 v. Chr.), sittenstrenger römische Politiker, Konsul 195 v. Chr., Zensor 184 v. Chr.	P 10, 24
Chaerephōn, Chaerephontis m.	Chairephon, ein Freund des athenischen Philosophen → Sokrates (Sōcratēs); befragte das Orakel in Delphi, wer weiser als Sokrates sei.	51
Cheruscī, ōrum m.	die Cherusker; germanischer Volksstamm, der zwischen Weser und Elbe siedelte	42, 43
Chrīstiānī, ōrum m.	die Christen	39, 40, P 40
Chrīstōphorus, ī m.	der „Christusträger"; frühchristlicher Märtyrer des 3. oder 4. Jahrhunderts n. Chr. Er soll der Legende nach den jungen Christus auf seinen Schultern durch einen Fluss getragen haben.	48
Chrīstus, ī m.	„der Gesalbte"; griechische Übersetzung der hebräischen Bezeichnung „der Messias" für Jesus von Nazareth	39, P 40, 48, 49
Cicerō, Cicerōnis m.	Marcus Tullius Cicerō (106 – 43 v. Chr.), römischer Politiker aus dem Ritterstand; Anhänger und zeitweise Wortführer der Senatspartei; der größte Redner Roms; Verfasser bedeutender Schriften zu Redekunst und Philosophie. Wurde als erster seiner Familie im Jahr 63 v. Chr. zum Konsul gewählt (homō novus). In seinem Konsulat vereitelte er den Umsturzversuch des → Catilīna, dessen Verschwörung er aufdeckte.	P 10, P 35
Cimbrī, ōrum m.	die Kimbern; germanischer Volksstamm. Drang gegen Ende des 2. Jahrhunderts v. Chr. nach Gallien und Norditalien ein und vernichtete 105 v. Chr. bei Arausio (Orange) ein römisches Heer völlig; wurde 101 v. Chr. bei → Vercellae von → Marius besiegt.	32
Circus Maximus, ī m.	der Circus Maximus, die größte Rennbahn in Rom	6

Civīlis	Cāius Iūlius Civīlis (25–ca. 70 n. Chr.), Fürst der → Bataver, der im römischen Heer als Anführer einer Einheit von Hilfstruppen diente. Im Jahr 69 n. Chr. versuchte er durch einen Aufstand, die römischen Legionen am Rhein zu vertreiben, wurde aber nach kurzer Zeit besiegt.	44
Clōdius, Clōdiī, m.	Publius Clōdius Pulcher (ca. 92–52 v. Chr.), stammte aus dem Patriziergeschlecht der Claudier. Um im Jahr 58 v. Chr. Volkstribun werden zu können, ließ er sich in die Plebs aufnehmen und nannte seinen Gentilnamen von da an „Clōdius“. Als Volkstribun veranlasste er im Jahr 58 die Verbannung Ciceros für dessen Vorgehen gegen → Catilīna. Mithilfe seiner Gladiatorenbanden terrorisierte er Rom, bis er im Jahr 52. v. Chr. in einer Auseinandersetzung mit → Milo bei → Bovillae getötet wurde.	33
Cloelia, ae f.	römisches Mädchen, das als Geisel zu König → Porsenna geschickt wurde	P 25
Columbus, ī m.	Christoph Kolumbus (1451–1506), in Genua geboren, Seefahrer im Dienste des spanischen Königs. Er entdeckte im Oktober 1492 auf der Suche nach dem westlichen Seeweg von Europa nach Ostasien den amerikanischen Kontinent.	59
Cōmum, ī n.	Stadt in Norditalien; heute Como	54
Concordia, ae f.	die Göttin der Eintracht. Ihr Tempel befand sich auf dem Forum in Rom.	P 10
Constantīnus, ī m.	C. Flāvius Valērius Constantīnus (285–337 n. Chr.), wurde im Jahr 306 zum römischen Kaiser ausgerufen. Besiegte 312 den Gegenkaiser → Maxentius an der Milvischen Brücke (→ Mulvius pōns) vor den Toren Roms. 313 erließ er das Toleranzedikt von Mailand, durch das die Ausübung der christlichen Religion im römischen Reich offiziell anerkannt wurde. Nach dem Sieg über seinen Mitregenten Licīnius herrschte er ab 324 allein und wählte Byzanz zur Hauptstadt des römischen Reiches, die er in Konstantinopel umbenannte.	40
Corinthus, ī f.	Korinth, bedeutende griechische Handelsstadt am Isthmus, der Landenge zwischen der Peloponnes und Mittelgriechenland	27, 52
Coriolānus, ī m.	Coriolan, legendärer Held der Römer im Krieg gegen die Volsker (→ Volscī); begab sich nach einem Streit mit den Plebejern zu den Volskern und griff mit ihnen Rom an.	15
Cortēsius, ī m.	Hernán Cortés (1485–1547), spanischer Eroberer, der nach langen Kämpfen den Aztekenkönig Montezuma (→ Mutezūma) besiegte und dessen Hauptstadt Tenochtitlán eroberte.	60
Cotta, ae m.	Legat im Heer Caesars; geriet im Winter 54/53 v. Chr. gemeinsam mit dem Legaten → Sabīnus in einen Hinterhalt der Eburonen unter Ambiorix und wurde dabei getötet.	41

Crēta, ae f.	Insel im östlichen Mittelmeer	26
Croesus, ī m.	Kroisos, 560–546 König der Lyder (→ Lȳdī); berühmt für seinen sagenhaften Reichtum. Beim Versuch, das Perserreich zu erobern, wurde er von deren König Kyros besiegt.	50
Danūvius, i m.	die Donau	P 45
Didō, Didōnis f.	sagenhafte Gründerin und Königin der Stadt → Carthāgō. Sie verliebte sich in → Aenēas, der auf seiner Flucht von → Trōia in Carthāgō landete. Als Aeneas sie verließ und nach Italien weiterfuhr, beging Dido Selbstmord.	P 30
Diogenes, Diogenis m.	Philosoph aus Sinope am Schwarzen Meer (ca. 400–328 v. Chr.); Begründer der kynischen Philosophie; lehnte Reichtum und Luxus ab, forderte ein Leben in Bedürfnislosigkeit.	52
Eburōnēs, Eburōnum m.	die Eburonen, gallischer Stamm, der im Gebiet zwischen Maas und Rhein siedelte. Sie überfielen im Winter 54/53 v. Chr. unter ihrem Anführer → Ambiorix die römischen Kohorten der Legaten → Cotta und → Sabīnus.	41
Epīrus, ī f.	Landschaft an der Westküste Griechenlands	22
Etruscī, ōrum m.	die Etrusker	P 15, 21, P 25
Eurōpa, ae f.	Tochter des Königs → Agēnor aus der phönizischen Stadt Tyros	26
Eurydicē, ēs f.	Ehefrau des berühmten Sängers → Orpheus	28
Flāvus, ī m.	Germane aus dem Stamm der → Cherusker (Cheruscī), der als Soldat im römischen Heer diente; Bruder des → Arminius	43
Francī, ōrum m.	die Franken („die Freien“, die „Kühnen“); westgermanischer Stammesverband, der ab der Mitte des 3. Jhds. n. Chr. in das Gebiet der römischen Provinz Gallien einwanderte. Der Stamm war ab der Mitte des 8. Jahrhunderts unter der Herrschaft der Karolinger (→ Karolus).	47, 55
Gallī, ōrum m.	die Gallier; römischer Sammelname für die keltischen Stämme	10, 41
Gallia, ae f.	Gallien; Bezeichnung der Römer für das Gebiet zwischen Rhein, Alpen, Pyrenäen und Atlantik. Die römischen Provinzen in Gallien waren zunächst eingeteilt in die Gallia Cisalpina und in die Gallia Narbonensis. Das von → Caesar eroberte Gebiet Galliens wurde später die Provinz Gallia Transalpina.	23, 34, 41
Geōrgius, ī m.	der heilige Georg, der Sage nach ein römischer Militärtribun	49

Germānī, ōrum m.	die Germanen; römische Bezeichnung für eine in viele Stämme zerfallende Völkergruppe Mittel-, Nord- und Osteuropas	32, 42, 44
Germānia, ae f.	Germanien; römische Bezeichnung für die beiden linksrheinischen Provinzen Niedergermanien (Germānia inferior) und Obergermanien (Germānia superior), aber auch für das nicht unterworfene rechtsrheinische Gebiet (Germānia māgna)	42
Germānicus, ī m.	Iūlius Caesar Germānicus (15 v. Chr. – 19 n. Chr.); Sohn des Drusus und der Antonia, der im Jahr 4 n. Chr. von Kaiser → Tiberius adoptiert wurde. Führte 14 – 16 n. Chr. drei erfolgreiche Feldzüge in Germanien durch und besiegte dabei Arminius bei Idistaviso an der Weser.	43
Graecī, ōrum m.	die Griechen	25, 26, 29, 30, P 53
Graecia, ae f.	Griechenland	13, 16, P 53
Hannibal, Hannibalis m.	karthagischer Feldherr (246 – 183 v. Chr.), der mit seinen Truppen die Alpen überquerte und in Italien einmarschierte; brachte den Römern bei Cannae (216 v. Chr.) eine vernichtende Niederlage bei; wurde erst 202 v. Chr. von Publius Cornēlius Scīpiō Africānus māior bei → Zama besiegt.	23
Hector, Hectoris m.	Sohn des trojanischen Königs Priamus, den → Achilles im Zweikampf getötet hat.	30
Hierōnymus, ī m.	Kirchenlehrer und Heiliger (347 – 419/420 n. Chr.); lebte seit 396 in Bethlehem als Leiter eines Klosters. Seine größte Leistung war die lateinische Übersetzung der Bibel (Vulgata).	46
Hispānia, ae f.	Spanien; seit 198 v. Chr. römische Provinz	23, 59
Homērus, ī m.	Homer, größter Dichter der Griechen im 8. Jahrhundert v. Chr., unter dessen Namen die beiden Epen Ilias und Odyssee überliefert sind.	10
Īnsulae Fortūnātae	die Kanarischen Inseln (Canāriae)	59
Iocasta, ae f.	Iokaste, Ehefrau des → Lāius, Mutter des → Oedipus	27
Ītalia, ae f.	Italien	30, P 30
Iudaea, ae f.	römische Provinz im heutigen Südpalästina, von → Pompēius im Jahr 63 v. Chr. erobert	34

Iughurta, ae m.	König von Numidien (ca. 160–104 v. Chr.). Nach dem Tod seines Onkels, König Micipsa, übernahm er 118 v. Chr. die Herrschaft und ließ seine beiden Vettern, die unter dem Schutz Roms standen, ermorden. Die Römer erklärten ihm 111 v. Chr. den Krieg, der erst 105 v. Chr. durch → Marius beendet werden konnte.	32
Iūnō, Iūnōnis f.	Schwester und Ehefrau des → Iupiter, Schutzgöttin der Frauen	9
Iuppiter, Iovis m.	Jupiter, höchster Gott und Schützer des römischen Reiches. Entspricht in der griechischen Mythologie dem Göttervater Zeus.	6,9, 26, 30, P 30, P 45, 56
Karolus, ī m.	Karl der Große (ca. 747–814 n. Chr.); seit 768 König der Franken und seit 774 auch König der Langobarden. Er wurde Weihnachten 800 in Rom zum Kaiser gekrönt.	47, 55
Lāius, ī m.	König von Theben und Vater des → Oedipus	27
Lānuvium, ī n.	Stadt in → Latium, an der Via Appia, heute Cività Lavinia	33
Lāocoon, Lāocoontis m.	Priester, der die Trojaner davor warnte, das hölzerne Pferd in ihre Stadt zu ziehen.	29
Latium, ī n.	Landschaft in Mittelitalien, zwischen den Albaner- und den Sabinerbergen; Wohnsitz der Latiner	30
Leō, Leōnis m.	Papst Leo III. (ca. 750–816 n. Chr.); Papst von 795–816. Wurde 799 von seinen Gegnern in Rom schwer bedrängt und bat daher den mächtigen Frankenkönig → Karolus um Hilfe.	47
Lūcifer, Lūciferi m.	der „Lichtbringer“, urspr. Bezeichnung für den Morgenstern (die Venus); seit den Kirchenvätern eine Bezeichnung für den Teufel als eines vom Himmel gestürzten Engels.	P 49
Lȳdī, Lȳdōrum m.	die Lyder; Einwohner Lydiens, einer Landschaft im Westen Kleinasiens zwischen den Flüssen Hermos und Maiandros mit der Hauptstadt Sardes.	50
Māgna Graecia, ae f.	Großgriechenland; Bezeichnung für das Gebiet der griechischen Küstenstädte in Unteritalien und auf Sizilien	22, 26
C. Marius, ī m.	Caius Marius (157–86 v. Chr.), aus dem Ritterstand; wurde aufgrund seiner hervorragenden militärischen Fähigkeiten als homō novus 107 v. Chr. zum Konsul gewählt; bekleidete dieses Amt insgesamt siebenmal. Führte eine Reform des römischen Heeres durch und besiegte 105 v. Chr. den König → Iugurtha, 101 v. Chr. bei → Vercellae die Kimbern (→ Cimbrī).	32
Mārs, Mārtis m.	der römische Kriegsgott	P 15

Masinissa, ae m.	König von → Numidia, etwa 240–149 v. Chr.; sein Angriff auf → Carthagō löste 149 v. Chr. den dritten Punischen Krieg aus.	24
Maxentius, ī m.	Marcus Aurēlius Maxentius (um 278–312 n. Chr.), Sohn des Kaisers Maximian, wurde im Jahr 306 mit Unterstützung des römischen Senats zum Gegenkaiser Konstantins ausgerufen. Von Konstantin wurde er 312 in der Schlacht an der Milvischen Brücke (→ Mulvius pōns) besiegt.	40
Mediolānum, ī n.	Mailand	54
Menēnius Agrippa, ae m.	Konsul im Jahr 503 v. Chr., sorgte im Jahr 494 v. Chr. dafür, dass die Plebejer wieder in Stadt zurückkehrten.	14
Mercūrius, ī m.	Merkur, römischer Gott; Götterbote; Schutzpatron der Reisenden, der Kaufleute, aber auch der Diebe	6, P 30, P 45
Messāna, ae f.	Messina; Stadt auf Sizilien	22
Mexicum, ī n.	Mexiko (Stadt); Hauptstadt der Azteken unter ihrem König Montezuma (→ Mutezūma)	60
Milō, Milōnis m.	Volkstribun des Jahres 57 v. Chr. und Prätor des Jahres 55 v. Chr. Setzte sich für die Rückberufung Ciceros aus dem Exil ein und wurde dadurch zu einem erbitterten Gegner des → Clōdius, mit dem er sich zahlreiche Straßenkämpfe lieferte. Wurde wegen der Ermordung des Clodius angeklagt und von → Cicerō verteidigt.	33
Minerva, ae f.	Tochter des → Iuppiter, Göttin der Weisheit, der Künste und Wissenschaften, des Handwerks. Entspricht in der griechischen Mythologie der Göttin Athene.	6, 9, 29
Mithridātēs, Mithridātis m.	Mithridates VI. Eupator (120–63 v. Chr.), König von → Pontus, einer der größten Gegner Roms im Osten. Er wurde nach drei langen Kriegen im Jahr 63 v. Chr. von → Pompēius besiegt.	34
Mongālī, ōrum m.	die Mongolen; Nomadenvolk in Zentralasien, das im 13. Jahrhundert unter seinem Führer Dschingis Khan und dessen Sohn weite Eroberungszüge bis nach Westeuropa unternahm.	58
mōns Sacer, Sacri m.	der Heilige Berg; Hügel im Norden der Stadt Rom. Dorthin zogen im Jahr 494 v. Chr. die Plebejer, um ihren Forderungen Nachdruck zu verleihen.	14
Mūcius Scaevola	legendärer Held der Römer im Krieg gegen → Porsenna	21, P 25
Mulvius pōns, pontis m.	die Milvische Brücke über den Tiber an der Via Flaminia, nördlich von Rom. Hier fand im Jahr 312 die Schlacht zwischen den Kaisern Konstantin und Maxentius statt.	40

Mutezūma, ae m.	Montezuma II. (1465–1520), Herrscher der Azteken, der Cortés (→ Cortēsius) im Jahr 1519 in seiner Hauptstadt Tenochtitlán freundlich aufnahm, später aber von den Spaniern gefangen genommen und abgesetzt wurde.	60
Nerō, Nerōnis m.	Kaiser Nero (37–68 n. Chr.) ließ im Zusammenhang mit dem Brand Roms im Jahr 64 viele Christen als vermeintliche Brandstifter hinrichten. Im Jahr 68 wurde Nero bei einem Aufstand verschiedener Provinzstatthalter schließlich vom Senat zum Staatsfeind erklärt und beging Selbstmord. Mit Nero endete die julisch-claudische Dynastie.	39
Numīdia, ae f.	Numidien; Land südlich von → Carthagō, im Gebiet des heutigen Ostalgerien	24
Oceanus, ī m.	der Ozean; römische Bezeichnung für die Nordsee und den Atlantischen Ozean westlich von Spanien und Frankreich	34, P 45
Octaviānus, ī m.	→ Augustus	36
Oedipus, ī m.	Sohn des → Lāius und der → Iocasta; wurde als Kind von seinen Eltern ausgesetzt. Durch ein unglückliches Orakel wurde er gegen seinen Willen zum Mörder seines Vaters. Als er die Stadt Theben vor der Bedrohung durch die Sphinx gerettet hatte, erhielt er ohne sein Wissen seine eigene Mutter zur Ehefrau.	27
Orpheus, ī m.	der berühmteste Sänger und Musiker der Antike. Sohn des thrakischen Königs Oiagros und der Muse Kalliope.	28
Ōstia, ae f.	Hafenstadt Roms an der Tibermündung	19
Ovidius, i m.	Ovid (43 v. Chr.–17/18 n. Chr.), römischer Ritter aus Sulmo bei Rom, wo er eine senatorische Laufbahn begann. Schon bald widmete er sich aber nur noch der Dichtkunst. Zu seinen wichtigsten Werken zählen die Liebesdichtungen Amores und ars amatoria und das Epos Metamorphosen. Im Jahr 8 n. Chr. wurde Ovid von → Augustus lebenslänglich nach Tomi am Schwarzen Meer verbannt. Die Gründe sind bis heute nicht geklärt. Über sein Schicksal in der Verbannung berichtet Ovid in seinen Gedichten Tristia und Epistulae ex Ponto.	37
Palātium, ī n.	der Palatin; einer der sieben Hügel Roms	11
Petrarca, ae m.	Francesco Petrarca (1304–1374), italienischer Dichter und Mitbegründer des Humanismus. In einem auf den 26.04.1336 datierten Brief beschreibt er, wie er mit seinem Bruder den Mont Ventoux in der Provence bestieg.	57

Platō, Platōnis m.	Platon (427–347 v. Chr.); Schüler des Sokrates (→ Sōcratēs); verließ nach dessen Tod (399 v. Chr.) für einige Jahre Athen. Gründete nach seiner Rückkehr 387 v. Chr. in Athen die Philosophenschule der Akademie. Verfasste seine Werke in Anlehnung an die Tätigkeit des Sokrates fast ausschließlich in Dialogform.	53
Plīnius, ī m.	Plinius der Jüngere (62–etwa 113 n. Chr.), geboren in → Cōmum; römischer Beamter und Schriftsteller. Konsul im Jahr 100; verwaltete seit 111 als kaiserlicher Statthalter die römische Provinz → Bīthȳnia und stand deswegen in regem Briefwechsel mit dem Kaiser → Trāiānus.	P 40; 54
Plūto, Plūtōnis m.	Bruder des Jupiter; König der Unterwelt und Ehemann der → Prōserpina	28
Phaedrus, ī m.	Phädrus, römischer Fabeldichter (ca. 15 v. Chr.–45 n. Chr.), Freigelassener des → Augustus. Begründete mit seinen fünf Büchern fabulae Aesopiae die Gattung der Fabel in Rom.	38
Poenī, ōrum m	die Punier; antiker Name der Karthager	23, 24
Polybius, ī m.	Polybios (ca. 200–120 v. Chr.), griechischer Geschichtsschreiber; kam 167 v. Chr. nach Rom; war eng befreundet mit → P. Cornēlius Scīpiō Africānus minor, dessen Lehrer er wurde.	31
Polybus, ī m.	König von → Corinthus	27
Pompēius, ī m.	Cnaeus Pompēius Māgnus (106–48 v. Chr.), römischer Feldherr und Politiker auf der Seite der Optimaten. Konsul im Jahr 70 v. Chr.; besiegte im Jahr 67 v. Chr. in kurzer Zeit die Seeräuber, danach den König → Mithridātēs von → Pontus und ordnete die römische Herrschaft in Kleinasien durch die Einrichtung neuer Provinzen. Schloss im Jahr 60 v. Chr. gemeinsam mit → Caesar und Crassus das Triumvirat, stellte sich aber im Bürgerkrieg (ab 49 v. Chr.) gegen Caesar und übernahm den Oberbefehl über die Truppen des Senats. 48 v. Chr. von Caesar bei Pharsalos geschlagen und auf der Flucht in Ägypten ermordet.	34
Pontus, ī m.	Königreich an der Nordküste Kleinasiens am Südostrand des Schwarzen Meeres. Nach dem Sieg des → Pompēius über → Mithridātēs wurde es römische Provinz.	34
Porsenna, ae m.	König der etruskischen Stadt Clusium; belagerte im Jahr 508 v. Chr. Rom.	21, P 25
Prōserpina, ae f.	Tochter der Ceres und des Jupiter; Königin der Unterwelt, die sie gemeinsam mit → Plūto regiert.	28
Pyrrhus, ī m.	König von → Epīrus (319/18–272 v. Chr.); setzte 280 v. Chr. auf Bitten der Einwohner der Stadt → Tarentum nach Italien über und führte Krieg gegen die Römer.	22

Pȳthia, ae f.	die Pythia, Priesterin des Gottes Apoll in Delphi	13
Rēmus, ī m.	Zwillingsbruder des → Rōmulus	11
Rhēnus, ī m.	der Rhein	P 45
Rōmulus, ī m.	sagenhafter Gründer Roms; Sohn des Gottes Mars und der Rea Silvia	11, 12
Rubicō, Rubicōnis	kleiner Fluss, der südlich von Ravenna in die Adria mündet. Er galt als natürliche Grenze zwischen → Italia und → Gallia Cisalpīna.	34
Sabīni, ōrum m.	die Sabiner; italischer Stamm in den Sabiner Bergen des Apennins	12
Sabīnus, ī m.	Legat im Heer Caesars; hatte im Winter 54/53 v. Chr. gemeinsam mit dem Legaten → Cotta ein Lager im Gebiet der Eburonen bezogen; geriet dort in einen Hinterhalt des → Ambiorix und wurde dabei getötet.	41
Sāturnus, ī m.	Saturn; altrömischer Gott der Saaten und des Ackerbaus; sein Tempel befand sich auf dem Forum.	P 10
Scīpiō, ōnis m.	Publius Cornēlius Scīpiō Africānus minor (ca. 185–129 v. Chr.); Konsul 147 und 134 v. Chr.; eroberte und zerstörte 146 v. Chr. im 3. Punischen Krieg Karthago. Freund und Schüler des griechischen Geschichtsschreibers → Polybius.	23, 31
Sicilia, ae f.	Sizilien; seit 238 v. Chr. erste römische Provinz	16, 19
Sinon, Sinōnis m.	Name des griechischen Helden, der die Trojaner überredete, das hölzerne Pferd als Weihegeschenk anzunehmen.	29
Sīsyphus, ī m.	sagenhafter König von Korinth; war so schlau, dass er sogar den Tod überlistete. Als Strafe dafür wurde er in der Unterwelt bestraft, ewig einen Felsblock auf eine Anhöhe zu wälzen, der aber jedes Mal wieder in die Tiefe rollt.	56
Sōcratēs, Sōcratis m.	469–399 v. Chr.; griechischer Philosoph, der 399 v. Chr. zum Tode verurteilt wurde, weil er angeblich die Jugend verdorben habe. Er beschäftigte sich als einer der ersten mit den Grundfragen der Ethik und versuchte, durch unbeirrbares Fragen im Gespräch mit seinen Dialogpartnern zu sicheren Erkenntnissen zu gelangen.	51, 53
Solōn, Solōnis m.	athenischer Staatsmann und Dichter; ca. 640–560 v. Chr., einer der Sieben Weisen, der 594/93 v. Chr. mit der Neuordnung der athenischen Verfassung beauftragt wurde. Nach dieser Reform begab er sich angeblich auf eine zehnjährige Reise, auf der u.a. mit dem Lyderkönig → Croesus zusammentraf.	50
Sphinx, Sphingis f.	die Sphinx; ein Ungeheuer mit dem Körper eines geflügelten Löwen und dem Kopf einer Frau. Sie bedrohte die Stadt Theben, indem sie alle Menschen, die ihr Rätsel nicht lösen konnten, fraß.	28

Syrācūsae, ārum f.	Syrakus; Stadt auf der Insel Sizilien (→ Sicilia)	22
Syria, ae f.	Syrien; im Jahr 64 v. Chr. von → Pompēius zur römischen Provinz gemacht.	34
Tacitus, ī m.	der bedeutendste römische Geschichtsschreiber (55–120 n. Chr.); Freund des jüngeren → Plīnius.	54
Tarentīnī, ōrum m.	die Tarentiner; Einwohner der Stadt → Tarentum	22
Tarentum ī n.	Tarent; Stadt in Unteritalien	22
Tarquinius Superbus, ī m.	der Sage nach siebter und letzter König Roms; von → Brūtus im Jahr 510 v. Chr. aus der Stadt vertrieben.	13
Tartarus, ī m.	der Tartarus, die Unterwelt	28, 56
Thēbae, ārum f.	Theben, Stadt in Böotien (Griechenland)	27
Thēbānī, ōrum m.	die Thebaner, die Einwohner der Stadt Theben	28
Tiberis, Tiberis m.	der Tiber	40
Tiberius, ī m.	Tiberius Iulius Caesar Augustus (42 v.–37 n. Chr.), römischer Kaiser seit 14 n. Chr.	18
Tigrānēs, is m.	Tigranes I. (95–ca. 55 v. Chr.), König von Armenien; verbündet mit → Mithridātēs VI. von Pontus.	34
Trāiānus, ī m.	Marcus Ulpius Trāiānus (53–117 n. Chr.); stammte aus einer Senatorenfamilie aus Itālica (Spanien); Konsul im Jahr 91, danach Statthalter in Obergermanien (97). Im selben Jahr von Kaiser Nerva adoptiert, dessen Nachfolger er im Jahr 98 wurde. Durch die Eroberungen Trajans erreichte das imperium Rōmānum seine größte Ausdehnung. Sein Briefwechsel mit → Plīnius gibt einen Einblick in die Probleme der römischen Provinzialverwaltung zu Beginn des 2. Jahrhunderts.	P 40
Trōia, ae f.	Troja, heute Hisarlık. Antike Stadt im Nordwesten Kleinasiens, wo der sagenhafte Krieg zwischen den Griechen und den Trojanern stattgefunden haben soll.	29, 30
Trōiānī, ōrum m.	die Trojaner, Einwohner der Stadt Troja	29, 30, P 30
Ulixes, Ulixis m.	Lateinischer Name des Odysseus. König von Ithaka, der am Krieg vor → Trōia teilnahm und nach einer zehnjährigen Irrfahrt nach Hause zurückkehrte.	29

Vārus, ī m.	Publius Quīntīlius Vārus (47/46 v. – 9 n. Chr.), Konsul 13 v. Chr.; seit dem Jahr 6 n. Chr. römischer Statthalter in Germanien; wurde im Jahr 9 n. Chr. mit seinen drei Legionen vom Cheruskerfürsten → Arminius im Teutoburger Wald vernichtend geschlagen und beging daher Selbstmord.	42
Venus, Veneris f.	die Göttin der Liebe und der Schönheit. Mutter des Trojaners → Aenēās. Entspricht in der griechischen Mythologie der Göttin Aphrodite.	P 15, 30
Vercellae, ārum f.	Vercelli, Ort in der Nähe des heutigen Ferrara (Oberitalien). Dort fand im Jahr 101 v. Chr. die entscheidende Schlacht gegen die Kimbern statt, die nach Norditalien eingedrungen waren.	32
Vergilius, ī m.	Vergil (70 – 19 v. Chr.); römischer Dichter und Verfasser des römischen Epos Aeneis.	10
Vesta, ae, f.	die Göttin des Herdfeuers	P 10
Vetūria, ae f.	Mutter des → Coriolānus	15
Vīsurgis, is m.	die Weser	43
Volscī, ōrum	die Volsker, italischer Volksstamm in Latium	15
Volumnia, ae f.	Ehefrau des → Coriolānus	15
Zama, ae f.	Stadt in Nordafrika; hier besiegte → Publius Cornēlius Scīpiō Africānus māior 202 v. Chr. die Truppen des → Hannibal.	23

Vokabelverzeichnis (Lektionen 1 – 60)

(Angegeben ist jeweils die Lektion, in der die Vokabel erstmals auftritt.
Hinweis: P 15 = Plateaulektion nach Lektion 15 etc.)

ā, ab (Präp. mit Abl.)	von, von ... her	9
abdūcere, abdūcō, abdūxī, abductum	wegführen, abbringen	15, P 15, 37
abesse, absum, āfuī	abwesend sein, entfernt sein, fehlen	14, 16
nōn multum āfuit, quīn (mit Konj.)	es hätte nicht viel daran gefehlt, dass	53
abicere, abiciō, abiēcī, abiectum	wegwerfen, niederlegen	41
abīre, abeō, abiī	weggehen	26
absolvere, absolvō, absolvī, absolūtum	(jemanden) loslösen, freisprechen	47
crīminibus absolvere	(jemanden) von den Vorwürfen freisprechen	47
ac profectō	und wirklich; und tatsächlich	21
accēdere, accēdō, accessī, accessum	herantreten, hinzukommen	35, 37
ad rem pūblicam accedere	sich politisch betätigen	53
accidere, accidit, accidit	geschehen, sich ereignen	40
accipere, accipiō, accēpī, acceptum	annehmen, aufnehmen	22, P 25, 38
accūsāre	anklagen	8
incendiī accūsāre	(jemanden) der Brandstiftung anklagen	39
ācer, ācris, ācre	scharf, heftig, eifrig	20
ācrī animō	mit Begeisterung	20
aciēs, aciēi f.	die Schlacht(reihe); die Schärfe	40
ad (Präp. mit Akk.)	zu, bis zu, bei	9
addere, addō, addidī, additum	hinzufügen, ergänzen	19, P 20, 39
addūcere, addūcō, addūxī, adductum	heranführen, veranlassen	57
adesse, adsum, affuī	da sein; mit Dativ: (jemandem) helfen	7, 16
adhibēre, adhibeō, adhibuī, adhibitum	anwenden, hinzuziehen	12, P 15, 40
amīcum ad convīvium adhibēre	den Freund zu einem Gastmahl einladen	50
adhūc (Adv.)	bisher, bis jetzt	8
adīre, adeō, adiī	herangehen, aufsuchen, angreifen	20, P 20

adiuvāre, adiuvō, adiūvī, adiūtum (mit Akk.)	(jemanden) unterstützen, (jemandem) helfen	5, P 15, 43
administrāre	verwalten, leiten	53
adulēscēns, adulēscentis m.	der junge Mann (zwischen 18 und 25 Jahren)	21
adventus, adventūs m.	die Ankunft	41
adversārius, ī m.	der Gegner, Feind	10
adversus, a, um	entgegengesetzt, feindlich	30
aedificāre	bauen, erbauen	8
aedificium, ī n.	das Gebäude	8
aeger, aegra, aegrum	krank, erschöpft	20
aes, aeris n. aes aliēnum	das Geld, das Erz die Schulden	14
aestimāre	(ein) schätzen, beurteilen	50
parvī (māgnī) aestimāre	gering (hoch) schätzen	50
aetās, aetātis f.	Lebensalter, Zeitalter, Zeit	52
afferre, afferō, attulī, allātum	herbeitragen, hinzufügen	26, 38
afficere, afficiō, affēcī, affectum	(mit etwas) versehen, behandeln	35, 38
cūrīs afficere	(jemanden) in Sorge versetzen; (jemandem) Sorgen bereiten	35
suppliciō afficere	(jemanden) hinrichten, mit dem Tode bestrafen	39
summō timōre afficī	von größter Furcht befallen werden; sich sehr fürchten	48
ager, agrī m.	der Acker, das Feld	14
agere, agō, ēgī, actum	handeln, verhandeln, betreiben	11, P 15, 37
id agere, ut (mit Konjunktiv)	sich darum kümmern, dass	30
Sāturnālia agere	die Saturnalien feiern	17
aggredī, aggredior, agressus sum	herangehen, angreifen	58
āgmen, āgminis n.	der Heereszug	18
alere, alō, aluī	ernähren, großziehen	27
aliēnus, a, um	fremd, ausländisch	54
aliquandō (Adv.)	irgendwann, einst	13
aliquis, aliquid (substantivisch)	irgendeiner, irgendetwas	46

aliquī, aliqua, aliquod (adjektivisch)	irgendeiner	46
alius, alia, aliud	ein anderer	21
alter, altera, alterum	der eine (von zweien), der andere	34
altitūdō, altitūdinis f.	die Höhe, die Tiefe	57
altus, a, um	hoch, tief	8
amāre	lieben, gern haben	4
ambō, ambae, ambō	beide (zusammen)	43
ambulāre	spazieren gehen	2
amīca, ae f.	die Freundin	26
amīcitia, ae f.	die Freundschaft	38
amīcus, ī m.	der Freund	2
āmittere, āmittō, āmīsī, āmissum	verlieren	22, P 25, 37
amoenus, a, um	schön, lieblich, hübsch	20
amor, amōris m.	die Liebe	49
amplus, a, um	weit, groß; großartig, prächtig	18
an	oder (in der Frage)	15
angustus, a, um	eng, schwierig	57
animadvertere, animadvertō, animadvertī, animadversum	wahrnehmen, bemerken	41
animal, animālis n., Abl. Sg. animālī; Nom./ Akk. Pl. animālia, Gen. Pl. animālium	das Tier, Lebewesen	38
animus, ī m.	das Herz, der Sinn, der Mut, der Geist	15
bonō animō esse	guten Mutes sein	30
annus, ī m.	das Jahr	12
ante (Präp. mit Akk.)	vor	9
anteā (Adv.)	früher, vorher	13
antīquus, a, um	alt	8
aperīre, aperiō, aperuī, apertum	öffnen, aufdecken	29, 40
appārēre, appāreō, appāruī	erscheinen, auftauchen, sich zeigen	5, 13, P 15
appellāre	nennen, ansprechen, ernennen zu	36
apportāre	herbeitragen, herbeischaffen	3
appropinquāre	sich nähern, herankommen	1

apud (Präp. mit Akk.)	bei	45
aqua, ae f.	das Wasser	4
āra, ae, f.	der Altar	9
arcēre, arceō, arcuī	fernhalten, abwehren	10, 14, P 15
arcessere, arcessō, arcessīvī, arcessitum	(jemanden) herbeiholen, herbeikommen lassen	27, 41
ārdēre, ārdeō, ārsī	brennen, entbrannt sein	20, P 20
arēna, ae f.	der Sand, die Arena, der Kampfplatz	16
arma, ōrum n.	die Waffen	11
ars, artis f.	die Kunst, Fertigkeit	53
ascendere, ascendō, ascendī, ascēnsum	besteigen; hinaufsteigen, emporsteigen	18, P 20, 42
asper, aspera, asperum	rau, schroff, mühsam	23
at	aber, jedoch	39
atque, ac	und (dazu); und auch	17
ātrium, ī n.	die Eingangshalle (das Atrium)	4
auctor, auctōris m.	der Urheber, Ratgeber; der Schriftsteller	46
pontifice auctōre (Abl. abs.)	auf Veranlassung des Papstes	47
auctōritās, auctōritātis f.	das Ansehen, der Einfluss, die Macht	34
audācia, ae f.	die Kühnheit, der Wagemut	10
audāx, audācis	waghalsig, kühn, furchtlos	22
audēre, audeō, ausus sum	wagen	59
audīre, audiō, audīvī, audītum	hören	3, 13, P 15, 39
auferre, auferō, abstulī, ablātum	wegtragen, wegbringen	26, 38
augēre, augeō, auxī, auctum	vermehren, vergrößern, fördern	34, 41
aurum, ī n.	das Gold	59
aut	oder	31
aut ... aut	entweder ... oder	15
autem (Adv.; nachgestellt)	aber	3
auxilium, ī n.	die Hilfe, Unterstützung	11
auxilium ā deīs petere	die Götter um Hilfe bitten	11
amīcō auxiliō venīre	dem Freund zu Hilfe kommen	47

avāritia, ae f.	die Habgier, der Geiz	45
avē!	sei gegrüßt!; lebe wohl!	18
avia, ae f.	die Großmutter	20
avis, is f.	der Vogel	59
avus, ī m.	der Großvater	20
barbarus, a, um	ausländisch, fremd; ungebildet; grausam	32
barbarus, ī m.	der Ausländer; Barbar	32
beatus, a, um	glücklich; reich	50
bellum, ī n.	der Krieg, Kampf	14
bene (Adv.)	gut	17
bestia, ae f.	das wilde Tier	49
bibere, bibō, bibī	trinken	17, P 20
bonus, a, um	gut, tüchtig	7
brevis, breve	kurz, klein	22
brevī tempore revertī	nach (in) kurzer Zeit zurückkehren	59
caedere, caedō, cecīdī, caesum	fällen, niederhauen, töten	33, 39
caedēs, caedis f.	das Morden, das Blutbad	42
caelum, ī n.	der Himmel	11
calamitās, calamitātis f.	das Unglück, die Niederlage	13
calamitātem inferre	(jemandem) Unglück bringen, (jemanden) ins Unglück stürzen	27
callidus, a, um	schlau, gewitzt	13
canere, canō, cecinī	singen; ertönen	39
canis, canis m.	der Hund	52
capere, capiō, cēpī, captum	fassen, ergreifen, erobern	11, P 15, 38
arma capere	die Waffen ergreifen, zu den Waffen greifen	11
cōnsilium capere	einen Plan fassen	11
Capitōlium, ī n.	das Kapitol (einer der sieben Hügel Roms mit dem Tempel Jupiters)	9
captīvus, ī m.	der (Kriegs)Gefangene	8
caput, capitis n.	der Kopf; die Hauptstadt	47
carēre, careō, caruī (mit Abl.)	(etwas) entbehren, (etwas) nicht haben	8, P 15
carmen, carminis n.	das Lied, Gedicht	28

castra, ōrum n. (Pluralwort)	das Lager	15
cāsū (Adv.)	aus Zufall, zufällig	27
causa, ae f.	die Angelegenheit, der Sachverhalt; der Grund, die Ursache; der Prozess	17
quā dē causā	aus diesem Grund, daher	51
celebrāre	feiern	6
celer, celeris, celere	schnell	20
cēna, ae f.	das Essen, die Mahlzeit	4
cēnāre	essen, speisen	2
centum (indekl.)	hundert	7
certē (Adv.)	sicher, gewiss	27
certus, a, um	sicher, gewiss	31
cessāre	zögern, sich nicht beeilen	1
cēterī, ae, a	die übrigen	7
cibus, ī m.	die Speise, Nahrung; Plur.: die Lebensmittel	4
circumdare, circumdō, circumdedī, circumdatum	umgeben, herumlegen	11, P 20, 37
circumvenīre, circumveniō, circumvēnī, circumventum	umzingeln; umgeben	41
circus, ī m.	der Zirkus, die Rennbahn	6
cīvīlis, cīvīle	bürgerlich, Bürger-	34
cīvis, cīvis m.	der Bürger	18
cīvitās, cīvitātis f.	die Bürgerschaft, der Staat	13
clādēs, clādis f.	die Niederlage	22
clam (Adv.)	heimlich	13
clāmāre	schreien, laut rufen	5
clāmor, clāmōris m.	das Geschrei	12
clārus, a, um	hell, klar, berühmt	9
cōgere, cōgō, coēgī, coāctum	zusammenbringen; zwingen	23, P 25, 37
cōgitāre	denken, überlegen	13
cōgnōscere, cōgnōscō, cōgnōvī, cōgnitum	kennenlernen, erkennen	16, P 20, 42
linguam Latīnam cōgnōscere	die lateinische Sprache erfassen, erlernen	55

cohors, cohortis f.	die Kohorte (10. Teil einer Legion)	41
colere, colō, coluī, cultum	bebauen, pflegen, verehren	14, P 15, 39
agrōs colere	die Äcker bebauen	14
deōs colere	die Götter verehren	14
collis, collis m.	der Hügel	57
collocāre	aufstellen, errichten	40
castra collocāre	ein Lager aufstellen, errichten	40
comes, comitis m.	der Gefährte, Begleiter	30
commemorāre	in Erinnerung rufen, erwähnen	31
committere, committō, commīsī, commissum	zusammenbringen, übergeben, anvertrauen	34, 37
bellum committere	einen Krieg beginnen	34
proelium committere	eine Schlacht beginnen	40
scelus committere	ein Verbrechen begehen	36
commodus, a, um	angemessen, günstig, angenehm	57
commovēre, commoveō, commōvī, commotum	bewegen, antreiben, erregen, erschüttern	31, 37
comparāre (cum)	erwerben, (vor)bereiten; vergleichen (mit)	34
comperīre, comperiō, comperī, compertum	erfahren	19, P 20, 40
complēre, compleō, complēvī, complētum	anfüllen, erfüllen, vollenden	32, 41
complūrēs, complūrium	mehrere, ziemlich viele	22
comprehendere, comprehendō, comprehendī, comprehensum	erfassen, ergreifen, verhaften	39
condere, condō, condidi, conditum	gründen, erbauen; aufbewahren, verbergen	11, P 20, 39
oppidum condere	eine Stadt gründen	11
condiciō, condiciōnis f.	die Bedingung, Lage	28
condiciōnem pōnere	(jemandem) eine Bedingung stellen, auferlegen	28
condūcere, condūcō, condūxī, conductum	zusammenführen; anwerben, mieten	54
cōnferre, cōnferō, cōntulī, cōllātum	zusammentragen; vergleichen	54
pecūniam cōnferre	Geld sammeln	54
sē cōnferre	sich (wohin) begeben	30

cōnficere, cōnficiō, cōnfēcī, cōnfectum	zustande bringen, vollenden; aufreiben	36, 38
bellum cōnficere	einen Krieg beenden	36
cōnfīdere, cōnfīdō, cōnfīsus sum	(jmd.) vertrauen	59
cōnfirmāre	stärken, (be)festigen; (fest) versichern	40
conicere, coniciō, coniēcī, coniectum	schleudern, werfen; vermuten	41
coniungere, coniungō, coniūnxī, coniūnctum	verbinden, vereinigen	44
coniūnx, coniugis m./f.	der Ehemann / die Ehefrau	37
coniūrātiō, coniūrātiōnis f.	die Verschwörung	44
conscrībere, conscrībō, conscrīpsī, conscrīptum	in eine Liste eintragen, verfassen	23, P 25, 37
cōpiās conscrībere	Truppen ausheben	23
cōnsequī, cōnsequor, cōnsecutus sum	erreichen, einholen	58
cōnservāre	bewahren, erhalten; retten	31
cōnsīdere, cōnsīdō, cōnsēdī	sich niederlassen, sich setzen	26
cōnsilium, ī n.	der Rat, Plan, Beschluss	11
cōnsistere, cōnsistō, cōnstitī	sich hinstellen, haltmachen	28
cōnspicere, cōnspiciō, cōnspexī, cōnspectum	erblicken, ansehen	52
constat	es steht fest, es ist bekannt	19
cōnstituere, cōnstituō, cōnstituī, constitutum	festsetzen, beschließen	27, 42
cōnsul, cōnsulis m.	der Konsul	22
cōnsulātus, cōnsulātūs m.	das Konsulat	32
cōnsulere, cōnsulō, cōnsuluī, cōnsultum	(mit Akk.) jemanden um Rat fragen (mit Dat.) für jemanden sorgen	13, P 15, 32, 43
cōntendere, cōntendō, cōntendī, cōntentum	sich anstrengen; eilen; kämpfen; behaupten	11, P 20, 41, 53
dē rēgnō contendere	um die Herrschaft kämpfen	11
contingere, contingit, contigit	gelingen, zuteil werden	40
contrā (mit Akk.)	gegen	24
convenīre, conveniō, convēnī, conventum	zusammenkommen; mit Akk.: (jemanden) treffen	7, P 15, 39
amīcōs convenīre	die Freunde treffen, mit den Freunden zusammenkommen	7
in forum convenīre	auf dem Forum zusammenkommen	18
convertere, convertō, convertī, conversus	umdrehen, (hin)wenden	55

convīva, ae m.	der Gast	4
convīvium, ī n.	das Gastmahl, Festessen	4
convocāre	zusammenrufen	29
cōpia, ae f.	die Menge (im Plural: Truppen)	6
cōpia equōrum	eine Menge Pferde	6
cor, cordis n.	das Herz, das Gemüt, die Seele	60
corpus, corporis n.	Körper	14
corrumpere, corrumpō, corrūpī, corruptum	verderben, bestechen	22, P 25, 43
creāre	verursachen, erschaffen, wählen	31
crēdere, crēdō, crēdidī, crēditum	glauben; (an)vertrauen	17, P 20, 39
in Chrīstum crēdere	an Christus glauben	49
crēscere, crēscō, crēvī	wachsen	22, P 25
crīmen, crīminis n.	die Anklage, der Vorwurf; das Verbrechen	39
crīminī dare	(jemandem etwas) zum Vorwurf machen	39
crūdēlis, crūdēle	grausam	39
crux, crucis f.	das Kreuz	48
cum (Präp. mit Abl.)	mit, zusammen mit	10
cum (Subjunktion mit Indikativ)	immer wenn; sooft	32
cum (Subjunktion mit Indikativ)	(damals) als; (dann) wenn	23
cum (Subjunktion mit Indikativ)	als (plötzlich)	28
cum (Subjunktion mit Konjunktiv)	als, nachdem; weil; während (dagegen)	33
cupere, cupiō, cupīvī, cupītum	wünschen, begehren	11, P 15, 39
cupiditās, cupiditātis f.	die Begierde, das Verlangen	50
cupidus, a, um (mit Gen.)	(be)gierig (nach etwas)	45
cupidus proeliī	kampfeswütig	45
cūr?	warum?	1
cūra, ae f.	die Sorge	5
cūrāre	besorgen, sorgen für	40
currere, currō, cucurrī	eilen, laufen, rennen	17, P 20
currus, currūs m.	der Wagen	33
cursus, cursūs m.	der Lauf; die Bahn; die Laufbahn	32

cursum tenēre	den Kurs halten	53
dare, dō dedī, datum	geben	7, 17, P 20, 37
facultātem dare	(jemandem) die Möglichkeit geben	43
dē (Präp. mit Abl.)	von; von ... herab; über	9
dea, ae f.	die Göttin	6
debēre, debeō, debuī, debitum	müssen	3, P 15, 40
dēcernere, dēcernō, dēcrēvī, dēcrētum	entscheiden, beschließen	35, 41
dēcipere, dēcipiō, dēcēpī,dēceptum	täuschen, betrügen, hintergehen	42
dēdere, dēdō, dēdidī, dēditum	übergeben, ausliefern	43
sē dēdere	sich ergeben, kapitulieren	43
dēesse, dēsum dēfuī	fehlen, nicht vorhanden sein	16
dēfendere, dēfendō, dēfendī, dēfensum	verteidigen	18, P 20, 42
amīcum ā bestiā dēfendere	den Freund vor dem wilden Tier verteidigen	49
dēferre, dēferrō, dētulī, dēlātum	(hinab)tragen, -bringen, darbieten	34, 38
cōnsulātum dēferre	(jemandem) das Konsulat übertragen	34
dēficere, dēficiō, dēfēcī, dēfectum	abnehmen, fehlen; abfallen	42
animō dēficere	den Mut sinken lassen, mutlos werden	42
deinde (Adv.)	dann, darauf; ferner	17
dēlectāre	erfreuen	36
dēlēre, dēleō, dēlēvī, dēlētum	vernichten, zerstören	10, P 15, 39
dēligere, dēligō, dēlēgī, dēlēctum	auswählen	54
dēmōnstrāre	(auf)zeigen, darlegen	8
dēmum (Adv.)	endlich; erst	41
dēnique (Adv.)	schließlich, endlich	11
dēpōnere, dēpōnō, dēposuī, dēpositum	niederlegen, aufgeben	15, P 15, 41
dēscendere, dēscendō, dēscendī	herabsteigen	41
dēserere, dēserō, dēseruī, dēsertum	verlassen, im Stich lassen	30, 43
dēsīderāre	wünschen, verlangen; vermissen	18
dēsilīre, dēsiliō, dēsiluī	herabspringen, hinabspringen	33

dēsinere, dēsinō, dēsiī	(mit etw.) aufhören	51
dēspērāre	verzweifeln, die Hoffnung aufgeben	21
deus, ī m.	der Gott	6
dēvincere, dēvincō, dēvicī, dēvictum	(völlig) besiegen	32, 43
dexter, dext(e)ra, dext(e)rum	rechts; günstig	9
dext(e)ram iungere	die (rechte) Hand geben	35
dīcere, dīcō, dīxī, dictum	sagen, sprechen; mit dopp. Akk.: (jemanden) ernennen zu	15, P 15, 31, 39
diēs, diēī m., f.	der Tag, f.: der Termin	29
difficilis, difficile	schwierig, schwer (zu tun)	44
dīligēns, dīligentis	gewissenhaft, sorgfältig	50
dīligenter referre	genau berichten	54
dīmittere, dīmittō, dīmisī, dīmissum	entsenden, entlassen, aufgeben	15, P 15, 37
discēdere, discēdō, discessī, discessum	auseinandergehen, weggehen	31, 37
ē vītā discedere	sterben	31
discere, discō, didicī	lernen	53
disciplīna, ae f.	die Disziplin, Ordnung	32
discipulus, ī m.	der Schüler	10
discordia, ae f.	die Zwietracht, Uneinigkeit	36
disserere, disserō, disseruī	sprechen über, erörtern	29
diū (Adv.)	lange	1, 51
dīves, dīvitis	reich	45
dīvidere, dīvidō, dīvīsī, dīvīsum	trennen, teilen, verteilen	38
dīvīnus, a, um	göttlich	40
dīvitiae, ārum f.	der Reichtum	24
docēre, doceō, docuī, doctum	lehren, unterrichten	38
doctus, a, um	gelehrt, gebildet	55
dolēre, doleō, doluī	Schmerzen empfinden, traurig sein	26
dolor, dolōris m.	der Schmerz	12
dolus, ī m.	die List	12
dolum adhibēre	eine List anwenden	12
domī	zu Hause	35
domina, ae f.	die Herrin, Ehefrau	1

dominus, i m.	der Herr, Hausherr	1
domō (Abl.)	von zu Hause	56
domum (Akk.)	nach Hause	33
domus, domūs f.	das Haus, Gebäude	33
donum, ī n.	das Geschenk	9
dormīre, dormiō, dormīvī	schlafen	2, P 15
dubitāre	zweifeln, zögern	35
nōn dubitāre, quīn (mit Konj.)	zweifeln, dass	50
dūcere, dūcō, dūxī, ductum	führen, ziehen; mit dopp. Akk.: (jemanden) halten für	15, P 15, 31, 37
dulcis, dulce	süß, angenehm	49
dum (Subjunktion mit Ind. Präsens)	während	14
dum (Subjunktion mit Konjunktiv)	solange (bis)	56
dūrus, a, um	hart	56
dux, ducis m.	der Führer	23
ē, ex (Präp. mit Abl.)	aus, aus ... heraus	19
ecce!	siehe da! schau!	5
ēdūcere, ēdūcō, ēdūxī, ēductum	herausführen, herausziehen	33, 37
gladium ēdūcere	das Schwert zücken	33
efficere, efficio, effeci, effectum	bewirken, herstellen	51
effugere, effugiō, effūgī	entfliehen, entkommen	42
egēre, egeō, eguī (mit Abl.)	Mangel (an etwas) haben, etwas entbehren	14, P 15
egēre cibō	keine Nahrung haben	14
ego	ich	11
egrēgius, a, um	herausragend, hervorragend, ausgezeichnet	31
ēiusmodī	derartig	56
ēloquentia, ae f.	die Redekunst; die Beredsamkeit	8
ēloquentiae studēre	Redekunst studieren	25
emere, emō, ēmī, ēmptum	kaufen	16, P 20, 43
enim	denn, nämlich	3
epistula, ae f.	der Brief	5
equidem	(ich) allerdings, zumindest	39

equus, ī m.	das Pferd	6
ergō (Adv.)	folglich, also	19
ēripere, ēripiō, ēripuī, ēreptum	entreißen	12, P 15, 43
errāre	sich irren, herum irren	28
error, errōris m.	der Irrtum, die Irrfahrt	37
in errōrem indūcere	(jemanden) zu einem Fehler verleiten	37
esse, sum, fuī	sein	7, 13, P 15
et	und	1
et ... et	sowohl ... als auch	32
etiam	auch; sogar	1
etsī	auch wenn, obwohl	33
excēdere, excēdō, excessī, excessum	hinausgehen, weggehen; vergehen	46
ē vītā excēdere	aus dem Leben gehen, sterben	46
excitāre	aufwecken, antreiben	10
īram deōrum excitāre	den Zorn der Götter erregen	27
exclāmāre	aufschreien; ausrufen	37
exemplum, ī n.	das Beispiel, Vorbild	31
exercēre, exerceō, exercuī	üben, betreiben; quälen	54
exercitus, exercitūs m.	das Heer	32
exīre, exeō, exiī	herausgehen	20, P 20
exīstimāre	urteilen, meinen	35
expellere, expellō, expulī, expulsum	vertreiben, verbannen	40
explicāre	erklären, darlegen	2
expōnere, expōnō, exposuī, expositum	aussetzen, ausstellen	27, 41
expūgnāre	erobern	24
exspectāre	warten, (jemanden oder etwas) erwarten	1
fabula, ae f.	die Geschichte, Erzählung, Fabel	4
facere, faciō, fēcī, factum	machen, tun; mit dopp. Akk.: machen zu	20, P 20, 31, 38
bene facere, quod	gut daran tun, dass	42
faciēs, faciēī f.	das Gesicht, Aussehen, die Gestalt	29
facilis, facile	leicht, mühelos	42

factum, ī n.	die Tat; die Tatsache	31
facultās, facultātis f.	die Fähigkeit; die Möglichkeit	43
fallere, fallō, fefellī	täuschen, betrügen	36
falsus, a, um	falsch	45
famēs, famis f.	der Hunger	46
familia, ae f.	die Familie; die Hausgemeinschaft	1
familiāris, familiāris m.	der Vertraute, Freund	31
fatum, ī n.	der Götterwille; das Schicksal	50
favēre, faveō, fāvī (mit Dat.), fautūrum	(jemanden) begünstigen, (jemanden) fördern	34, 55
amīcō favēre	dem Freund günstig gesinnt sein, den Freund begünstigen	34
fēlīx, fēlīcis	glücklich	50
fēmina, ae f.	die Frau	9
ferē (Adv.)	ungefähr, fast, beinahe	34
ferre, ferō, tulī, lātum	tragen, bringen; ertragen; berichten	26, 38
lēgēs ferre	Gesetze beantragen	32
ferrum, ī n.	das Eisen; die Waffe	59
fessus, a, um	erschöpft, müde	7
fidēs, fideī f.	die Treue, das Vertrauen, der Glaube	29
fidem habēre (m. Dativ)	(jemandem) vertrauen	29
fidus, a, um	treu, zuverlässig	7
fierī, fīō, factus sum	gemacht werden; geschehen; entstehen; werden	50
fīlia, ae f.	die Tochter	1
fīlius, i m.	der Sohn	1
fīnis, fīnis m.	das Ziel; das Ende; die Grenze, Pl.: das Gebiet	18
fīnem bellī facere	einen Krieg beenden	22
fīnitimus, a, um	benachbart; Substantiv: der Nachbar	12
flāgitium , ī n.	die Schandtat; die Gemeinheit	47
flectere, flectō, flexī, flexum	biegen, beugen, umstimmen	15, P 15, 42
animum Coriolānī flectere	Coriolan umstimmen	15
flēre, fleō, flēvī	weinen, beweinen	28, 41
flōs, flōris m.	die Blume, die Blüte	26

flūmen, flūminis n.	der Fluss	34
foedus, foederis n.	das Bündnis, der Vertrag	24
foedus facere	ein Bündnis schließen	44
amīcitiam foedusque inīre	ein Freundschaftsbündnis schließen	59
fōrma, ae f.	die Form, die Gestalt, die Schönheit	26
fortāsse (Adv.)	vielleicht	19
fortis, forte	tapfer, mutig	22
forte (Adv.)	zufällig; etwa	48
fortitūdō, fortitūdinis f.	die Tapferkeit, der Mut	32
fortūna, ae f.	das Schicksal, Glück	16
forum, ī n.	der Marktplatz (das Forum)	3
frāter, frātris m.	der Bruder	14
frequēns, frequentis	zahlreich, häufig besucht	60
frīgus, frīgoris n.	die Kälte, der Frost	37
frūmentum, i n.	das Getreide	3
frūstrā (Adv.)	vergeblich, umsonst	29
fuga, ae f.	die Flucht	30
fugāre	in die Flucht schlagen, vertreiben	10
fugere, fugiō, fūgī (mit Akk.)	(vor jemandem) fliehen	15, P 15
furor, furōris m.	die Wut, die Raserei	49
futūrus, a, um	zukünftig	35
gaudēre, gaudeō, gāvīsus sum	sich freuen	1, 59
gaudium, ī n.	die Freude	8
gens, gentis f. (Gen. Pl.: gentium)	das Geschlecht, der (Volks)Stamm	14
genus, generis n.	die Abstammung, Art; das Geschlecht	45
gerere, gerō, gessī, gestum	tragen, ausführen	14, 15, P 15, 40
bellum gerere	Krieg führen	14
rem pūblicam gerere	einen Staat regieren, leiten	53
gladius, ī m.	das Schwert	33
glōria, ae f.	der Ruhm, die Ehre	25
grandis, grande	groß, bedeutend	59

grātia, ae f.	die Anmut; das Ansehen; das Wohlwollen; der Dank	18
deīs grātiās agere	den Göttern Dank sagen, danken	18
gravis, grave	schwer	22
habēre, habeō, habuī, habitum	haben, halten; mit dopp. Akk.: (jemanden) halten für	14, P 15; 40
habitāre	wohnen, bewohnen	48
haerēre, haereō, haesī	hängen bleiben	56
herī (Adv.)	gestern	17
hīc (Adv.)	hier	2
hic, haec, hoc	dieser, diese, dieses	31
hiems, hiemis f.	der Winter, die Kälte	37
hinc (Adv.)	von hier; daher; daraufhin	37
hodiē (Adv.)	heute	2
homō, hominis, m.	der Mensch	13
honestus, a, um	angesehen, ehrenwert	55
honōs, honōris m.	die Ehre, das Ehrenamt	32
hōra, ae f.	die Stunde	12
hortārī, hortor, hortātus sum	ermahnen, ermuntern	58
hortus, ī m.	der Garten	2
hospes, hospitis m.	der Gast, der Gastfreund	50
hostis, hostis m.	der Feind; der Landesfeind	18
hūc (Adv.)	hierher	28
hūmānus, a, um	menschlich, gebildet	54
iacēre, iaceō, iacuī	liegen	35
iactāre	werfen, schleudern	58
iam (Adv.)	schon, bereits	1
ibi (Adv.)	dort	2
īdem, eadem, idem	derselbe, dieselbe, dasselbe	56
idōneus, a, um	geeignet, fähig	54
īgnārus, a, um (mit Gen.)	ohne Kenntnis (von etwas); unwissend (in etwas)	45
īgnārus terrae	ohne Kenntnis des Landes	45

īgnis, īgnis m.	das Feuer	21
īgnōrāre	nicht kennen	6
nōn īgnōrāre	gut kennen, genau wissen	6
īgnōtus, a, um	unbekannt	19
ille, illa, illud	jener, jene, jenes	31
imāgō, imaginis f.	das Bild, Abbild; Ahnenbild	31
immortālis, immortāle	unsterblich	28
impedīre, impediō, impedīvī, impedītum	hindern, verhindern	30, 40
amīcum impedīre, nē (mit Konjunktiv)	den Freund daran hindern, dass	30
imperāre	befehlen, einen Befehl erteilen, (be)herrschen	4
imperātor, imperatōris m.	der Oberbefehlshaber, Feldherr; der Kaiser	18
imperium, ī n.	die Herrschaft, das Herrschaftsgebiet, Reich	8
impetus, impetūs m.	der Ansturm, Angriff, der Drang	32
impetum in bestiam facere	das wilde Tier angreifen	49
implōrāre	anflehen	30
impōnere, impōnō, imposuī, impositum	auferlegen, einsetzen	47
imprīmīs (Adv.)	vor allem, besonders	22
improbus, a, um	schlecht, dreist, unanständig	38
in (Präp. mit Abl.)	in an, auf (wo?)	9
in (Präp. mit Akk.)	nach (wohin?)	13
inanis, inane	wertlos, leer	56
incendere, incendō, incendī, incensum	anzünden, entflammen	39
incendium, ī n.	der Brand, die Feuersbrunst	39
incipere, incipiō, coepī, coeptum	anfangen, beginnen	41
incitāre	antreiben, erregen	31
incola, ae **m.**	der Bewohner, Einwohner	59
incolumis, incolume	wohlbehalten, unverletzt	42
incrēdibilis, incrēdibile	unglaublich	29
inde (Adv.)	von dort; darauf; deshalb	57
indūcere, indūcō, indūxī, inductum	hineinführen; verleiten, veranlassen	37
infēlīx, infēlīcis	unglücklich	37
inferre, inferō, intulī, illātum	hineintragen	26, 38
īnfestus, a, um	feindlich, feindselig	11

ingenium, ī n.	die Begabung, das Talent	23
ingēns, ingentis	sehr groß, gewaltig, ungeheuer	22
ingredī, ingredior, ingressus sum	hineingehen, betreten	60
inimīcitia, ae f.	die Feindschaft	24
inimīcus, ī m.	der Gegner, (persönliche) Feind	32
initium, ī n.	der Anfang; der Beginn	45
inīre, ineō, iniī	hineingehen, beginnen	20, P 20
cōnsilium inīre	einen Entschluss fassen	20
iniūria, ae f.	das Unrecht; die Ungerechtigkeit	8
iniūstus, a, um	ungerecht	53
inquam (eingeschoben)	sag(t)e ich	51
inquit (eingeschoben)	sagt(e) er	21
īnsidiae, ārum f.	der Hinterhalt	16
īnsidiās parāre	einen Hinterhalt legen, eine Falle stellen	16
insīgnis, e	kennzeichnend, auffallend	57
instāre, instō, institī	bevorstehen, drohen	13, P 20
īnstituere, īnstituō, īnstituī, īnstitūtum	anfangen; errichten; unterrichten	54
īnstruere, īnstruō, īnstruxī, īnstrūctum	aufstellen; ausrüsten; unterrichten	40
aciem īnstruere	eine Schlachtreihe aufstellen	40
īnsula, ae f.	die Insel	26
intellegere, intellegō, intellexī, intellectum	erkennen, begreifen	19, P 20, 39
inter (Präp. mit Akk.)	zwischen, unter	23
interesse, intersum, interfuī (m. Dat.)	(an etwas) teilnehmen	16
interficere, interficiō, interfēcī, interfectum	töten	33, 38
interīre, intereō, interiī, interitum	untergehen, zugrunde gehen, umkommen	55
interrogāre	fragen	58
intrā (Präp. mit Akk.)	innerhalb (von)	40
intrāre	eintreten, betreten	1
invenīre, inveniō, invēnī, inventum	finden, erfinden	27, 39
invītāre	einladen	12
invītus, a, um	ungern, gegen den Willen	56
ipse, ipsa, ipsum	selbst	38

īra, ae f.	der Zorn, die Wut	15
īram plēbī movēre	beim Volk Zorn erregen	15
īrātus, a, um	zornig, erzürnt	11
īre, eō, iī	gehen	20
is, ea, id	dieser, diese, dieses; er, sie; es	18
iste, ista, istud	dieser (da)	38
ita (Adv.)	so	15
itaque	daher, deshalb	7
iter, itineris n.	die Reise, der Weg, Marsch	20
iterum (Adv.)	wiederum, zum zweiten Mal	31
iterum atque iterum (Adv.)	immer wieder	5
iubēre, iubeō, iussī, iussum (m. Akk)	(jemandem) befehlen	21, P 25, 37
iūcundus, a, um	erfreulich, angenehm	7
iungere, iungō, iūnxī, iūnctum	verbinden, vereinigen	35, 42
Iuppiter, Iovis, Iovī, Iovem, ā Iove	Jupiter	30
iūs, iūris n.	das Recht	14
iussu (Abl.)	auf Befehl	39
iūstitia, ae f.	die Gerechtigkeit	25
iūstus, a, um	gerecht	53
iuvenis, iuvenis m.	der junge Mann	53
labor, labōris m.	die Arbeit, Anstrengung, Mühe	17
labōrāre	arbeiten, sich anstrengen	2
lacessere, lacessō, lacessīvī, lacessitum	reizen, herausfordern	11, P 15, 41
lacrima, ae f.	die Träne	15
laedere, laedō, laesī, laesum	verletzen, beschädigen	47
laetus, a, um	froh, freudig, fröhlich; beglückend	17
laudāre	loben	4
lectus, ī m.	die Liege, das Bett; das Speisesofa	4
lēgātus, ī m.	der Gesandte; der Legat (Offizier)	15
legere, legō, lēgī, lēctum	lesen; sammeln, auswählen	48
legiō, legiōnis f.	die Legion	18

leō, leōnis m.	der Löwe	38
lēx, lēgis f.	das Gesetz	32
libellus, ī m.	das Schriftstück, kleine Buch; das Heft	5
libenter (Adv.)	gern	4
līber, lībera, līberum	frei	44
liber, librī m.	das Buch	38
līberāre	(von etwas) befreien	8
līberī, ōrum m.	die Kinder	10
lībertās, ātis f.	die Freiheit	17
licentia, ae f.	die Zügellosigkeit, Ausgelassenheit; die Willkür	17
licet, licuit	es ist erlaubt	11, P 15
lingua, ae f.	die Rede, Sprache	55
littera, ae f.	der Buchstabe; Plur.: das Schriftstück; das Schreiben	5
litterae, ārum f.	der Brief; die Wissenschaft(en); die Literatur	55
lītus, lītoris n.	die Küste, der Strand	26
loca, ōrum n.	die Orte; die Gegend	42
locus, ī m.	der Ort, Platz, die Stelle	11
longus, a, um	lang, ausgedehnt, weit	20
loquī, loquor, locūtus sum	sprechen, reden	58
lūctus, ūs m.	die Trauer	37
lūdere, lūdō, lūsī, lusum	spielen	17, P 20, 42
lūdus, ī m.	das Spiel; das Schauspiel; die Schule	6
lūdō praeesse	eine Schule leiten	16
sē lūdō dare	sich dem Spiel hingeben	17
lūx, lūcis f.	das Licht, Tageslicht	28
ante lucem	vor Tagesanbruch	37
luxuria, ae f.	der Überfluss, die Genusssucht, die Verschwendung	52
magis (Adv.)	mehr	48
magister, magistrī m.	der Lehrer	10
magistrātus, magistrātūs m.	der Beamte; das Amt	32

magistrātum gerere	ein Amt bekleiden	55
māgnitūdō, māgnitūdinis f.	die Größe, Bedeutung	32
ingentis māgnitūdinis esse	sehr groß sein	59
māgnus, a, um	groß	7
maiestās, maiestātis f.	die Erhabenheit, Würde, Größe	26
māiōrēs, māiōrum m.	die Vorfahren	25
malle, mālō, māluī	lieber wollen, vorziehen	22, P 25
malus, a, um	böse, schlimm	13
mandāre	übergeben, anvertrauen	7
māne (Adv.)	in der Früh, morgens	4
manēre, maneō, mansī	bleiben, warten; erwarten	35
mare, maris n.	das Meer	19
māter, mātris f.	die Mutter	12
maximus, a, um	sehr groß, der Größte	32
mē miserum!	ich Armer!	28
medium, ī n.	die Mitte, der Mittelpunkt	8
medius, a, um	mittlerer, in der Mitte	29
memor, memoris (mit Gen.)	sich erinnernd, in Erinnerung (an etwas)	45
este māiōrum memorēs!	denkt an eure Vorfahren!	45
mēns, mentis f.	der Geist, der Sinn, der Verstand, die Gesinnung	57
in mentem venīre	in den Sinn kommen	57
mercātor, mercātōris m.	der Kaufmann, Händler	19
merx, mercis f. (Gen. Pl.: mercium)	die Ware	19
merx māgnī pretiī	eine Ware von großem Wert, eine kostbare Ware	46
meus, a, um	mein	16
mīles, militis m.	der Soldat	18
mīlitāris, mīlitāre	militärisch, soldatisch	43
minimē (Adv.)	keineswegs; überhaupt nicht	50
mīrārī, mīror, mīrātus sum	sich wundern, bewundern	58
mīrus, a, um	seltsam, sonderbar	13
miser, misera, miserum	elend, unglücklich	14

mittere, mittō, mīsī, missum	schicken	12, 15, P 15, 37
modo ... modo (Adv.)	bald ... bald	42
modus, ī m.	die Art, Weise	22
moenia, moenium n.	die (Stadt-)Mauern	40
monēre, moneō, monuī, monitum	ermahnen, erinnern	3, P 15, 40
mōns, montis m. (Gen. Pl.: montium)	der Berg	14
summus mōns	der Gipfel des Berges	57
monumentum, ī n.	das Denkmal	3
morārī, moror, morātus sum	(sich) aufhalten	58
morī, morior, mortuus sum	sterben	
mors, mortis f.	der Tod	15
sibī mortem dare	sich den Tod geben, Selbstmord begehen	42
mortuus, a, um	gestorben, tot	28
mōs, mōris m.	die Sitte, der Brauch, Pl.: der Charakter	25
amīcum mōrēs docēre	den Freund das richtige Verhalten lehren, den Freund im richtigen Verhalten unterweisen	38
movēre, moveō, mōvī, mōtum	bewegen, veranlassen	15, P 15, 37
mox (Adv.)	bald	4
mulier, mulieris f.	die Frau	12
multī, ae, a	viele, zahlreiche	7
multitūdō, multitudinis f.	die Menge	18
multō (mit Komparativ)	um vieles; viel	48
multum (Adv.)	sehr, viel	17
mundus, ī m.	die Welt	48
munīre, muniō, munīvī, munītum	(Mauern) bauen; befestigen; schützen	49
mūnus, mūneris n.	die Leistung; Aufgabe, das Amt; Geschenk	55
mūrus, ī m.	die Mauer	10
mūtāre	(ver-)ändern, verwandeln	26
nam	denn; nämlich	2
nārrāre	erzählen	5
nāscī, nāscor, nātus sum	geboren werden, enstehen	58

nātus, a, um	geboren, alt	54
nauta, ae m.	der Seemann, Matrose	19
nāvigāre	mit dem Schiff fahren, segeln	16
nāvis, nāvis f. (Gen. Pl.: nāvium)	das Schiff	19
nāvēs solvere	die Anker lichten	29
-ne (Fragepartikel)	(wird nicht übersetzt)	34
ne ... quidem	nicht einmal	15
ne (Subjunktion mit Konjunktiv)	dass nicht	30
necāre	töten	56
necessārius, a, um	notwendig	7
necesse est	es ist notwendig, nötig, unausweichlich	36
necessitās, necessitātis f.	die Notwendigkeit, der Zwang	49
negāre	ablehnen; leugnen; sagen, dass nicht	21
neglegere, neglegō, neglexī, neglectum	vernachlässigen, unbeachtet lassen	24, P 25, 39
negotium, ī n.	die Aufgabe, Beschäftigung	56
nēmō (Gen.: nūllīus, Dat.: nēminī)	niemand, keiner	26
nepōs, nepōtis m.	der Enkel; der Neffe	31
neque; nec	und nicht, auch nicht, aber nicht	20
nescīre, nesciō, nescīvī	nicht wissen, nicht verstehen	27
nēve (nach ut, nē)	und nicht	43
nihil	nichts	29
nimis (Adv.)	(all) zu sehr	49
nisī	wenn nicht	25
nihil nisī	nichts außer; nur	36
nōbilis, nōbile	berühmt, vornehm, adelig	31
nōbilitās, nōbilitātis f.	die Berühmtheit, der Adel, adeliger Stand	55
nōlle, nōlō, nōluī	nicht wollen	22, P 25
nōmen, nōminis n.	der Name	29
nōmināre	nennen, benennen; mit dopp. Akk.: (jemanden) bezeichnen als	27, 31
nōn	nicht	1
nōndum (Adv.)	noch nicht	54

nōn iam (Adv.)	nicht mehr	14
nōn sōlum	nicht nur	4
nōn sōlum ... sed etiam	nicht nur ... sondern auch	9
nōnne (Fragepartikel)	nicht? denn nicht? etwa nicht?	34
nōnnūllī, ae, a	einige, manche	23
noster, nostra, nostrum	unser	12
nōtus, a, um	bekannt	19
novus, a, um	neu, neuartig	11
nox, noctis f.	die Nacht	29
mediā nocte	mitten in der Nacht	29
nubēs, nubis f.	die Wolke	35
nūdus, a, um	nackt	59
nūllus, a, um	kein, keiner	12
num (Fragepartikel)	direkte Frage: etwa? etwa gar? indirekte Frage: ob, ob nicht	34, 35
numquam	niemals	24
nunc (Adv.)	jetzt	6
nūntiāre	melden, benachrichtigen	13
nūntius, ī m.	der Bote, die Nachricht	6
nūntius deōrum	der Götterbote (Mercurius)	6
nūper (Adv.)	vor kurzem, neulich	19
obicere, obiciō, obiēcī, obiectum	jemandem etwas vorwerfen	51
oblīvīscī, oblīvīscor, oblītus sum (mit Gen.)	(etw.) vergessen	60
deōrum oblīvīscī	von den Göttern nichts wissen	60
observāre	beobachten; auf etwas aufpassen	7
obtinēre, obtineō, obtinuī, obtentum	besitzen, verwalten	32, 40
occāsiō, occāsiōnis f.	die Gelegenheit	41
occidere, occidō, occidī	untergehen, umkommen	44
occidentem sōlem sequī	nach Westen fahren	59
occīdere, occīdō, occīdī, occisum	niederhauen, töten	11, P 20, 39
occupāre	besetzen, in Besitz nehmen	10
occurrere, occurrō, occurrī	entgegeneilen, begegnen	17, P 20

oculus, ī m.	das Auge	54
ōdisse, ōdī	hassen	39
odium, ī n.	der Hass	24
odium in hostēs	Hass auf die Feinde	24
Sōcratēs cīvibus odiō est	Sokrates wird von den Bürgern gehasst	51
offendere, offendō, offendī, offēnsum	anstoßen, verletzen, beleidigen	60
offerre, offerō, obtulī, oblātum	entgegen bringen, anbieten	26, 38
mortem offerre	(jemandem) den Tod bringen	27
officium, ī n.	der Dienst, die Pflicht	46
oleum, ī n.	das (Oliven)Öl	19
ōlim (Adv.)	einmal, einst	27
omittere, omittō, omisī, omissum	aufgeben, beiseite lassen	24, P 25, 37
omnīnō (Adv.)	insgesamt; völlig	50
omnis, omne	jeder, ganz; Pl.: alle	22
onus, oneris n.	das Gewicht, die Last	48
oppidum, ī n.	die Stadt, befestigte Landstadt	11
opportūnus, a, um	günstig, geeignet	41
opprimere, opprimō, oppressī, oppressum	unterdrücken, überfallen	36, 41
oppūgnāre	angreifen, bestürmen	21
ops, opis f.; Pl.: opēs, opum f.	die Kraft, Macht; Pl.: die Streitkräfte, der Reichtum, Einfluss	42
optāre	wünschen	53
opus, operis n.	die Arbeit, das Werk	48
ōra, ae f.	die Küste	59
ōrāculum, ī n.	der Göttерspruch, das Orakel; die Orakelstätte	27
ōrāculum adīre	ein Orakel aufsuchen	27
ōrāre	bitten, beten	30
ōrātiō, ōrātiōnis f.	die Rede	25
ōrātiōnem habēre	eine Rede halten	25
orbis, orbis m.	der Kreis, Kreislauf	45
orbis terrārum	der Erdkreis, die Welt	45
ōrdō, ōrdinis m.	die Reihe, Ordnung, der Stand	41

ōrnāre	schmücken	8
ōs, ōris n.	der Mund, das Gesicht	43
ostendere, ostendō, ostendī	zeigen, darlegen	31
ōtium, ī n.	die freie Zeit, Muße, Ruhe	7
ōtiō mē dō	ich gebe mich der Ruhe hin, ich genieße die freie Zeit	7
paene (Adv.)	fast, beinahe	32
palam (Adv.)	offen, öffentlich	52
palūs, palūdis f.	der Sumpf	42
parāre	vorbereiten, bereiten; (mit etwas) beginnen	4
parātus, a, um	bereit, vorbereitet, kampfbereit	10
parcere, parcō, pepercī (m. Dat.)	(jemanden) (ver)schonen; (etwas) sparen	41
hostibus parcere	die Feinde verschonen	41
parentēs, parentum m.	die Eltern	12
parere, pareo, parui	gehorchen	3, 13, P 15
parere, pariō, peperī, partum	hervorbringen, gebären	27, 43
pars, partis f.	der Teil	38
partēs facere	(etwas) (auf)teilen	38
parvus, a, um	klein, gering	11
pāstor, pāstōris m.	der Hirte	27
pater, patris m.	der Vater	12
patī, patior, passus sum	erleiden, zulassen	60
patria, ae f.	die Vaterstadt, das Vaterland, die Heimat	14
patrōnus, ī m.	der Anwalt	8
paucī, ae, a	wenige	16
paulātim (Adv.)	allmählich	36
paulō post (Adv.)	etwas später, bald darauf	6
paulum (Adv.)	ein wenig	52
pauper, pauperis	arm	45
pāx, pācis f.	der Frieden	18
pectus, pectoris n.	die Brust, das Herz, das Gemüt	57
pecūnia, ae f.	das Geld, das Vermögen	8
per (Präp. mit Akk.)	durch (... hindurch)	9

perdere, perdō, perdidī, perditum	verderben, zugrunde richten; verlieren	17, P 20, 39
perferre, perferō, pertulī, perlātum	aushalten, ertragen; überbringen	26, 38
pergere, pergō, perrēxī, perrēctum	weitergehen; (etwas) fortsetzen	48
iter pergere	den Weg, die Reise fortsetzen	48
perīculum, i n.	die Gefahr	9
perīculum est, nē (mit Konjunktiv)	es besteht die Gefahr, dass	30
perīre, pereō, periī	zugrunde gehen, umkommen	20, P 20
perniciēs, perniciēī f.	das Verderben, der Untergang	29
perpetuus, a, um	beständig, ununterbrochen	35
persuādēre, persuādeō, persuāsī, persuāsum (mit Dat.)	mit ut: (jemanden) überreden; mit AcI: (jemanden) überzeugen	42
mihi persuāsum est (mit AcI)	ich bin überzeugt (, dass)	55
Germānīs persuādēre, ut	die Germanen (dazu) überreden, dass	42
perterrēre, perterreō, perterrui, perterritum	sehr erschrecken, in Angst versetzen	37
pertinēre, pertineō, pertinuī (ad mit Akk.)	sich auf etwas beziehen; zu etw. gehören; sich erstrecken (bis zu)	51
pervenīre, perveniō, pervēnī, perventum	ankommen, (wohin) gelangen	10, P 15, 39
petere, petō, petivi, petitum	erstreben, (er)bitten; eilen; angreifen	11, P 15, 40
Clōdium petere	Clodius angreifen	33
cōnsulātum (praetūram) petere	das Konsulat (die Prätur) anstreben, sich um das Konsulat (die Prätur) bewerben	32, 33
Italiam petere	nach Italien eilen	11
philosophia, ae f.	die Philosophie	25
philosophus, ī m.	der Philosoph	25
pietās, pietātis f.	das Pflichtbewusstsein, die Frömmigkeit	37
pius, a, um	gewissenhaft, pflichtbewusst, fromm	47
pīrāta, ae m.	der Seeräuber, Pirat	16
placēre, placeō, placuī	(jemandem) gefallen	4, 13, P 15
Brūtō placet	es gefällt Brutus; Brutus beschließt	13
placidus, a, um	sanft, friedlich, ruhig	59
plēbēius, ī m.	der Plebejer	14

plēbs, plēbis f.	das (einfache) Volk	14
plēnus, a, um (mit Gen.)	voll (von etwas)	19
plēnus perīculōrum	voll von Gefahren, voller Gefahren	19
plūrimī, ae, a	die meisten, sehr viele	16
plūs (Adv.)	mehr	17
plūs vīnī	mehr Wein	17
poena, ae f.	die Strafe; die Buße	39
poēta, ae m.	der Dichter	10
pollicērī, polliceor, pollicitus sum	(etw.) versprechen	59
pōnere, pōnō, posuī, positum	setzen, stellen, legen	28, 41
pōns, pontis m. (Gen. Plur.: pontium)	die Brücke	34
pontifex, pontificis m.	der Priester, der Papst	47
populus, ī m.	das Volk	18
porta, ae f.	die Tür, das Tor	2
poscere, poscō, poposcī	fordern, verlangen	34
posse, possum potuī	können, imstande sein	16, P 20
possidēre, possideō, possēdī, possessum	besitzen	45
post (Präp. mit Akk.)	hinter, nach	9
posterī, ōrum m.	die Nachkommen	45
postquam (Subjunktion mit Perf.)	nachdem	13
postrēmō (Adv.)	schließlich, zuletzt	30
pōstulāre	fordern, verlangen	44
potēns, potentis	mächtig	22
potentia, ae f.	die Macht, der Einfluss	34
potestās, potestātis f.	die Macht, Herrschaft	21
potīrī, potior, potītus sum (m. Abl.)	sich (einer Sache) bemächtigen, etw. erlangen	58
regiōne potīrī	eine Gegend erobern	58
praeceptum, ī n.	die Vorschrift, derBefehl, die Lehre	55
praecipere, praecipiō, praecēpī, praeceptum	vorschreiben, befehlen, lehren	55
praeclārus, a, um	glänzend, herrlich	7
praeda, ae f.	die Beute	18
praedicāre	ausrufen; rühmen, preisen	43
praeesse, praesum, praefuī (m. Dat.)	(einer Sache) vorstehen, (etwas) leiten	16

praeferre, praeferō, praetulī, praelātum	vorziehen, lieber mögen (als etwas)	36, 38
praemium, ī n.	die Belohnung, der Preis	43
praesidium, ī n.	der Schutz, die Schutztruppe	11
praestāre, praestō, praestitī (mit Dat.)	(jemanden) übertreffen	45
sē praestāre, praestō, praestitī	sich erweisen als	31
sē fortem praestāre	sich als tapfer erweisen	31
praeter (Präp. mit Akk.)	außer; an ... vorbei	57
praeterīre, praetereō, praeteriī, praeteritum (mit Akk.)	(an jemandem/etwas) vorübergehen; vergehen	46
leōnem praeterīre	an dem Löwen vorübergehen	46
praetor, praetōris m.	der Prätor	32
precēs, um f. (Pluralwort)	die Bitten, das Gebet	15
premere, premō, pressī, pressum	pressen,bedrängen	40
pretium, ī n.	der Preis, Wert	43
prīmō (Adv.)	zuerst	44
prīmum (Adv.)	zuerst; erstens; zum ersten Mal	17
prīmus, a, um	der erste, der vorderste	23
prīnceps, prīncipis m.	der Erste, Führende; der Kaiser	36
prīncipātus, prīncipātūs m.	die erste Stelle, der Vorrang	44
prō (Präp. mit Abl.)	für, vor, an Stelle von	14
probāre	billigen, für gut befinden; prüfen, beweisen	39
prōcēdere, prōcēdō, prōcessī, prōcessum	vorwärts gehen, fortschreiten, vorrücken	48
prōcōnsul, prōcōnsulis m.	der Prokonsul, Statthalter	34
procul (Adv.)	in der Ferne, weit; von weitem	26
procul ā patriā	fern der Heimat	26
prōdere, prōdō, prōdidī, prōditum	überliefern; verraten	43
proelium, ī n.	die Schlacht, das Gefecht	23
proficīscī, proficīscor, profectus sum	aufbrechen, reisen, marschieren	58
prohibēre, prohibeō, prohibuī, prohibitum	(etwas von jemandem) abhalten, (jemanden an etwas) hindern	9, P 15, 40
proinde (Adv.)	deshalb; ebenso	54
prōmittere, prōmittō, prōmīsī, prōmissum	versprechen	55
properāre	eilen, sich beeilen	3

propius (Adv.)	näher	57
propter (Präp. mit Akk.)	wegen	50
prōvidēre, prōvideō, prōvīdī, prōvīsum	vorhersehen; Vorsorge treffen	41
prōvincia, ae f.	die Provinz	18
proximus, a, um	der nächste, folgende	47
proximō annō	im folgenden Jahr	59
prūdēns, prudentis	klug, verständig	38
pūblicum, ī n.	die Öffentlichkeit, der staatliche Bereich	31
pūblicus, a, um	öffentlich, staatlich	31
puella, ae f.	das Mädchen	9
puer, puerī, m.	der Junge, das Kind	9
ā puerō	von Kindheit an	51
pūgna, ae f.	der Kampf	16
pūgnīs interesse	an Kämpfen teilnehmen	16
pūgnāre	kämpfen, streiten	10
pulcher, pulchra, pulchrum	schön	9
putāre	meinen, glauben; mit dopp. Akk.: (jemanden) halten für	16, 31
quaerere, quaerō, quaesīvī, quaesītum	suchen, erwerben wollen; fragen	30, 39
quālis, quāle	wie (beschaffen)	52
quam	als	25
quam (mit Superlativ)	möglichst	50
quamquam (Subjunktion)	obwohl, obgleich	21
quandō?	wann?	18
quantus, a, um	wie groß, wie viel	28
quasi (Adv.)	gleichsam, (gleich)wie	39
-que (angehängt)	und	4
quī, quae, quod (adjektivisches Fragepronomen)	welcher, welche, welches	34
quī, quae, quod (Relativpronomen)	der, die, das; welcher, welche, welches	23
quia (Subjunktion)	weil	13
quīcumque, quaecumque, quodcumque	wer auch immer; jeder, der	58
quid?	was?	2

quīdam, quaedam, quoddam (adjektivisch)	ein gewisser	46
quīdam (substantivisch, Pl.)	einige, manche	46
quidem (Adv.)	gewiss, sicherlich	16
quidem ..., sed	zwar ..., aber	16
quiēscere, quiēscō, quiēvī, quiētum	(aus)ruhen, schlafen	57
quīn (mit Konj.)	dass nicht; dass	50
quintus, a, um	fünfter, der Fünfte	32
quis?	wer?	23
quo?	wohin?	8
quō ... eō (mit Komparativ)	je ... desto	48
quō minus ... eō melius	je weniger ... desto besser	48
quod (Subjunktion)	weil, da	20
quōmodo	wie, auf welche Weise	16
quoque (nachgestellt)	auch	6
quot?	wie viele?	19
rapere, rapiō, rapuī, raptum	an sich reißen, rauben	45
raptāre	rauben, wegnehmen	12
recipere, recipiō, recēpī, receptum; sē recipere	zurücknehmen, aufnehmen; sich zurückziehen	40
recitāre	vorlesen, vortragen	4
recūsāre	zurückweisen	22
reddere, reddō, reddidī, redditum	zurückgeben; mit dopp. Akk.: (jemanden) machen zu	28, 39
redīre, redeō, rediī	zurückgehen, zurückkehren	20, P 20
referre, referō, rettulī, relātum	zurückbringen, berichten	26, 38
regere, regō, rēxī, rēctum	lenken, leiten	11, P 15, 42
regiō, regiōnis f.	das Gebiet, die Gegend	34
rēgius, a, um	königlich	50
rēgnāre	König sein, herrschen	52
rēgnum, ī n.	die Herrschaft, das Königreich	11
relinquere, relinquō, relīquī, relīctum	verlassen, zurücklassen	14, P 15, 37

reperīre, reperiō, repperī, repertum	finden	5, P 20, 38
repetere, repetō, repetīvī, repetītum	wiederholen; zurückfordern	39
reprehendere, reprehendō, reprehendī, reprehēnsum	zurückhalten; kritisieren, tadeln	45
rēs adversae f. (Plur.)	das Unglück	30
rēs pūblica, reī pūblicae f.	das Gemeinwesen, der Staat	31
rēs secundae f. (Plur.)	das Glück	30
rēs, reī f.	die Sache, das Ding	29
resistere, resistō, restitī	Widerstand leisten; stehen bleiben	58
respondēre, respondeō, respondī, respōnsum	antworten, erwidern	4, 17, P 20, 41
respōnsum, ī n.	die Antwort	43
restituere, restitiuō, restituī, restitūtum	wiederherstellen, zurückgeben	36, 42
retinēre, retineō, retinuī, retentum	zurückhalten, festhalten	43
revertī, revertor, revertī, reversus	zurückkehren, umkehren	59
rēx, rēgis m.	der König	12
ridēre, rideō, rīsī, rīsum	(über etwas) lachen	2, P 15, 41
rīpa, rīpae f.	das Ufer	34
rogāre	fragen, bitten	3
Rōma, ae f.	Rom	8
Rōmānus, a, um	römisch	7
Rōmānus, ī m.	der Römer	6
rūmor, rūmōris m.	das Gerücht, Gerede	39
rursus (Adv.)	wieder(um)	22
rūs, rūris n.	das Land, Landgut	20
rūsticus, a, um	ländlich, bäuerlich; Subst.: der Bauer	20
vīlla rūstica	das Landgut	20
sacer, sacra, sacrum	heilig, (einem Gott) geweiht	9
sacerdōs, sacerdōtis m./f.	der Priester, die Priesterin	13
sacrificāre	opfern, ein Opfer bringen	9
sacrum, ī n.	das Opfer; das Heiligtum	39
sacra facere	Opfer darbringen, opfern	39
saeculum, ī n.	das Zeitalter, Jahrhundert	10

saepe (Adv.)	oft	5
saevus, a, um	schrecklich, wild	49
salūs, salūtis f.	die Rettung, das Wohlergehen	21
dē salūte desperāre	die Hoffnung auf Rettung aufgeben	21
salūtem fugā petere	sein Heil in der Flucht suchen	30
salūtāre	grüßen, begrüßen	1
salvē!	Sei gegrüßt! Guten Tag!	1
salvēte!	Seid gegrüßt! Guten Tag!	4
salvus, a, um	gesund, wohlbehalten, unverletzt	42
sanctus, a, um	geweiht, heilig; ehrwürdig	46
sanguis, sanguinis m.	das Blut, der Mord	60
sapiēns, sapientis	weise, vernünftig	47
sapientis est	es ist Kennzeichen, Eigenschaft eines Weisen	51
sapientia, ae f.	die Weisheit	6
saxum, ī n.	der Felsen, große Stein	56
scelerātus, a, um	verbrecherisch; Subst.: der Verbrecher	47
scelus, sceleris n.	das Verbrechen, der Frevel	36
scīre, sciō, scīvī (sciī)	(etwas) wissen, (jemanden) kennen	6, P 15
scrībere, scrībō, scrīpsī, scrīptum	schreiben	37
scūtum, ī n.	der Schild	40
secundus, a, um	zweiter; günstig	25
sēcūrus, a, um	sorglos, unbesorgt	42
sed	aber; sondern	5
sedēre, sedeō, sēdī	sitzen	21, P 25
sēdēs, sēdis f.	der Platz, Sitz; der Wohnsitz	44
semper (Adv.)	immer	2
senātor, senātōris m.	der Senator	21
senātus, senātūs m.	der Senat, die Ratsversammlung	32
senex, senis m.	der alte Mann, Greis	27
sententia, ae f.	die Meinung, Ansicht; der Satz	25
sentīre, sentiō, sēnsī, sēnsum	fühlen, meinen	26, 40
septimus, a, um	siebter, der Siebte	32
sequī, sequor, secūtus sum (mit Akk.)	(jmd.) folgen	59

sermō, sermōnis m.	die Unterhaltung, das Gespräch	41
sermōnem cum amīcō habēre	sich mit dem Freund unterhalten	41
sermōnem trahere	ein Gespräch in die Länge ziehen	41
sērō (Adv.)	spät	17
serva, ae f.	die Dienerin, Sklavin	1
servāre	schützen, retten, bewahren	6
servīre, serviō, servīvī, servītum	dienen	48
servitūs, servitūtis f.	die Knechtschaft, Sklaverei	15
servus, ī m.	der Diener, Sklave	1
sī	wenn, falls	25
sīc (Adv.)	so, auf diese Weise	29
sīdus, sīderis n.	der Stern, das Sternbild	53
sīgnum, ī n.	das Zeichen	11
silva, ae f.	der Wald	38
simulacrum, ī n.	das Götterbild	6
sine (Präp. mit Abl.)	ohne	18
sinere, sinō, sīvī	lassen, zulassen	21, P 25
singulī, ae, a	je ein; einzelne	49
sinister, sinistra, sinistrum	links, ungünstig, unheilvoll	9
situs, a, um	gelegen, liegend	44
socius, ī m.	der Bundesgenosse, Verbündete	24
sōl, sōlis m.	die Sonne	20
sōlācium, ī n.	der Trost	37
solēre, soleō, solitus sum	gewohnt sein, (etw.) gewöhnlicherweise tun	59
sollicitāre	beunruhigen	5
sōlus, a, um (Gen.: sōlīus, Dat.: sōlī)	einzig, allein	47
solvere, solvō, solvī, solūtum	lösen	29, 42
somnus, ī m.	der Schlaf	46
somnō sē dare	sich schlafen legen	46
somnō excitārī	aus dem Schlaf gerissen werden	46
somnium, ī n.	der Traum	35
sors, sortis f.	das Los; der Orakelspruch; das Schicksal	49
spatium, ī n.	die Strecke; der (Zeit)Raum	50

spectāculum, ī n.	das Schauspiel	6
spectāre	anschauen, betrachten	3
spērāre	hoffen	55
spēs, speī f.	die Hoffnung	29
spēs victōriae	die Hoffnung auf den Sieg	29
sponte meā, tuā, suā	freiwillig, von mir (dir, sich) aus	56
statim (Adv.)	auf der Stelle, sofort	3
statua, ae f.	das Standbild, die Statue	3
studēre, studeō, studuī (mit Dat.)	sich (um etwas) bemühen, (nach etwas) streben; (etwas) studieren	25, P 25
novīs rēbus studēre	einen Umsturz vorbereiten; sich um eine Änderung der bestehenden Verhältnisse bemühen	44
studium, ī n.	der Eifer, die Beschäftigung; das Studium	54
studia exercēre	seinen Studien nachgehen	54
stultus, a, um	dumm	56
stupēre, stupeō, stupuī	verblüfft sein, staunen	2, 13, P 15
suādēre, suādeō, suāsī, suāsum	etwas raten, empfehlen	54
subicere, subiciō, subiēcī, subiectum	unterwerfen	34, 42
subīre, subeō, subiī	herangehen, auf sich nehmen	20, P 20
labōrēs subīre	Arbeiten, Strapazen auf sich nehmen	20
subitō (Adv.)	plötzlich	2
sūmere, sūmō, sūmpsī, sūmptum	nehmen	53
summus, a, um	der höchste, der oberste	9
sūmptus, sūmptūs m.	der Aufwand, die Kosten	54
superāre	übertreffen, überwinden, besiegen	10
Diogenem virtūte superāre	Diogenes an Tugend übertreffen	52
superbia, ae f.	der Hochmut, Stolz	13
superesse, supersum, superfuī	übrig sein, überleben	16
supplicium, ī n.	die Todesstrafe; die Hinrichtung	39
supplicium sumere dē Sōcrate	Sokrates hinrichten (lassen)	53
suprā (Präp. m. Akk.)	oberhalb, über, über ... hinaus	35
surgere, surgō, surrēxī	sich erheben, aufstehen	18, P 20

suscipere, suscipiō, suscēpī, susceptum	(etwas) auf sich nehmen; (jemanden) aufnehmen; (etwas) unternehmen	47
sustinēre, sustineō, sustinuī	aushalten ertragen	23, P 25
suus, a, um	sein, ihr	17
taberna, ae f.	der Laden, das Wirtshaus	3
tabula, ae f.	die Tafel, Schreibtafel	5
tacēre, taceō, tacuī	schweigen, still sein	2, P 15
tālis, tāle	so (beschaffen), derartig	52
tam (Adv.)	so	5
tamen (Adv.)	trotzdem, dennoch	21
tamquam	wie wenn; als ob	58
tandem	endlich; schließlich	1
tangere, tangō, tetigī, tactum	berühren	26, 38
tantum (Adv.)	nur	49
tantus, a, um	so groß	12
tantum labōris	so viel Arbeit	57
taurus, ī m.	der Stier	18
tegere, tegō, texī, tectum	(be)decken, schützen	58
tēlum, ī n.	das Geschoss, der Speer, die Waffe	33
tempestās, tempestātis f.	das Wetter; das Unwetter, der Sturm	19
templum, ī n.	der Tempel	3
temptāre	versuchen, prüfen; angreifen	35
tempus, temporis n.	die Zeit	14
tendere, tendō, tetendī, tentum	ausstrecken	21, P 25, 43
tenēre, teneō, tenuī	halten, festhalten	15, P 15
tergum, ī n.	der Rücken	33
ā tergō	von hinten	33
terra, ae f.	die Erde, das Land	13
terrēre, terreō, terruī, territum	erschrecken, in Schrecken versetzen	23, P 25, 37
testis, testis m.	der Zeuge	51
theātrum, ī n.	das Theater	3
thermae, ārum f.	die Badeanlage (die Thermen)	7

timēre, timeō, timuī	sich fürchten	19, P 20
timēre, nē (mit Konjunktiv)	fürchten, dass	30
timor, timōris m.	die Angst, Furcht	12
toga, ae f.	das Obergewand (die Toga)	7
tolerāre	ertragen, aushalten	42
tollere, tollō, sustulī, sublātum	aufheben, erheben, beseitigen	36, 41
tōtus, a, um (Gen.: tōtīus, Dat.: tōtī)	ganz	23
tot ... quot	so viele ... wie viele	56
trādere, trādō, trādidī, trāditum	überliefern; übergeben	39
trādūcere, trādūcō, trādūxī, trādūctum	hinüberführen	48
trahere, trahō, trāxī, tractum	ziehen, schleppen	21, P 25, 41
transferre, transferō, transtulī, translātum	hinüberbringen	26, 38
transīre, transeō, transiī	hinübergehen, überschreiten	23
trēs, tria	drei	34
tribūnus, ī m.	der Tribun; der Offizier	49
trīstis, trīste	traurig, finster, unfreundlich	28
triumphus, ī m.	der Triumph(zug)	18
tum (Adv.)	da, dann, damals	2
tunica, ae f.	das Untergewand (die Tunika)	7
turba, ae f.	die Menge, Schar	6
turpis, turpe	hässlich, schändlich	42
tūtus, a, um	sicher, geschützt	24
tūtus ab hostibus	sicher vor den Feinden	24
tuus, a, um	dein	16
ubi?	wo?	1
ubi prīmum (mit Ind. Perfekt)	sobald	56
ultimus, a, um	der, die, das letzte	13
umerus, ī m.	die Schulter	30
umquam	jemals	56
undique (Adv.)	von allen Seiten, überall	41
ūnus, a, um (Gen.: ūnīus; Dat.: ūnī)	ein einziger, einer	20, 36
urbs, urbis f. (Gen. Pl.: urbium)	die Stadt	14

urgēre, urgeō, ursī	bedrängen	41
usque ad (Präp. mit Akk.)	bis zu	34
ūsus, ūsūs m.	der Gebrauch, die Verwendung; der Nutzen	32
ūsuī esse	von Nutzen sein, nützlich sein	32
ut (mit Indikativ)	wie	6
ut (mit Konjunktiv)	dass; damit; so dass	30, 40
ūtī, ūtor, ūsus sum (mit Abl.)	(etw.) benutzen, gebrauchen	59
utinam (m. Konj.)	hoffentlich; wenn doch	52
utinam nē (m. Konj.)	hoffentlich nicht; wenn doch nicht	52
utrum ... an (-ne ... an; ... an)	ob ... oder	35
uxor, uxōris f.	die Ehefrau	12
uxōrem dūcere, dūcō, dūxī	heiraten	27
valdē (Adv.)	sehr	4
valēre, valeō, valuī	stark sein, mächtig sein, gelten	38
plūs valēre	stärker sein, mächtiger sein (als jemand)	38
vallis, vallis f.	das Tal	57
varius, a, um	bunt; verschieden; vielfältig	7
vehemēns, vehementis	heftig, energisch, gewaltig	32
vel	oder	5
vel ... vel	entweder ... oder	53
velle, volō, voluī	wollen	22, P 25
velut	wie; wie zum Beispiel	10
vendere, vendō, vendidī, venditum	verkaufen	15, P 20, 39
venerārī, veneror, venerātus sum	verehren, anbeten	60
venīre, veniō, vēnī, ventum	kommen	1, P 15, 39
ventus, ī m.	der Wind	53
verbum, ī n.	das Wort	5
verērī, vereor, veritus sum	sich fürchten, scheuen; verehren	58
versārī, versor, versātus sum	sich aufhalten, sich befinden	58
versus, versūs m.	der Vers, die Zeile	38
vertere, vertō, vertī, versum	wenden, drehen	28, 38

vērō (Adv.)	wirklich; aber	59
vērus, a, um	wahr; wahrhaftig	17
rē vērā	in Wahrheit	51
vester, vestra, vestrum	euer	12
vestis, vestis f.	die Kleidung, das Kleidungsstück, Kleid	33
vetus, veteris	alt	45
vexāre	quälen	5
via, ae f.	der Weg, die Straße	8
victōria, ae f.	der Sieg	18
vidēre, videō, vīdī, vīsum	sehen	3, P 15, 41
vīlla, ae f.	das Landhaus, die Villa	20
vincere, vincō, vīcī, victum	siegen, besiegen	18, P 20, 40
vinculum, ī n.	das Band die Fessel; Plur.: das Gefängnis	47
in vincula conicere	(jemanden) ins Gefängnis werfen, in Ketten legen	47
vīnum, ī n.	der Wein	3
violāre	verletzen, schänden, entweihen	60
vir, virī, m.	der Mann	9
virgō, virginis f.	das junge Mädchen	26
virtūs, virtūtis f.	die Tüchtigkeit, Tapferkeit, Tugend	14
vīs, vim, vī f.; Plur.: vīrēs, vīrium	die Kraft, Stärke, Gewalt; Plur. die Kräfte, Streitkräfte	27
vīsere, vīsō, vīsī	(genau) ansehen, besichtigen; besuchen	52
vīsitāre	besuchen	6
vīta, ae f.	das Leben	16
vītam agere	das Leben verbringen; leben	16
vitium, ī n.	der Fehler; die schlechte Eigenschaft	51
vīvere, vīvo, vīxī	leben	12, P 15
vocāre	rufen, nennen; mit dopp. Akk.: (jemanden) bezeichnen als	2, 31
volāre	fliegen, eilen	35
volvere, volvō, volvī, volūtum	wälzen, rollen; überlegen	56
vōx, vōcis f.	die Stimme, die Äußerung, der Laut	28

māgnā vōce	mit lauter Stimme	28
vulnus, vulneris n.	die Verletzung, die Wunde	43
vultus, vultūs m.	die Miene, das Gesicht, das Aussehen	55